Henri Lefebvre

Kurt Meyer

# Henri Lefebvre
## Ein romantischer Revolutionär

Für Herrn
Manfred Hauser,
in Erinnerung an
die schönen Tage
auf der Alp Duranna

Kurt Meyer

März 1974

Europaverlag

Umschlag von Georg Schmid

Printed in Austria
Druck Elbemühl Wien
ISBN-3-203-50427-8

# Inhalt

Einleitung . . . . . . . . . . . . . . . . . . . . . . . 7
Le Soleil Crucifié . . . . . . . . . . . . . . . . . . . . 9
Henri Lefebvres persönliche Entfremdungsproblematik . . . . . . . . . . . . . . . . . . . . . . . 11
Die marxistische Religionskritik . . . . . . . . . 11
Die religiöse Entfremdung – vom persönlichen zum allgemeinen Problem . . . . . . . . . . . . . . 13
Die Pyrenäen – Land der gekreuzigten Sonne . . . . 19
»Soleil Crucifié« als allgemeines Symbol . . . . . . 24
Jansenius und Pascal . . . . . . . . . . . . . . . 27
Nietzsche . . . . . . . . . . . . . . . . . . . . . 32
Die Kehrseite des »Soleil Crucifié« . . . . . . . . . 36
Die schwierige Befreiung . . . . . . . . . . . . . 40
Stalin . . . . . . . . . . . . . . . . . . . . . . . . 47
Das Problem des Dogmatismus . . . . . . . . . . . 49
Von den Schwierigkeiten einer Analyse des Stalinismus . . . . . . . . . . . . . . . . . . . . . . 49
Konstante Kritik am Dogmatismus . . . . . . . . . 54
Im Namen der Wahrheit . . . . . . . . . . . . . . 60
Die ironische Weisheit . . . . . . . . . . . . . . 62
Ein zweiter »Soleil Crucifié«? . . . . . . . . . . . 68
Verändern wollen . . . . . . . . . . . . . . . . . . 73
Elan und Scheitern der poetischen Revolution . . . . . 75
Rimbaud . . . . . . . . . . . . . . . . . . . . . 76
Der Surrealismus und »Philosophies« . . . . . . . . 77
Zurück zu Marx und über Marx hinaus . . . . . . . . 84
Hegel und seine Umstülpung . . . . . . . . . . . . 85
Aufhebung der Philosophie: die Praxis . . . . . . . 89
Dialektisierung der Revolutionsidee . . . . . . . . . 97
Problematik der »totalen Revolution« . . . . . . . . 97
Der Maulwurf als Revolutionssymbol . . . . . . . . 101
Drei Ebenen der Revolution . . . . . . . . . . . . . 104
Ökonomische Planung und soziale Bedürfnisse . . . 104
Das Absterben des Staates: die Selbstverwaltung . 107
Die kulturelle Ebene: das Werk . . . . . . . . . . 112

Modifizierte Klassendialektik . . . . . . . . . . . . . 116
Die historische Rolle des Proletariats . . . . . . . . 116
Mythos des Proletariats und Funktion der Teilgruppen . . . . . . . . . . . . . . . . . . . . . 118
Die Transformation der Alltäglichkeit . . . . . . . . . 125
Zyklische und lineare Zeit . . . . . . . . . . . . . 126
Feld der Semantik . . . . . . . . . . . . . . . . . 128
Die Technik im Dienst der Alltäglichkeit . . . . . . 132
Von der Veränderbarkeit des Menschen . . . . . . . 134
Parzellierung des Alltagslebens . . . . . . . . . . . 137
Die urbanistische Revolution . . . . . . . . . . . . 141

Schluß . . . . . . . . . . . . . . . . . . . . . . . 145
Die revolutionäre Romantik . . . . . . . . . . . . . 147

Anhang . . . . . . . . . . . . . . . . . . . . . . . 155
Zeittafel . . . . . . . . . . . . . . . . . . . . . . 156
Bibliographie Henri Lefebvre . . . . . . . . . . . . 157
Anmerkungen . . . . . . . . . . . . . . . . . . . . 163
Namenverzeichnis . . . . . . . . . . . . . . . . . . 175

# Einleitung

Im deutschen Sprachbereich hat Iring Fetscher in seinem Aufsatz *Der Marxismus im Spiegel der französischen Philosophie*[1] als erster das Denken von Henri Lefebvre gewürdigt. Durch Übersetzung von Büchern und kleineren Schriften hat Alfred Schmidt das deutschsprachige Publikum mit einem Teil der Anliegen von Henri Lefebvre bekannt gemacht, in zwei Begleitworten hat er die Stellung des Philosophen und Soziologen innerhalb des französischen Marxismus umrissen[2]: In Frankreich selbst hat sich erst eine Studie eingehend mit dem Werk von Lefebvre befaßt: *Le marxisme après Marx* von Louis Soubise[3]. Unsere Arbeit schließt weitgehend an jene von Fetscher und Schmidt an; es wird ebenfalls der Versuch unternommen, das Werk eines bedeutenden, originellen und wenig bekannten französischen Marxisten zur Diskussion zu stellen. Dieses Vorhaben stößt schon zu Beginn auf eine Schwierigkeit: Das Werk von Henri Lefebvre ist uferlos. Ein kurzer Blick auf die Liste seiner Publikationen bestätigt diese Behauptung.

In dieser Arbeit* haben wir uns drei Fragen vorgelegt: Wer ist Henri Lefebvre? Wie hat er die Konflikte mit seiner (unserer) Zeit bewältigt? Welche Gedanken, Ideen oder Theorien vertritt er? Die ideale Dreiteilung, die auf diese Fragen antwortet, sieht so aus:

1. Der Mensch (seine Psyche, seine individuelle Entwicklung).
2. Der Mensch und seine Zeit.
3. Das Werk.

Diese ideale Gliederung hat sich als undurchführbar erwiesen. Zum ersten Teil fehlen die materiellen Unterlagen (Biographie, privater Briefwechsel, Aussagen von Personen, die in seiner Umgebung gelebt haben und dergleichen). Der zweite Teil würde eine parallele Geschichtsschreibung zum Leben von Lefebvre erfordern, würde also in ein immenses Projekt einmünden. Auch der dritte Teil, die Darstellung des Werkes, ist wegen dessen Heterogenität außerordentlich schwierig.

Die grundsätzliche Dreiteilung haben wir dennoch beibehalten, haben aber jeden der drei Aspekte wesentlich reduziert. Im ersten Teil haben wir auf Grund umfangreichen autobiographischen Materials,

* Diese Studie hat durch die Ratschläge von Arnold Künzli, dem Verfasser von *Karl Marx, eine Psychographie,* wertvolle Förderung erfahren; ihm sei an dieser Stelle für sein wohlwollendes Interesse an meiner Arbeit herzlich gedankt.

das im ganzen Werk verstreut zu finden ist[4], das Problem der Aufhebung der religiösen Entfremdung untersucht und somit einen Einblick in die individuelle Psyche von Henri Lefebvre gewonnen. Daß später einmal, wenn mehr als nur autobiographisches Material vorliegt, das Bild des Menschen Lefebvre wird revidiert werden müssen, ist sehr wohl möglich. Im zweiten Teil haben wir nur eine konkrete Frage untersucht: Wie hat Lefebvre, der einen freien, schöpferischen Marxismus vertritt, auf den stalinistischen Dogmatismus reagiert, was hat er dem Dogmatismus aller Spielarten entgegenzustellen? Im dritten Teil sind wir einem Grundzug aller seiner Schriften – den prämarxistischen und den marxistischen – nachgegangen, dem Zug des Verändern-Wollens. Wir haben also auch das Werk nur unter einem bestimmten Blickwinkel untersucht und geben keine Darstellung des Gesamtwerkes.

Welche Vorteile bietet die Methode, die wir als eine reduzierte Darstellung bezeichnen können? Es ist uns möglich, im Aufriß das Leben, die Konflikte mit der Zeitgeschichte und das Werk zu präsentieren, im Ansatz eine komplexe Psyche einem komplexen Werk gegenüberzustellen – einem Werk, das Ausdruck einer komplexen Zeit ist.

# Le Soleil Crucifié

# Henri Lefebvres persönliche Entfremdungsproblematik

## Die marxistische Religionskritik

»Die Kritik der Religion enttäuscht den Menschen, damit er denke, handle, seine Wirklichkeit gestalte wie ein enttäuschter, zu Verstand gekommener Mensch, damit er sich um sich selbst und damit um seine wirkliche Sonne bewege. Die Religion ist nur die illusorische Sonne, die sich um den Menschen bewegt, solange er sich nicht um sich selbst bewegt[1].« In diesen Sätzen aus der Einleitung zur *Kritik der Hegelschen Rechtsphilosophie* ist der Kern der Religionskritik von Karl Marx enthalten.

Ludwig Feuerbach hatte mit seiner Religionskritik einen ersten wichtigen Schritt vollzogen, indem er die Theologie auf die Anthropologie reduzierte und damit eine neue Philosophie begründete, welche den Menschen zum universalen und höchsten Gegenstand erklärt. Er suchte das Geheimnis der Religion im Menschen, nicht außerhalb. Er zerstörte das Bild von einem besseren Leben im Jenseits: Auf dieser Erde muß es besser werden. Nicht in einer idealisierten Illusionswelt soll die Spaltung in Gattungswesen und Individuum aufgehoben werden, sondern »das göttliche Wesen ist nichts anderes als das menschliche Wesen, oder besser: das Wesen des Menschen, abgesondert von den Schranken des individuellen, das heißt wirklichen, leiblichen Menschen, vergegenständlicht, das heißt angeschaut und verehrt als ein anderes, von ihm unterschiedenes eigenes Wesen – alle Bestimmungen des göttlichen Wesens sind darum Bestimmungen des menschlichen Wesens[2]«. Feuerbach bleibt bei einer verstandesmäßigen Versöhnung des Menschen mit der Menschheit stehen, die Aufhebung der religiösen Entfremdung endet in einem reinen Imperativ: Das eigene Wesen des Menschen soll mit seinem Gattungswesen eins werden[3].

Marx geht einen entscheidenden Schritt weiter. Für ihn ist die Feuerbachsche Religionskritik erst die »theoretische Revolution«: »Er (Feuerbach) betrachtet im Wesen des Christentums nur das theoretische Verhalten als das echt menschliche, während die Praxis nur in ihrer schmutzig-jüdischen Erscheinungsform gefaßt und fixiert wird. Er begreift daher nicht die Bedeutung der *revolutionären*, der *praktisch-kritischen* Tätigkeit[4].«

Feuerbach ging es im wesentlichen um eine Entlarvung der Selbstentfremdung des Menschen, der sich in einer »Heiligengestalt« objektiviert hatte. Auch Marxens Kritik ist weitgehend eine Entlarvung, zum Beispiel eine Demaskierung des preußischen Obrigkeitsstaates, der sich »christlich« nennt. Während Feuerbach aber bloß die nach außen verlegte Gottesvorstellung kritisiert, ist Marxens Kritik der Religion »im Keim die Kritik des Jammertales, dessen Heiligenschein die Religion ist«. Mit der Verwandlung der Kritik des Himmels in Kritik der Erde wird die Kritik praktisch, politisch[5]. Marx glaubt, einen Gesellschaftszustand herbeiführen zu können, in dem das religiöse Bewußtsein abstirbt: »Die humane Gesellschaft sozialer Menschen (ist) an die Stelle Gottes und göttlicher Vollkommenheit getreten[6].«

Marxens Kritik der Religion ist eine rationalistische Kritik, von persönlichen religiösen Krisen ist in seinen Schriften nichts zu spüren[7]. Im Kreise der Junghegelianer ist er mit seiner Zerstörung der historischen Grundlagen des Christentums in guter Gesellschaft. Kühl, als ein Außenstehender, analysiert er den Einfluß der Religion auf seine Zeitgenossen, für ihn stellt sie kein Problem dar. »Für Deutschland ist die Kritik der Religion beendet«, stellt er 1843 leidenschaftslos fest[8].

Henri Lefebvres Auseinandersetzung mit der Religion findet vor seiner Begegnung mit dem Marxismus statt, hat aber seine Interpretation der Gedanken von Karl Marx so beeinflußt, daß seine persönliche, religiös-bestimmte Entfremdungsproblematik von besonderem Interesse ist. Ist es bloß eine Ironie des Schicksals, daß ein Jahrhundert nach Karl Marx einer der bedeutendsten Marxisten von der Sonne der Religion so geblendet wird, daß ihn diese Blendung ein Leben lang schmerzt? Trotz der von Marx geübten Religionskritik bleiben die Religionen bestehen, trotz Ideologiekritik die Ideologien. Nehmen wir schon hier eine wichtige These von Henri Lefebvre vorweg, die darin besteht, daß Religion mehr als Ideologie ist, nämlich *Gelebtes* (»vécu«) und Praxis. Die Theorie der religiösen Entfremdung hat nicht dazu geführt, daß die Religion zu existieren aufgehört hat:

»Die Ideologie kann nicht ausreichen, um von dem zu befreien, was nicht bloß ideologisch war, sondern Gelebtes, in eine Praxis Inkorporiertes. In diesem Punkt setzen nur dogmatische Schwerfälligkeit und Naivität ihr Vertrauen in die Ideologie[9].«

»Die Religion ist eine illusorische Sonne«, sagt Marx. Er war der Ansicht, daß das Vorhandensein von Illusionen einem ungenügenden und verdunkelten Bewußtsein zuzuschreiben ist, einem Bewußtsein, das die Religion noch nicht als Ideologie durchschaut und noch keine Einsicht in die geschichtliche Dialektik hat. Henri Lefebvre ist in einer streng katholischen Region groß geworden, wo es noch Überreste eines heidnischen Sonnenkultes gibt. Der Satz: »Die Religion ist eine illusorische Sonne« gewinnt bei Henri Lefebvre eine neue Bedeutung, weil bei ihm gerade das Symbol der Sonne in einem besonders harten Kontrast zur Religion des Kreuzes steht. Gelingt es ihm, das falsche Bewußtsein, in dem er erzogen worden ist, durch das richtige zu ersetzen?

## Die religiöse Entfremdung – vom persönlichen zum allgemeinen Problem

Wenn Henri Lefebvre in seinen verschiedenen autobiographisch orientierten Schriften von seiner Jugend spricht, bestimmte Ereignisse hervorhebt und sie mehrmals in abgewandelter Form schildert, dann haben diese Ereignisse eine besondere Bedeutung in seinem Leben. Wenn bloß einzelne Ereignisse aus seinem Leben herausgegriffen werden, dann ist die Gefahr groß, daß diese Ereignisse überwertet werden, daß einer bloß zufälligen Konstellation zuviel Gewicht beigemessen wird. Anderseits ist es unmöglich, die Gesamtheit der äußeren Umstände zu kennen, welche das Leben eines Individuums bestimmen. Im folgenden werden einige Ereignisse aus dem Leben von Henri Lefebvre herausgegriffen, aber nicht dazu verwendet, eine kausale Abhängigkeit zwischen Leben und Denken herzustellen. Und doch kommt einigen Ereignissen mehr als nur biographisch-episodenhafter Charakter zu: Sie stellen uns vor die Frage nach dem Sinn, der Orientierung, der Entfremdung des Lebens. Die Ereignisse werden also nicht psychologisch gedeutet, sie werden auf ihren philosophischen Sinn hin untersucht.

Henri Lefebvre wurde 1901 in Hagetmau (Landes, Südwestfrankreich) geboren, ist aber nicht in der Ebene, sondern in den Bergen aufgewachsen. Das Land, das seine Jugend prägte, mit dem er sich immer wieder auseinandersetzt, gegen das er revoltiert, in das er immer wieder zurückkehrt, ist das Land seiner Mutter, die Pyrenäen. Von Geburt an ist er mit einer dialektischen Natur ausgestattet:

»Soweit ich die Aspekte meines Wesens erfassen kann, haben meine Eltern mir eine Doppelnatur vermacht, eine mehrfache – physiologische, psychologische, soziale – Doppelnatur; in der Folge hat sich diese bis zur Zerrissenheit gesteigert, sie ist einem gewissen spontanen Sinn der Dialektik nicht unähnlich[10].«

Sein Vater, bretonischer und picardischer Herkunft, vererbte ihm einen kräftigen Körper und den Esprit eines Voltaire, seine Mutter, die aus den Pyrenäen stammte, ein langes, beinahe iberisches Gesicht.

»Der Kopf von Don Quijote auf dem Körper von Sancho Pansa[11].« Die Mutter ist fanatisch katholisch, und Henri Lefebvre erhält eine strenge, quasi jansenistische Erziehung. Nichts illustriert wohl die Verschiedenheit der Charaktere und Temperamente seiner Eltern so treffend wie Lefebvres Erinnerung an die Karfreitage, als sein geistvoller, antiklerikal eingestellter Vater es niemals versäumte, einen Hasenpfeffer zuzubereiten, während seine Mutter den ganzen Tag Sühnegebete verrichtete.

Die Zufälle der Geburt bestimmen seine Erziehung. Sie ist so, daß er sich aus der Distanz nur noch an düstere Erziehungsgrundsätze erinnert:

»Ich erinnere mich nur an eine Kindheit, die aufs schwerste belastet war mit Andachtsübungen, bigotten Frömmeleien, krankhafter Angst vor der Sexualität, mit falschen Mysterien und verschämten Geheimnissen, dem Mysterium der Geburt und den Geheimnissen der Erwachsenen[12].«

Die Auflehnung, die Revolte beginnt gegen die Umgebung seiner Jugend, gegen die jansenistisch-katholische Moral, gegen die Religion.

Die ersten Aufsätze, die Henri Lefebvre in den Jahren 1924 bis 1926, also knapp nach Vollendung seines zwanzigsten Lebensjahres, in den Zeitschriften *Philosophies* und *Esprit* veröffentlicht, zeugen davon, daß er sich schon von den religiösen Normen und Anschauungen gelöst hat. Der gelebte Konflikt mit der Religion scheint überwunden zu sein. Er verkündet eine neue Philosophie, die »wahre Philosophie«.

In einem Aufsatz kritisiert er das Denken des schon damals bekannten neothomistischen Philosophen Jacques Maritain. Der Artikel *Misère de Jacques Maritain* ist eine philosophische Auseinandersetzung mit dem neoscholastischen Denken. Nicht nur wird der Neothomismus scharf kritisiert, sondern es wird ihm auch die »wahre Philosophie« entgegengehalten. Nach Lefebvre ist Jacques Maritain ein Anhänger der Philosophie der Ordnung. In der Tradition der Scholastik schreibt er einem Gott, der von fern her alles lenkt und mit einem magischen Willen ausgestattet, aber ohne Kontakt mit der Welt und den Menschen ist, Absolutheit zu: »Dieser Gott handelt in einer Hinterwelt und stellt dem Menschen Fallen; er überwacht ihn, er stellt ihm nach[13].« Die christliche Substanz, die Liebe, die Barmherzigkeit, wurde in metaphysische Begriffe umgesetzt, Güte und Weisheit werden dem fernen Gott in vollkommenster Weise zugeschrieben, das aber führt zu einem »unmenschlichen Anthropomorphismus«. Das philosophische Denken verliert sich in falschen und unnützen Problemen. (Wie wird man wirklich eine Person? Wie verinnerlicht man das Sein? Wie erkennt man Wesenheiten außerhalb seiner selbst[14]?) Als Anhänger der neoscholastischen Philosophie ist Jacques Maritain ein Vertreter der Dekadenz des christlichen Mystizismus. Ekstatisch vertritt er eine Philosophie des Begriffs, er liebt die Strenge, stößt den Menschen den Glauben wie ein tödliches Eisen in die Seele, wobei er die Kälte des Eisens liebt. Dieser neoscholastischen Philosophie stellt Lefebvre die »wahre Philosophie« gegenüber: ». . . ein großer Wunsch nach naher und wirksamer Realität, . . . das ganze Sein dort erfassen, wo man ist[15].« Die wirkliche philosophische Tradition, »die wahrhafte Tradition, die von Plato und Aristoteles ausgeht[16]«, dringt mit allen verfügbaren Kräften in die Tiefe, drängt vorwärts, sucht nach der Wahrheit, indem sie die Trägheiten, Vorurteile und Stützen einer falschen Tradition zerstört.

Lefebvres Kritik ist eine subtile Auseinandersetzung mit einigen Begriffen des katholischen Philosophen, eine Frage nach dem Schicksal der folgenschweren Trennung in Intelligibles und Sensibles. Er wirft Maritains Philosophie vor, sie sei nur ein Strohhalm für Ertrinkende, letztlich eine Philosophie des Todes. Lefebvre dagegen ist Anhänger einer Philosophie des Lebens.

Ein weiterer Aufsatz, *Notes pour le procès de la chrétienté,* schließt thematisch an die Polemik gegen Jacques Maritain an. Die emotionale Revolte gegen die Religion bricht erst in diesem Aufsatz ganz durch. Schon das Motto deutet darauf hin, daß Lefebvre mit diesem pamphletartigen Beitrag eine persönliche Rechnung zu begleichen hat: ». . . dies ist eine Rache und zugleich eine vollständige Befreiung[17]. . .« Sich rächen und abrechnen, das ist die Stimmung dieses Aufsatzes. Etwas später verwandelt sich sein Rachebedürfnis in Spott. Unter dem Titel *La vie comique de Jésus* verfaßt Lefebvre einen Roman, der allerdings nie gedruckt worden ist. Die wenigen Angaben, die er in *La somme et le reste* macht, deuten die bittere und sarkastische Abrechnung mit den messianischen und prophetischen Texten des Neuen Testamentes bloß an: »Ich sah Charlie Chaplin in der Rolle des Messias. Er spielte auf burleske und geniale Art die Person des schrecklich ernsthaften Menschen, der von sich glaubt, er sei mit einer Mission ausgestattet und deswegen zum Tode verurteilt, zu einem Tod, den er herbeiruft und provoziert, indem er tut, als wolle er fliehen[18].«

Die Frage drängt sich auf: Wo liegt in solch einer Parodie, in diesem Sakrileg, die philosophische Bedeutung? Dieser gotteslästerische Roman kann nur eine ins Absolute und Absurde gesteigerte Revolte gegen die Religion sein, ein Versuch, sich mit Spott und Hohn die Religion vom Halse zu schaffen. Sind Spott, Hohn, Sarkasmus und Sakrileg Mittel, die Religion zu beseitigen? Mit *La vie comique de Jésus* gelang es Lefebvre nicht, eine viel tiefere religiöse Problematik zu klären. Er muß später die Untauglichkeit dieses Versuchs eingestehen:

»Indem ich im voraus jeden mystischen oder spekulativen Karfreitag verhöhnte, gelang es mir gewiß nicht, die gekreuzigte Sonne zu befreien, das gesunde und unschuldige Lachen wiederzufinden[19].«

Der bis hierher nur kurz skizzierten Revolte gegen die Religion liegen zwei entscheidende Erlebnisse zugrunde. In den Aufsätzen von 1924 bis 1926 vermischt Lefebvre allerdings seine Polemiken gegen das Christentum noch nicht mit autobiographischen Elementen, persönliche Dinge teilt er noch keine mit. Erst aus einer Distanz von mehr als dreißig Jahren erzählt er in *La somme et le reste* die zwei entscheidenden Begebenheiten, welche die Phase seiner stürmischen Revolte gegen die Religion bestimmten.

Das erste Erlebnis findet sich im Teil *Itinéraire*, wo er die wichtigsten Etappen seines Lebensweges nachzeichnet, also im eigentlich biographischen Teil des Buches. Lefebvre begann seine Studien beim liberalen katholischen Philosophen Maurice Blondel in Aix-en-Provence. In diesem südfranzösischen Städtchen hatte er auch das erste Liebeserlebnis. Die folgende Zusammenfassung kann das Erlebnis allerdings nur unvollkommen wiedergeben, weil die pittoresken Details, insbesondere die Atmosphäre von Aix-en-Provence, ausgelassen werden müssen.

*Er* traf *sie*, ein Mädchen, das wie er aus einer Familie stammte, die nach strenger moralischer Tradition lebte. Beide wollten sich davon befreien. Er wollte das schöne Mädchen verführen, lieben, die Liebe kennenlernen. Sie ließ sich entführen, und eines Abends waren sie beide allein, frei und doch Gefangene, sie wußten nicht, wovon. Die ersten schüchternen Zärtlichkeiten berauschten sie, zum Liebesakt kam es aber nicht, weil sie etwas davor zurückhielt. Scham, Angst, Schreck? Anstatt sich zu lieben, schworen sie einander ewige Liebe. Eine schmale, kalte Wand entstand zwischen ihnen. Sie versuchten, sich in der Geistigkeit zu finden, fielen aber immer wieder auf ihren Körper zurück, schämten sich und erröteten wegen ihres Wunsches.

»Nie wird der Augenblick wiederkommen, wo sie einander rein und nackt erkennen werden, vor dem Sündenfall. Sie glaubten, die Liebe wieder zu erfinden, und sie erfanden die Sünde wieder[20].«

Das Erlebnis der frustrierten Jugendliebe könnte von psychoanalytischem Interesse sein, doch nicht aus diesem Grund erzählt Henri Lefebvre die Episode in seiner Autobiographie. Es geht ihm um ein allgemeineres Anliegen. Er macht die moralischen Erziehungsprinzipien der Religion, die Vorstellung, daß Menschen, die einander lieben, eine Sünde begehen, dafür verantwortlich, daß sie, die reine, nackte, unschuldige Liebe, ohne Scham, ohne Zögern, ohne Unsicherheit, unmöglich geworden ist. Die kalte Trennwand, die zwischen der Vollendung der Freude und dem gelebten Leben spürbar wird, der

Schatten der Sünde, der die Begegnung zweier Liebender überschattet, werden zu allgemeinen Symbolen der religiösen Entfremdung. Die persönlich erlebte religiöse Entfremdung wird ein überpersönliches, allgemeines Problem. Über die tiefere und allgemeine Bedeutung wird er noch lange reflektieren, gegen die persönlich gemachte Erfahrung lehnt er sich mit leidenschaftlichen Worten auf:

»Lieber die ewigen Höllenqualen der Gläubigen, als noch einmal die kalte Trennwand spüren, die zwischen der Vollendung der Freude und dem gelebten Leben entsteht, zwischen dem Gegenwärtigen und der Gegenwart, lieber all das, als noch einmal sehen, wie sich der Schatten der Sünde abzeichnet. Lieber den wohltuenden Tod[21].«

Das zweite Erlebnis, das die religiöse Entfremdung zum Gegenstand hat, wird im Kapitel *Le Soleil Crucifié* erzählt. Bezeichnenderweise steht dieses Erlebnis nicht im Teil *Itinéraire,* sondern im Abschnitt *La vie philosophique.* Das Erlebnis der gekreuzigten Sonne geht weit über den Rahmen des Biographischen hinaus, es wird als »moment philosophique«, »moment fondamental« oder als »moment crucial« bezeichnet. »Ich nenne eine solche Episode bewußt *Moment.* Sie steht mit dem gesamten Leben im Zusammenhang; sie umfaßt die gesamte gelebte Zeit[22].«

Im Alter von etwas mehr als zwanzig Jahren (»ich war kein Jüngling mehr, ich war noch ein junger Mann...«) ruhte sich Henri Lefebvre auf dem Sockel eines Wegkreuzes aus. Im Grenzland zwischen dem Baskenland und Béarn, im Gave d'Oloron, gab es eine Anzahl eigenartiger Kreuze. Sie waren aus zwei Elementen zusammengesetzt. Das Zentrum eines Kreises oder einer Scheibe war zugleich der Schnittpunkt der beiden Balken des Kreuzes. Die Priester der Region deuteten die Scheibe als eine Darstellung der Dornenkrone Christi. Das Kreuz, unter dem Lefebvre saß, trug einen Kranz von langen, metallenen Spitzen.

»An jenem Tag, als ich auf dem Sockel des Kreuzes saß, packte mich eine Idee, die ich zweifellos schon lange in mir trug. Eine umwerfende Intuition bemächtigte sich meiner. Ich sprang auf und betrachtete das Kreuz über meinem Kopf: „Sie haben die Sonne gekreuzigt! Sie haben die Sonne gekreuzigt!" Voll Schreck entfernte ich mich von diesem Ort, von diesem Objekt. Doch die Idee, die sich meiner plötzlich bemächtigt hatte, aber lange brauchte, bis sie sich Durchbruch verschaffte, ließ mich nicht mehr los. Wie viele Überlegungen sollten noch um dieses Bild mit dem doppelten Aspekt kreisen: das Sonnen-Kreuz oder die gekreuzigte Sonne! Die auf das Kreuz des Todes genagelte Sonne, das war meine Jugend, ihre Heftigkeit, ihre durch die Moral, die Religion verschüttete Vitalität. Meine Emotion kam daher – so glaubte ich wenigstens –, daß ich mich in einem großen mythischen Bild wiedererkennen konnte, dessen dunkler Sinn verlorengegangen war, ein Bild, das ich bis dahin nicht bemerkt hatte. „Sie haben die Sonne gekreuzigt." Sie? Die Leute dieser Region, dieses Volkes, sie, deren Blut in meinen Adern floß. Sie hatten ihre Ursprünge, etwas Vitaleres und Älteres, verleugnet und verworfen, sie hatten das angenommen, was sie mir auferlegen wollten. Ihr Fanatismus hatte sich eines Zeichens bemächtigt, nein, mehr als eines Zeichens, der Realität, die Wärme und Leben, Leidenschaft und Feuer verbreitet. Sie hatten sie – es ist der reine Hohn – ans Kreuz der Trauer genagelt. Durch eine erstaunliche Umkehrung aber – indem sie die Sonne statt Gottes Sohn ans Kreuz schlugen – anerkannten sie ihr Verbrechen. Sie brachten die Sonne an ihren wahren Platz, an denjenigen ihres Gottes. Ich haßte sie. Ich fühlte so etwas wie Schatten oder Trauer in meinem Leben, in meinem Körper, dem eines romantischen, revoltierenden Knabens. Werde ich mich je wieder des Gefühls des Bösen entledigen können, das man mich gelehrt hat und gegen das ich rebellierte? Wird es mir jemals möglich sein, die Freude und die Lust in ihrer unschuldigen Naivität und Frische zu kennen? Werde ich je so lieben können, wie wenn man mir die Liebe nicht als Sünde dargestellt hätte? Wie meine Vorfahren schlug ich in mir weiterhin die Sonne ans Kreuz, trug ich in mir weiterhin die gekreuzigte Sonne herum. Ich war die gekreuzigte Sonne und das Kreuz des Todes. Ich hatte mein Bild gesehen. Ich schwor mir, die tödlichen Nägel herauszureißen, das Sonnenprinzip zu befreien, das Kreuz des Todes zu zerschlagen. Aber zur gleichen Zeit packte mich Neugier. Wer waren diese Menschen, meine Vorfahren, die diesen Akt vollbrachten, dieses grandiose, tragische Symbol fanden und es an ihren Straßen aufrichteten, sie, diese dunklen Bauern? Warum? In welcher Epoche[23]. . . . ?«

In diesem Text sind all die zentralen Probleme der religiösen Entfremdung Henri Lefebvres enthalten, für die er selbst das gewaltige mythische Bild *Soleil Crucifié* gefunden hat. Zwischen der Sonne und dem Kreuz klafft ein Abgrund. Hinter dem Symbol der Sonne verbirgt sich die Vorstellung eines ursprünglichen, spontanen, naiven Lebens: Die Religion des Kreuzes hat die naive Freude der Unschuld zerstört. Die Fragen, die Lefebvre stellt, machen die Dimension seines entfremdeten Zustands deutlich. Kann er sich je von der Vorstellung des Bösen lösen, die ihm in der Jugend beigebracht worden ist, wird er je wieder zu einer Liebe fähig sein, die nicht mehr die Erinnerung an Sünde wachruft?

Es gilt nun im folgenden, die Entfremdungsproblematik, wie sie im einmaligen Erlebnis so klar zum Ausdruck gekommen ist, zu vertiefen, zu verallgemeinern, insbesondere gilt es, die Bedeutung der

Symbole der Sonne und des Kreuzes, über die Lefebvre oft meditiert hat, näher darzustellen. Zunächst jedoch soll gezeigt werden, daß das Symbol der gekreuzigten Sonne ein Bild aus den Pyrenäen ist, und wie sich Henri Lefebvre – im Zusammenhang mit dem Suchen nach dem Ursprung der Entfremdung – in umfangreiche agrarsoziologische Forschungen stürzte.

## Die Pyrenäen – Land der gekreuzigten Sonne

Die Beschäftigung mit den Pyrenäen bildet eine Konstante im Leben Henri Lefebvres. Jahrzehntelang durchwandert er das Gebirge zwischen Mittelmeer und Atlantik, das Frankreich und Spanien trennt und verbindet. Er spricht mit den Bauern und Hirten, untersucht deren Gewohnheiten und Sitten, forscht nach dem Ursprung magischer Bräuche. Er studiert die Geschichte des Landes, beschäftigt sich intensiv mit den einzelnen Regionen, wühlt in lokalen Archiven. Wenn er Beispiele für den Kontrast zwischen archaischen Kulturen und modernen Städten sucht, findet er sie in den Pyrenäen: im Tal von Campan und in Lacq-Mourenx. Wenn man in Betracht zieht, daß sich Henri Lefebvre schon vor dem Zweiten Weltkrieg als bedeutender Philosoph in Frankreich etabliert hat (mit *Le Matérialisme dialectique*), so erscheint es zumindest erstaunlich, daß er 1954 an der Sorbonne zwei agrarsoziologische Studien über die Bauerngemeinden in den Pyrenäen vorlegt[24] und 1965 einen *Atlas des voyages* über dieses Land herausgibt. Heute gilt Henri Lefebvre – nach dem Urteil der bedeutendsten französischen Soziologen[25] – als einer der besten Kenner agrarsoziologischer Probleme. Wie kam das?

In seiner Jugend empfindet Lefebvre nur Haß gegenüber seinem Herkunftsland, erst später ändert er seine Haltung. In *Pyrénées* (1965) schreibt er: »Dieses Buch? Ich habe Lust, es zu schreiben. Es ist mir ein Bedürfnis. Ich wünsche es zutiefst. Ich habe mit diesem Land Rechnungen zu begleichen. Wie mit Pascal oder Descartes ... Ich bin mit diesem Land verbunden, daß heißt daran gebunden, gefesselt. Ich liebe es und ich verabscheue es. Ich habe zu ihm jenes zwiespältige Verhältnis, wie man es zu dem hat, was man zu gut kennt: zur Familie, zu Vater und Mutter[26].«

Lefebvre ist mit den Pyrenäen nicht nur eng *ver*bunden (attaché), er ist an sie *ge*bunden (lié), ja sogar gefesselt (ligoté). Ein dialektisches Spannungsverhältnis zwischen Liebe und Haß, Befangensein und Befreiung, Verwurzelung und Entwurzelung ist die Grundstimmung in *Pyrenées*. Sich von der Verwurzelung befreien, um dann mit seinen Wurzeln um so tiefer ins Land einzudringen, das entspricht der Dialektik Henri Lefebvres.

Lefebvres enge und persönliche Beziehung zu den Pyrenäen ist in bezug auf die Entfremdungsproblematik aus verschiedenen Gründen von Interesse. Gehen wir zunächst darauf ein, daß das Symbol der religiösen Entfremdung, das Sonnenkreuz, ein Bild aus den Pyrenäen ist. Lefebvre hat eine große Anzahl von Sonnendarstellungen, von Weg- und Grabkreuzen und von Kombinationen dieser beiden Symbole in den Bildband *Pyrénées* aufgenommen. Auf die ältesten und die eigenartigsten Darstellungen dieser Symbole stößt er im Baskenland. Auf Grabsteinen findet er verschiedene Darstellungen der Sonnenscheibe, dann stellt er fest, daß seit Beginn des siebzehnten Jahrhunderts diese Sonnenscheiben mit einem Kreuz versehen sind, manchmal sogar mit mehreren kleinen Kreuzen, und daß daneben noch astrologische und andere, schwer deutbare Zeichen zu finden sind. Er folgert daraus: »Das Kreuz wird in ein System viel älterer kosmischer, kosmogonischer, astrologischer Zeichen und Bedeutungen eingefügt: in die Religion der Hirten, der Nomaden[27].« Die christliche Religion wird einem alten Sonnenkult aufgepfropft. Die Hirten und Nomaden des Baskenlandes, die über die Berge und durch die Täler ziehen, sind etwa seit dem achten Jahrhundert seßhaft; mit der Seßhaftigkeit haben sie ihre alte Religion, einen heidnischen Sonnenkult, aufgegeben. Die Christianisierung ging allerdings nur langsam voran. »Der Kult des christlichen Gottes und seines gekreuzigten Sohnes vermischte sich auf eine seltsame Art mit der Sonnenanbetung und absorbierte den Sonnenkult erst nach mehreren Jahrhunderten[28].«

Lefebvre deutet die Sonnenkreuze auf seine Art. Er sieht in diesem Symbol das Weiterleben eines alten heidnischen Elements; die baskische Form des Christentums sei mit heidnischen Elementen vermengt. Mit dieser These unterscheidet er sich von baskischen katholischen Priestern, welche das Symbol, insbesondere auch die Scheibe, als christliches Zeichen deuten[29].

Lefebvre untermauert seine These, indem er darauf hinweist, daß die Sonnenscheibe häufig in Verbindung mit anderen astrologischen Zeichen anzutreffen ist. Er ist sich allerdings sehr wohl bewußt, daß seine Symboldeutung noch nicht *wissenschaftlich* erhärtet ist, bedauert aber gleichzeitig, daß die Entzifferung von astrologischen und anderen dunklen Zeichen erst in den Anfängen steht[30].

Eine besondere Liebe entwickelt Henri Lefebvre zu den noch heute existierenden Überresten alter Hirtenrepubliken. Seine umfangreichen Arbeiten über die *communautés agro-pastorales* (Bauern-Hirten-Republiken) sind für das marxistische Denken insofern von Bedeutung, als sie neues Licht auf die Frage nach dem Ursprung der Entfremdung werfen. Von Karl Marx heißt es, daß er »recht wortkarg wurde, wenn er vom Urzustand sprach, und sich, anstatt konkret zu werden, mit Allgemeinheiten begnügte[31]«. Die Beschreibung des Urzustandes der Menschheit erschöpft sich bei Marx in einem schönen, aber idealisierten und unwissenschaftlichen Bild einer »konfliktlosen Idylle Guter Hirten[32]«. Um ethno-soziologische Probleme und Forschungen hat sich Karl Marx nicht gekümmert. Deshalb sind seine Aussagen über die Urgesellschaft in wissenschaftlicher Hinsicht nicht von Bedeutung.

Hinsichtlich der *Urgesellschaft* ist Lefebvre vorsichtiger; er macht keine Aussagen, denn wir besitzen von ihr keine Dokumente, wir wissen nichts darüber. Er schränkt deshalb klar ein: »Ziemlich genaue Dokumente erlauben es, uns in die Zeit der Ursprünge unserer Kultur zurückzuversetzen – nicht in die Vorgeschichte oder in die sogenannte *primitive* Epoche, sondern in eine nähere, zum Beispiel die Anfänge der griechischen, der römischen oder der mittelalterlichen Kultur[33].«

Unser Wissen über die Menschheit beginnt also erst bei den Anfängen der Zivilisation oder Kultur, das Leben der Menschen in der Vorgeschichte bleibt für uns im Dunkel. Diese deutliche Abgrenzung unterscheidet Henri Lefebvre von den Marxisten, die glauben, über die Urgesellschaft Aussagen machen zu können. Der Philosoph aus den Pyrenäen bricht also mit dem Mythos der Primitivität, dem guten Wilden, dem Mythos, der in den Pyrenäen seinen Ursprung hat[34].

Statt Spekulationen über die Urgesellschaft anzustellen, vertieft er sich in alle nur möglichen Dokumente und Quellen über die frühen Bewohner der Pyrenäen und gelangt somit zu wesentlich fundierteren Aussagen als Karl Marx. In *La Vallée de Campan*, einer historisch-soziologischen Arbeit, publiziert er einen Teil seiner Forschungen, die sich auf einen Zeitraum von siebenhundert Jahren erstrecken (1093 bis 1793). Das Tal von Campan, ein Grenzland in den Bergen, eine *communauté de marche*, bewahrte jahrhundertelang seine Unabhängigkeit, Originalität und Freiheit. Es war kein Durchgangstal und somit auch nicht von strategischem Interesse. Das Tal war seit Jahrhunderten als *La Vallée heureuse*, *La Vallée de Tempé* und *Nouvelle Arcadie* bekannt und wurde mit dem schweizerischen Appenzell verglichen[35]. Die fast völlig autonome Hirtenrepublik war jahrhundertelang eine geschlossene Einheit, so etwa wie heute noch Andorra.

Lefebvre untersucht dieses Tal mit einer *historisch-soziologischen* Methode. »Diese Worte bezeichnen eine dialektische Bewegung zwischen der historischen und der auf die soziologische Realität ausgerichteten Forschung[36].« Sein Programm lautet daher folgendermaßen: »Wir haben uns hier zu fragen, welches die Qualitäten dieser menschlichen Gruppe waren, die aus einem begünstigten Gebiet einen solchen Nutzen zu ziehen vermochten; die historisch-soziologischen Bedingungen zu erforschen, unter denen diese Qualitäten in Erscheinung traten[37].«

Die Dokumente, auf die Lefebvre sich stützt, sind außerordentlich umfangreich. Es sind hier nicht im einzelnen die Thesen und Resultate dieser agrarsoziologischen Untersuchung zu diskutieren, sie gehören auch nicht unmittelbar zu dem Gedankengang, der hier verfolgt wird. Es geht ja darum, Lefebvres persönliche Entfremdungsproblematik darzustellen. In diesem Zusammenhang ist die Frage nach den Gründen für Lefebvres unermüdliches und vielfältiges Studium der Urbevölkerung der Pyrenäen berechtigt. Obschon er *La Vallée de Campan* als agrarsoziologische Studie einreichte, kann das wissenschaftliche Interesse nicht der einzige Beweggrund für die jahrzehntelange Arbeit gewesen sein. Später bekennt er einmal: »Ich konnte an der Sorbonne keine *Thèse* unter dem Zeichen des *Soleil Crucifié* schreiben! Man hätte mich nicht ernst genommen[38].« *La Vallée de Campan* ist also unter dem Zeichen des *Soleil Crucifié* verfaßt worden! Durch diesen Hinweis wird für den Leser die persönliche Beziehung Lefebvres zu seinem Gegenstand, zu Land und Leuten und der Geschichte dieses Landes, auf Schritt und Tritt spürbar. Hinter der Wissenschaftlichkeit und der historisch-soziologischen Forschungsmethode verbergen sich Leidenschaft und tiefe Verbundenheit. Lefebvres Liebe zu den *archaismes pyrénéens*, zu den Hirtenrepubliken in den Bergen, den *démocraties paysannes*, ist offenkundig.

Im Gegensatz zum Marxschen Begriff der *kommunistischen Urgesellschaft* ist Lefebvres *communauté agro-pastorale* ein wissenschaftlicher Begriff, weil auf historisch-soziologischen Erkenntnissen beruhend. Trotzdem hat man hie und da den Eindruck, daß die Hirtengemeinschaften in gewissem Sinn idealisiert werden: »In ihrer Blütezeit war die Bauern-Hirten-Republik unverletzlich. Die Menschen, zweifellos ein wenig wild, hatten Mut und Waffen. Der Reichtum gründete sich weder auf Grundbesitz noch auf Geld. Dank ihrer Mobilität entgingen die Hirten der Kontrolle von außen. Diese Gemeinschaft hielt sich in den Pyrenäen bis zum Ende des Ancien Régime[39].«

Im Anhang zu *La Vallée de Campan* gibt Lefebvre eine trockene Beschreibung des kargen, aber menschlich reichen und einheitlichen Lebens der Bergbevölkerung. Gerade in der ruhigen Sachlichkeit und Trockenheit kommt die Liebe des Autors zu den Hirtengemeinschaften zum Ausdruck:

»Die Arbeitsteilung ist so wie eh und je. Der Mann, der Haushaltsvorstand, weidet die Rinder; er erledigt die schweren Arbeiten; zur

Zeit der Heuernte steigt er auf die Hochwiesen, um zu mähen. Die Jüngeren treiben die Herde auf die Alm. Die Frauen kümmern sich ums Haus, um den Garten, sie jäten die Felder und helfen das Heu einbringen. Einige alte Frauen weben noch Leinen- und Wollstoffe (Tücher, die *cadis* heißen). Früher webten die Männer, und die Frauen spannen. Das Haus, mit einem einzigen Längsgiebel, hat ein eigenes breites Fenster, vor dem die Weber zu sitzen pflegten.

Die Organisation des Hirtenlebens ist durch die Natur des Viehs und dessen Ernährung bestimmt. Das Vieh gehorcht einem traditionellen Rhythmus. Im Winter weidet es im Tal und auf den Wiesen in Talnähe (in Campan gibt es keine Winterstallungen). Im Frühling steigt es auf die unteren Almen, um die Scheunen herum, die der Herde Schutz und den jungen Hirten Unterstand bieten. Im Sommer wird es auf die höheren Weiden getrieben. Im Herbst steigt es etappenweise abwärts, die Scheunen bieten noch Schutz und trockenes Futter. Die Scheune hat also eine komplexe Funktion ...

Der Bergbauer von Campan versteht sich manchmal noch darauf, Stiefel und Tuch herzustellen, aber ohne technische Feinheiten. Und diese traditionelle Fertigkeit verschwindet und macht einer althergebrachten, summarischen Arbeitsteilung im Rahmen der Familie Platz[40].«

Die folgende Beschreibung kann geradezu als Verherrlichung der bäuerlichen Gemeinschaft gelten, die jedoch nur in den seltensten Fällen diese geglückte, ausgewogene Form angenommen habe; ausnahmsweise sei es den Menschen gelungen, in der *communauté paysanne* ohne entfremdetes Bewußtsein identisch mit sich selbst zu leben: »Auf du und du mit der Natur, blieb der Mensch auch vertraut mit sich selbst, mit seinem Denken, mit ihm zugänglichen Formen der Schönheit, der Weisheit, der Verrücktheit, des Wahnsinns und der Beruhigung. In seiner Wirklichkeit lebte und realisierte er alle Möglichkeiten. Ohne tiefen Zwiespalt mit sich selbst, konnte er sich – im wundervollen Gleichgewicht der bäuerlichen Gemeinschaft – spontaner Vitalität hingeben. Er ließ nichts ungenutzt, keine Energie, keinen Instinkt. Er lebte total und elementar und zumindest grundsätzlich ohne *Verdrängung;* und vielleicht starb er auch erfüllt[41].«

Erinnern wir uns, daß ein großer Teil der Arbeiten über die Bauern- und Hirtengemeinschaften unter dem Zeichen der gekreuzigten Sonne verfaßt worden ist. Das Symbol der Sonne ist das Zeichen der heidnischen Religion der Hirten und Nomaden. Schwingt in der Beschäftigung mit den Hirten und Bauern nicht eine leise Sehnsucht nach dem noch ungekreuzigten, spontanen Leben dieser Bergvölker mit? Das tragische Symbol des *Soleil Crucifié* scheint hier eine seiner Bedeutungen zu erschließen.

# »Soleil Crucifié« als allgemeines Symbol

Das Sonnenkreuz oder die gekreuzigte Sonne ist für Henri Lefebvre zu einem Symbol von existentieller Bedeutung geworden. Symbole sind nicht leicht zu deuten, sie sind *unergründlich*, sie sprechen die Einbildungskraft an, ihre Vieldeutigkeit und Vielschichtigkeit ist mit der begrifflichen und sprachlichen Fixierung unvollständig erfaßt. Symbole enthalten Rätsel, offenbaren und verschleiern, beunruhigen und faszinieren, ihr Aussagegehalt kann verlorengehen. Wer am transzendenten Gehalt der Symbole partizipiert, an magischen Handlungen oder Riten, den sprechen sie unvergleichlich stärker an als den, der sie nur als Außenstehender kennenlernt.

Der *Soleil Crucifié* ist aus zwei Elementen zusammengesetzt, einem religiösen und einem kosmischen. Das Zeichen des Kreuzes ist für Henri Lefebvre ein Symbol, dessen transzendenter Gehalt ihm in der Jugend eingeprägt wurde, er weiß, wie vieldeutig für einen gläubigen Christen die Geste des Kreuzschlagens ist. In den *Notes écrites un dimanche dans la campagne française* erzählt er, wie sich seiner eine seltsame Gewalt bemächtigt, wenn er in eine Kirche tritt, wie die Gegenstände in den Ecken und Nischen stumm zu ihm sprechen, wie er nicht aufhören kann, die *Bedeutungen* zu verstehen, die man ihm in der Kindheit beigebracht hat. »Es ist mir unmöglich, mich davon zu befreien. Dieser Raum wird für mich nie etwas Gewöhnliches sein[42].« Mit äußerster Klarheit sieht er, was alles sich hinter der *Heiligkeit* verbirgt, all die Illusionen, Fiktionen und falschen Hoffnungen, all das, was er als menschliche Entfremdung bezeichnet, und trotzdem kann er sich von dieser »schrecklichen Tiefe« nicht befreien. Von allen christlichen Symbolen ist das Kreuz das mächtigste:

»Wenn ein Christ ein Kreuz schlägt, bedeutet dies mehr als eine formelle Geste; der Gläubige zeichnet auf seinem eigenen Körper das Instrument des Erlösertodes nach; er heiligt sich, indem er sich in der Vorstellung mit dem gekreuzigten Gott identifiziert. Von außen her gesehen, ist die Geste ihrer Bedeutung nach ein Beweis und eine Manifestation der Zugehörigkeit, von innen her erfüllt der Gläubige einen Akt des Glaubens, mehr noch, der Partizipation. Er verbindet sich mit dem absoluten Wort, mit dem Wort, das für ihn Mensch geworden und gestorben ist. Wird die Geste von außen her untersucht, so ergibt sich eine Vielheit von Bedeutungen, von innen her ist sie überhaupt unergründlich[43].«

Die unter einem doppelten Aspekt vorgenommene Interpretation des Kreuzschlagens läßt erkennen, wie genau Lefebvre über die Vielschichtigkeit der christlichen Symbolik Bescheid weiß, wie er insbesondere auf das innere – wir könnten ergänzen: das existenzielle – Verhältnis des Gläubigen zu den Symbolen verweist.

Das zweite Element der Figur des *Soleil Crucifié,* die Sonne, stammt aus dem kosmischen Bereich. Die Sonnenscheibe gehört einer Kombination von Symbolen an; dazu gehören der Mond, die Sterne, die Sternbilder. Je älter Henri Lefebvre wird, desto vorsichtiger wird er in seinem Bestreben, die kosmischen Symbole zu entziffern. Seine Interpretationen werden immer zurückhaltender, allgemeiner. Er begnügt sich mit sehr vagen Andeutungen: Die kosmischen Symbole hängen mit dem Rhythmus der Jahreszeiten zusammen, mit bestimmten Verrichtungen (Ernten, Pflügen, Almauftrieb), mit Riten und Mythen, mit Geburt und Tod. Kosmische Symbole haben auch eine soziale Funktion: Sie verbinden Gruppen und Individuen; alle Menschen, die dieselben Symbole verehren, fühlen sich durch die Anerkennung einer gemeinsamen Symbolik verbunden. Außer diesen eher vagen Andeutungen erfahren wir nichts mehr über den mächtigen Symbolgehalt der kosmischen Zeichen, insbesondere der Sonne:

»Bekennen wir unsere Unwissenheit ... Wir Menschen des zwanzigsten Jahrhunderts haben vor uns nur diese Formen. Die Sonne spricht nicht mehr zu uns. Sie ist in unseren Augen eine tote Form mit einem doppelten Rätsel: dem eines Sinns, der früher einmal lebendig war, und dem seines Verschwindens[44].«

Mit dem Verschwinden der Bedeutung und des Sinns der kosmischen Zeichen verschwand auch die Lebensform, die auf diese Zeichen bezogen war. War das Leben unter dem Symbol der Sonne spontaner, naiver, spannungsreicher, haben die Menschen unter den kosmischen Symbolen weniger entfremdet von der Natur, der äußeren und ihrer eigenen gelebt? Lassen wir es bei dem Fragezeichen.

Seit Henri Lefebvre in *La somme et le reste* zum erstenmal die Kombination der beiden Symbole interpretiert hat, meditiert er später noch oft darüber. Er weist immer wieder darauf hin, daß seine Interpretationen ein subjektives Moment enthalten, zugleich aber spricht er von der allgemeinen Bedeutung dieses Zeichens. Am eindrücklichsten ist wohl das Kapitel, das er in *Introduction à la modernité* diesem Symbol widmet: *Que dit le Soleil Crucifié?* Das Sonnenkreuz wird dort zum Bild der Zerrissenheit, der Demütigung, des Scheiterns, des Verworfenseins. Die Sonne als Symbol enthält ursprünglich das, was sie in Frage stellt und negiert, den Tod und das Instrument des Todes. Die beiden geraden schwarzen Balken, die sich im rechten Winkel schneiden, drücken dem Zeichen der Quelle und des Feuers das Merkmal der Trauer auf. Die Sonne ist nicht mehr Ausdruck der Freude und der glühenden Vernunft, als Gekreuzigte geht sie ihrer eigenen Natur verlustig. Manchmal scheint Lefebvre in der Vieldeutigkeit des Symbols geradezu zu schwelgen, sieht er doch im Zeichen des *Soleil Crucifié* Zusammenhänge in allen Richtungen.

»Das ist das vieldeutige Symbol der verlorenen und zerstörten Jugend, der durch ihre eigene Geschichte verdunkelten Revolution, das Symbol einer Generation und einer Epoche, das Symbol der heißen Länder, die durch Knechtschaft, Kriege und das Schicksal ihrer Befreiung gezeichnet sind: der Länder des Orients, Asiens und Afrikas[45].«

Nach diesem Feuerwerk bloßer Andeutungen folgt eine Ernüchterung, zugleich intensiviert Lefebvre auf neue Art die Versuche, das Symbol zu interpretieren. Er beginnt mit ihm zu sprechen, geht von der neutralen, deskriptiven Schreibweise über zu einem Dialog mit dem Symbol und arbeitet dabei immer neue Bezüge heraus.

Das Symbol, das auf die weitesten kosmischen und welthistorischen Zusammenhänge hindeutet, wird für einen Moment in Frage gestellt, denn Symbole, welche die Dinge mit Bedeutung überladen, täuschen. Sie dramatisieren und übertreiben wie Journalisten, die das Triviale in etwas Sensationelles verkehren. Um wieviel armseliger und schmutziger sind doch die alltäglichen Handlungen, als sie von Journalisten, Literaten und Philosophen beschrieben werden! Man gelangt nämlich zu einer neuen Art von Lüge, wenn über armselige Liebesgeschichten oder über ein elendes Scheitern große Worte gemacht werden. »Und deswegen ist es richtig, daß das Symbol seine traurige und düstere Karriere in den stinkenden Tiefen fortsetzt, damit es endlich verschwindet[46].« Nachdem zuerst die unergründliche Tiefe des Symbols aufgezeigt worden ist, wird diese Tiefe hier als »stinkend« bezeichnet. Wenn nun aber versucht wird, die Tiefe als solche zu ignorieren, die Bedeutungen aufzuheben, zu entdramatisieren, um zu den nackten Dingen selbst zu gelangen, so befindet man sich auf dem entgegengesetzten Irrweg. Man gelangt zu nichts mehr als zu schwarzen oder weißen Platitüden, Gemeinplätzen oder Stupiditäten. Das Bild des *Soleil Crucifié* ist jedoch mehr als die Dramatisierung des trivialen Schmutzes!

Lassen wir das Symbol, den imaginären Gesprächspartner, selbst zu Henri Lefebvre reden: »Hör endlich ganz damit auf, halb naiv zu sein. Höre nicht mehr auf all das, was die Leute sagen. Schau, wie sie leben, und versuche, das zu erreichen, was sie sind. Laß endlich diese gewisse fade Sanftmut, diese allzu verständnisvolle – und doch nur zur Hälfte verständnisvolle – Art, zu sehen und zu hören. Diese fade Sanftmut, das ist dein wirklicher Fehler, der aus deiner zu behüteten Kindheit stammt... Erkenne endlich die schreckliche Grausamkeit der sogenannten modernen Epoche. Du mochtest diese

Grausamkeit nicht. Was hast du gegen sie ins Treffen geführt? Deinen Optimismus, deine Lebensfreude, deine Hoffnungen? Nein. Du hast deine Schwäche verteidigt ... Das sind deine Irrtümer. Du fürchtest dich vor dem Draußen, der Kälte und der Hitze, den Grausamkeiten. Hör jetzt, was ich, die gekreuzigte Sonne, dir sagte. Ich war und bin dieses Dramas würdig, auch wenn man mich mißbraucht. Besonders dann, wenn man mich mißbraucht. Indem man mir noch mehr Schmutz zufügt, bestätigt man, was ich sage und was ich bin und auch was ich noch nicht gesagt habe. Richte dich auf, Sohn der Sonne, geschundener Sohn, Sohn der geschundenen Sonne! Tritt in deine Wahrheit ein! Finde deinen Stolz wieder[47]!«

In einem dramatischen Dialog wird auf die letzte Wahrheit des Symbols verwiesen, wird bekräftigt, daß das Symbol wirklich eine Wahrheit enthält. Mit der Aufforderung: »Finde deinen Stolz wieder!« spricht das Symbol Lefebvre sehr persönlich an. Es wirft ihm vor, nach einer zu behüteten und zu unbestimmten Kindheit die Grausamkeit der modernen Welt zu lange nicht empfunden, sich jahrzehntelang mit marginalen Themen befaßt zu haben. Erst nach seinem Ausschluß aus der Kommunistischen Partei habe er sich direkt mit den entscheidenden Problemen der Modernität beschäftigt.

Weit über das Persönliche hinaus behält das Symbol für Lefebvre eine allgemeine Bedeutung. »Die gekreuzigte Sonne hat einen Sinn, obwohl dieser Sinn nicht die Ewigkeit für sich hat, denn nichts hat die Ewigkeit, außer dem Weltgesetz: die unbegrenzte kreative Macht, welche unablässig Endliches und Begrenztes hervorbringt; dieses Endliche trägt das Zeichen des Unendlichen in sich und bezeichnet es mit seiner Endlichkeit, indem es aus sich herausfällt. Es gibt kein Leben, noch weniger Bewußtsein, ohne Trennung, ohne Exteriorität und ohne Distanz – ohne überwundene Distanz, ohne überwundene Trennung, ohne besiegte Exteriorität[48].«

Indem Lefevbre in einer abschließenden Sinndeutung den Kreis und das Kreuz als die Zeichen des Unendlichen und des Endlichen bezeichnet, bringt er damit eine Affinität mit dem Denken von Augustin, Pascal und Hegel zum Ausdruck, für welche die Dialektik zwischen Endlichem und Unendlichem zum Kern ihres Philosophierens gehört.

## Jansenius und Pascal

Nach einem langen Studium der besonderen Form des Christentums, in dessen Geist er erzogen worden ist, beginnt Lefebvre einzusehen, daß er schon in der frühesten Jugend unter einer jansenistischen Tradition gelitten hat. Als »die große Häresie[49]« bezeichnet er eine bestimmte Tradition des Christentums, zu der verschiedene häretische Strömungen zählen, die alle einmal in den Pyrenäen eine mehr oder weniger große Verbreitung hatten: der Arianismus, die Katharer, der Jansenismus. In seiner Jugend ist Lefebvre in populären Formen dieses häretischen Christentums erzogen worden, eine andere Form der christlichen Botschaft hat er erst viel später kennengelernt.

Es gibt eine weltfeindliche, lebensfeindliche, asketische Interpretation des Christentums, die sich auf verschiedene Texte des Neuen Testaments stützt. Augustins Ethik zum Beispiel verlangt Verzicht auf das sinnliche Leben, in der Dualität von Körper und Seele gebühre der Seele der Vorrang. Die in den *Confessiones* geschilderte Bekehrung Augustins zum Christentum kommt einer rigorosen Entscheidung zur Askese gleich. Auf welche Bibelstelle fiel Augustin, als er nach einer ethischen Orientierung suchte? »Nimm und lies! Nimm und lies!« sagte ihm eine helle Stimme, und er schlug folgendes Pauluswort auf: »Laßt uns ehrbar wandeln, nicht in Fressen und Saufen, nicht in Kammern und Unzucht, nicht in Hader und Neid, sondern ziehet an den Herrn Jesus Christus und wartet des Leibes, doch also, daß er nicht geil werde[50].«

Für Henri Lefebvre steht Augustin mit seiner Geringschätzung und Herabsetzung des *Weltlichen* am Anfang einer Anzahl von Häresien. Von ihm stammt der »christliche Slogan: Mundus est immundus[51]«.

Augustin kommentierend, fährt Lefebvre fort: Die Welt ist unrein, durch die Ursünde verdorben. Der Schlechtigkeit der Welt entspricht das Bild des Menschen, der Begierde, unendliche Begierde, Begierde nach dem Unendlichen, jedoch gebrochene Begierde ist. Der ursprüngliche Wunsch nach dem Unendlichen, nach Gott, ist in den Wunsch nach Endlichem verkehrt worden. Dreifach ist die falsche, die korrumpierte Begierde: »Das sind die Hauptsünden, die aus der Gier nach Herrschaft, Augenweide und fleischlichem Genuß erwachsen[52].« Dieser gleiche Gedanke, so können wir Lefebvre ergänzen, kommt auch im ersten Johannesbrief zum Ausdruck: »Liebet nicht die Welt, noch was sich in der Welt befindet. Wenn jemand die Welt liebt, ist die Liebe des Vaters nicht in ihm. Denn alles, was in der Welt sich findet: Lust des Fleisches, Lust der Augen, Hoffart des Lebens, kommt nicht vom Vater her, vielmehr kommt es von der Welt[53].« Mit der Sünde Adams kam das Böse in den Menschen, vergeblich sucht die korrumpierte Libido in der weltlichen Kreatur nach einer Analogie zur göttlichen Unendlichkeit. Das irdische Individuum ist der transzendenten Einheit entfremdet. Der Mensch ist krank, die Welt korrumpiert.

Nicht direkt mit Augustin, sondern mit einer späten, poetischen augustinischen *Häresie* hat Henri Lefebvre eine leidenschaftliche Auseinandersetzung geführt. Mit den *Pensées* von Pascal in der Tasche pflegte er in der Jugend während einer gewissen Zeit die Weltverachtung. Wer Pascal nicht als Gelehrter oder als Philosoph studiert, sondern bei ihm Erhellung über sein eigenes Leben sucht, erhält einen tiefen Schock[54]. Wenn Lefebvre vom »heiligen Schrecken« spricht, den er beim Pascal-Studium empfindet, so kommt zeitweise eine gewisse Sympathie zu Pascal zum Ausdruck; sein Verhältnis zum Philosophen der jansenistischen Bewegung ist außerordentlich subjektiv:

»Ich unterhielt mit der Lektüre seiner Fragmente über die Zerstreuung einen Abscheu vor der Welt und dem Leben, eine Art Haß gegen das Leben, eine morbide Befriedigung. Dann mußte ich mich davon befreien, einfach deshalb, weil ich leben mußte. Es war auch der Kampf mit dem Engel, und der Engel hieß Pascal[55].«

Während seines Studiums schrieb Lefebvre in Paris bei Léon Brunschwicg, der die historisch-kritische Ausgabe der Werke von Blaise Pascal besorgte, eine erste Arbeit über *Jansénius et Pascal*[56]. 1949 publizierte er den ersten, fünf Jahre später den zweiten Band seiner Studie über Pascal. Als seine klarste Stellungnahme zu Pascal bezeichnet er selbst einen Aufsatz aus dem Jahre 1957 mit dem Titel *Divertissement pascalien et aliénation humaine*.

Was bedeutet *divertissement*? Eine Anzahl von Fragmenten der *Pensées* sind unter diesem Stichwort verfaßt worden[57]. Unter *divertissement* versteht Pascal all das, was den Menschen von sich selbst ablenkt, von der Selbsterkenntnis, vom zentralen Problem des Todes, von der einzigen Notwendigkeit: Jesus. Pascal beschreibt in immer neuen Varianten die verschiedenen Weisen des *divertissement*. Könige suchen ihr Glück nicht in der ruhigen Betrachtung ihrer Größe und majestätischen Glorie, sondern vergnügen sich beim Tanz. Andere suchen Zerstreuung im Theater, weil sie an der leidenschaftlichen Darstellung der Liebe Gefallen finden. Die Menschen lieben den Lärm und die Aufregung der Welt, finden Gefallen an Spiel und Jagd. Von Jugend an werden sie mit Ehren ausgezeichnet, pflegen Freundschaften, kümmern sich um ihre Gesundheit, statt sich darüber Gedanken zu machen, wer sie sind, woher sie kommen, wohin sie gehen. Das Elend und Unglück der Menschen kommen daher, daß sie die Ruhe und die Selbstbetrachtung nicht ertragen. Lefebvre faßt folgendermaßen zusammen:

»*Divertissement*? Nun, das ist das ganze menschliche Leben, das ist die Schönheit, das ist das Vergnügen, alle Freuden, das ist das Denken, das ist die Aktion, das ist die Liebe, die Freundschaft, die Arbeit, der Beruf[58].«

Die Fragmente von Pascal über *divertissement* hängen eng mit der *condition humaine*, dem Elend der Menschen auf dieser Welt, zusammen. Pascal hat das Menschenbild weitgehend von Jansenius übernommen, dessen Abhandlung *De la réforme de l'homme intérieur* er in der Jugend las; das dreibändige Monumentalwerk *Augustinus* lernte er etwas später kennen. Jansenius behauptete, direkt auf Augustinus zurückzugehen, in unzähligen Varianten kommentierte er die Formel »Mundus est immundus[59]«. Die nicht mehr auf Gott bezogene Libido wird zu einem Verlangen nach weltlichen Dingen, nach Häßlichem, Gemeinem, Niedrigem.

Für Lefebvre ist der *Augustinus* von Jansenius ein dunkles, mittelalterliches Schloß, das am Eingang der bürgerlichen Epoche errichtet wurde und noch immer nicht aufgehört hat, sie zu dominieren. Schon die erste Lektüre faszinierte und erschreckte ihn. Später empfand er einen ähnlichen Eindruck, als er die Dogmatik von Karl Barth las: »Ich trat in eine Festung ein. Ich irrte in einem verlassenen Schloß ohne Dornröschen umher«[60].« »Jansenius behauptete, auf den Ursprung und das Fundament der christlichen Weltanschauung zurückzugehen, und er ging wirklich dorthin zurück: Ablehnung dieser Welt, Verneinung des Lebens, Haß und Ressentiment gegen die physische Realität[61].«

Was Lefebvre also als die Substanz des Christentums bezeichnete, ist die leidenschaftliche Verachtung des Lebens, die Verneinung der Körperlichkeit und die Verherrlichung des Leidens. Jansenius hat das Christentum auf das Wesentliche reduziert; seine Reduktion ergab allerdings ein hartes, häßliches, freudloses Bild. Er wollte mit Tränen, Askese, Absage an die Welt Gott gefallen, die großen christlichen Gedanken der Nächstenliebe und der Milde verkehrten sich bei ihm in Grausamkeit gegenüber sich selbst.

»Ursprünglich zogen die Franziskaner durch die Welt, um an die Armen Gaben zu verteilen, sie zu pflegen und ihnen zu helfen. Unsere Herren von Port-Royal entfernen sich unendlich von der franziskanischen Güte, dieser freundlichen, poetischen und ergreifenden Seite des mittelalterlichen Christentums[62].«

Nach Lefebvres Pascal-Interpretation war dieser ein feuriger Anhänger der Lehre des Jansenius, ohne ihn wäre das Gedankengut des Jansenismus wohl längst in Vergessenheit geraten. Er setzte die schwerfälligen theologischen Abhandlungen in poetische Form um. Er hat den Jansenius aus der Wüste des Wesentlichen herausgeführt, das Elend der Menschen mit Beispielen aus dem täglichen Leben illustriert, ist mit präzisen psychologischen Analysen tief in die menschliche Seele eingedrungen. Er hat die unmenschliche Theologie des Jansenius in eine Fülle von schockierenden Bildern umgesetzt. Die

Abhandlungen über die Schlechtigkeit des Menschen im *Augustinus* langweilen den Leser bald, aber kurze Formulierungen wie »Das Ich ist hassenswert« oder »Wie ist das Herz des Menschen leer und voll Schmutz[63]« lassen auch noch den heutigen Leser erschauern.

Kehren wir zu den Fragmenten über die *divertissements* zurück. Pascal macht sich oft Gedanken darüber, warum die Menschen immer nach etwas jagen. Die wirkliche Befriedigung kann aber nicht im Bewußtsein des Besitzes der Beute bestehen, der Jäger wäre nicht damit zufrieden, wenn man ihm einfach einen erlegten Hasen anböte. Nicht der ruhige, friedliche Besitz macht glücklich, sondern die Jagd ist der Ausdruck der Unruhe, welche die Menschen davon abhält, an ihre elende Lage zu denken. Die Jagd nach dem Hasen ist nichts als Eitelkeit, und gerade darin besteht die grausame Wahrheit des *divertissement,* daß dem Jäger, dem Menschen, eben nicht der Hase gefällt, sondern die Bewegung, der Tumult, die Verfolgung. »Es ist das Spiel der Verfolgung, das einen vom eigenen Ich ablenkt, der eitle Lärm, die Bewegung, die sich wie ein Schleier über den immer gegenwärtigen und unmittelbar möglichen Tod, über das tiefe Elend des Menschen legt[64].« Gewiß bedeutet der Hase wenig, die Jagd hingegen alles.

Lefebvre leitet aus den Fragmenten über das *divertissement* eine philosophische Theorie ab. Die von Jansenius beschriebene *libido* ist korrumpiert. Die Begierde nach dem Unendlichen ist im Zustand der Sünde zerrissen, gespalten. Ursprünglich auf Unendlichkeit ausgerichtet, wendet sie sich dem Endlichen, Kreatürlichen zu. Zum Objekt der Begierde wird einesteils die Begierde selbst, andernteils das Andere, die Welt, der Reichtum, die Macht. Die Begierde versucht, sich selbst zu lieben, aber es gelingt ihr nicht. Versucht sie, das Andere zu lieben, erreicht sie es ebenfalls nicht. Sie befindet sich in einem unaufhörlichen Widerspruch, in einem ewigen Oszillieren zwischen zwei Polen. Erst in der von Jesus eröffneten Transzendenz hört die Zerrissenheit auf.

Der Pascalschen Theorie des *divertissement* stellt Lefebvre die Hegelsche Theorie der Entfremdung gegenüber. Bei Hegel steht am Anfangspunkt Gott, der absolute Geist oder die unendliche Natur. Dieses unendliche Prinzip spaltet sich auf, beginnt den Kampf mit sich selbst; in der daraus resultierenden Aktivität wird in fortwährenden Widersprüchen nach einer Lösung gesucht. Geist und Bewußtsein sind bei Hegel sich selbst entrissen, bei Marx ist es das soziale Leben. Das Entscheidende ist: die Hegelsche Selbstzerrissenheit ist fruchtbar. Bei Hegel nähert sich das Bewußtsein durch die Widersprüche hindurch der Idee, dem absoluten Geist, bei Marx schreitet der Mensch auf unvergleichlich konkretere Weise seiner Selbstverwirklichung entgegen.

Worin sieht Lefebvre Bezüge und Unterschiede zwischen der Theorie des *divertissement* und der Entfremdungstheorie? Marx und Hegel nehmen der menschlichen Realität gegenüber eine andere Haltung ein als Pascal, es handelt sich um verschiedene Interpretationen der menschlichen Realität. Pascal bleibt bei der Darstellung der Entfremdung selbst stehen, er verabsolutiert sie, zeigt keine Lösung. Was den Menschen dem Menschen selbst entreißt, wird als die unabänderliche *condition humaine* angesehen, die inneren Widersprüche des Menschen erscheinen als unlösbar. Der Mensch ist dem Elend und der Verzweiflung ausgeliefert, einer verzweifelten Hoffnung, dem Glauben. Gewiß ist auch Pascals Werk nicht nur negativ zu werten, als Kritik der Eitelkeit der menschlischen Beziehungen einer bestimmten historischen Epoche wird es Gültigkeit behalten. Die Größe Pascals liegt in seiner unerbittlichen Suche nach Wahrheit, dem Porträt des menschlichen Elends fehlt es nicht an Größe.

Hegel und Marx gehen aber – so fährt Lefebvre fort – in ihren Gedanken über die Zerrissenheit des Menschen und in der Analyse der *condition humaine* einen entscheidenden Schritt weiter. Sie gehen von der Wiederherstellung des Menschen aus. Alle entfremdeten menschlichen Formen sollen aufgehoben, die zerstreuten Reichtümer und Energien wieder gesammelt werden. Wo Pascal zu Selbstnegierung, Selbstabtötung und Askese aufruft, dort entwirft Marx das Bild eines Menschen, der von Schmerz und Leid befreit werden soll.

Das Menschenbild von Henri Lefebvre ist im wesentlichen durch Hegel und Marx bestimmt, teilweise aber ist es in Opposition zur pessimistischen Anthropologie Pascals entstanden, zur Auffassung, das Leben sei ein langer und langsamer Prozeß des Sterbens und Absterbens. Nirgends kommt das deutlicher zum Ausdruck als in dem Bekenntnis, in dem er sehr direkt formuliert, Pascal sei für ihn der »intime und persönliche Gegner[65]«. Leidenschaftlich lehnt er sich gegen die unmenschliche Aufforderung zur Selbstkasteiung auf. Die melancholische Einsamkeit des Klosters Port-Royal ist für ihn zum Ort und Symbol der menschlichen Entfremdung geworden.

## Nietzsche

In den Jahren 1936 bis 1938, als die Hitler- und Mussolini-Anhänger Friedrich Nietzsche für sich in Anspruch nehmen und aus ihm einen Ideologen des Hitlerfaschismus machen, als der Führer dem Duce eine Luxusausgabe der Nietzsche-Werke überreicht, unternimmt Henri Lefebvre den Versuch, Nietzsches Bedeutung für die marxistische Lehre hervorzuheben. Nietzsche sei einer der bedeutendsten Schriftsteller für die gegenwärtige Epoche, deshalb wolle er ihn nicht einfach der mißbräuchlichen Verwendung durch die Rassentheoretiker überlassen. Ein anderer Grund, sich mit Nietzsche zu beschäftigen, ist die politische Situation. Zur Zeit der großen Massenkundgebungen der Volksfront empfindet er das vitale Bedürfnis, einen einsamen Denker auszusuchen: »Ich hatte es nötig, mit einer Dosis Stolz geimpft zu werden[66].«

Gehen wir nun auf einige Aspekte von Lefebvres Nietzsche-Interpretation ein, wobei wiederum die Erörterung des subjektiven und persönlichen Verhältnisses Lefebvres zu Nietzsche im Vordergrund stehen soll. Ihn fasziniert vor allem der von Nietzsche in vielfältiger Weise dargestellte Gegensatz zwischen dem dionysischen und dem sokratischen Prinzip. Nietzsches Dionysos ist (laut Lefebvre) Feuer, Leidenschaft, Gewalt und Begierde, das Unbegrenzte, Ekstatische, die Hybris. Der dionysische Zustand ist – jetzt lassen wir Nietzsche selbst sprechen – »das Jasagen zum Leben selbst noch in seinen fremdesten und härtesten Problemen, der Wille zum Leben[67] ...«

Ein Aspekt des tragischen Zustands des Menschen ist die Trennung von Denken und Leben. Nietzsche macht Sokrates dafür verantwortlich, daß er einen »theoretischen Menschen« geschaffen habe, der das Wissen vom Leben über das Leben selbst gesetzt habe. Den Typus des »Rein-Erkennenden« nennt er im *Zarathustra*-Kapitel *Von der unbefleckten Erkenntnis* einen »Lügner, Heuchler, Lüsternen«. Der theoretische Mensch, verdorben durch eitle und unerfüllbare Wünsche, wird zum ärmsten menschlichen Wesen. Er hat die Direktheit und Unmittelbarkeit zum Leben verloren und durch die Reflexion über das Leben eine unüberbrückbare Distanz zum Leben selbst geschaffen. Nietzsche wird somit zum Vorläufer der Kritik des »reinen Intellektuellen«, des sokratischen Intellektualismus. »Sokrates, treibe Musik!« ruft er aus[68]. Mit den poetischen Bildern des »musizierenden Sokrates« oder des »philosophierenden Dionysos« versucht Nietzsche die Spaltung in Denken und Leben zu überwinden. Lefebvre findet bei Nietzsche sogar den ihm so sehr ans Herz gewachsenen totalen Menschen, der die Trennung von Vernunft, Sinnlichkeit, Gefühl, Willen überwunden hat.

»Was er wollte, das war Totalität ... einen starken, hochgebildeten, in allen Leiblichkeiten geschickten, sich selbst im Zaum habenden, vor sich selbst ehrfürchtigen Menschen, der sich den ganzen Umfang und Reichtum der Natürlichkeit zu gönnen wagen darf, der stark genug zu dieser Freiheit ist; den Menschen der Toleranz, nicht aus Schwäche, sondern aus Stärke, weil er das, woran die durchschnittliche Natur zugrunde gehen würde, noch zu seinem Vorteile zu brauchen weiß; den Menschen, für den es nichts Verbotenes mehr gibt, es sei denn die Schwäche, heiße sie nun Laster oder Tugend[69] ...«

Der Gegensatz Dionysos–Sokrates ist für Henri Lefebvre nur ein erster möglicher Zugang zu Nietzsche; er dringt aber noch viel tiefer in dessen ganzes Denken und Philosophieren ein. Er stellt sich insbesondere die Frage, warum Nietzsche selbst sich immer mehr mit Dionysos identifizierte und unmittelbar vor seiner geistigen Umnachtung den Satz schrieb: »Ariadne, ich liebe Dich. Dionysos[70].« An Hand des Leitfadens Ariadne (Lefebvre identifiziert ihn – wohl fälschlicherweise – mit Cosima Wagner) dringt er in die großen kosmischen Mythen von Nietzsches Denken ein. Die Frage drängt sich auf, warum der Fall Nietzsche für den Marxisten Lefebvre von solchem Interesse ist. Die Antwort lautet: Weil es auch sein eigener Fall ist. Der gekreuzigten Sonne entspricht bei Nietzsche der gekreuzigte Dionysos. »Hat man mich verstanden? – Dionysos gegen den Gekreuzigten[71].« Mit diesem Satz schließt Nietzsche sein Spätwerk *Ecce Homo* ab. Es ist die Frage, die auch Lefebvre im Innersten trifft. Er glaubte, in Nietzsche den Befreier zu finden, den, der die Nägel ausreißt, mit der die Sonne ans Kreuz geschlagen worden ist. »Und dann habe ich festgestellt, daß er sich im Namen einer in Brüche gegangenen, unbefriedigten und unerfüllten Liebe auf das Kreuz des Todes gelegt hat ... Der scheinbare Held der Befreiung ist selbst der *Soleil Crucifié*[72].«

Groß an Nietzsche ist für Lefebvre das Ja zum Leben – Nietzsches »Ja, ich will leben, weil ich lebe, obwohl ich mein Leben gar nicht gewollt habe«. Nietzsche, der immer wieder ins Labyrinth der menschlichen Tiefen hinuntergestiegen ist, in das Gemisch von Lust und Leid, spricht am Ende ein gewaltiges »Ja« aus. Im Gedicht *Klage von Ariadne,* das Lefebvre zu den schönsten zählt, die je geschrieben worden sind, und das er ins Französische übertragen hat, kommen die Worte vor, die als Refrain in *La somme et le reste* immer wiederkehren:

Triff tiefer!
Triff einmal noch!
Zerstich, zerbrich dies Herz!
Was soll dies Martern
Mit zähnestumpfen Pfeilen?
Was blickst du wieder,
Der Menschen-Qual nicht müde,
Mit schadenfrohen Götter-Blitz-Augen?
Nicht töten willst du,

Nur martern, martern?
– Nein! Komm zurück,
Mit allen deinen Martern!
Zum letzten aller Einsamen
O komm zurück!
All meine Tränenbäche laufen
Zu dir den Lauf!
Und meine letzte Herzensflamme –
Dir glüht sie auf[73]!

Ob dieses Gedicht an den unbekannten Gott, an die Welt, an das Leben oder an die Liebe gerichtet ist, ist unbedeutend. Das Wesentliche ist das Ja: »Komm zurück, mit allen deinen Martern.« Trotz aller Schmerzen und Qualen – Lefebvre schließt sich dem Ja Friedrich Nietzsches an. »Ist nicht das Ja zum Leben das erste Wort des Menschen[74]?« Im Anhang zum Nietzsche-Kapitel von *La somme et le reste* wiederholt Lefebvre in einem eigenen Gedicht das Ja Nietzsches, das fundamentale Ja zum Leben und zur Welt:

...
Déchiré
agité
par la vie frémissante
incertaine et certaine
sous le fouet des clartés
nu jusqu'aux ossements
j'ai vu moi l'homme
...
Hier Titan aujourd'hui chacun de ceux qui disent »moi« avec orgueil avec humilité et beaucoup de tendresse
...
Je redirai le »Oui«
Son chant roule sur les forêts
Son éclair a jailli Son tonnerre a brillé
Le soleil de ce »Oui« se lève
Lentement il éclaire d'une clarté neuve
Les cités et la mer il te remplit ô monde[75]

Lefebvres Zuneigung zu Nietzsches hat nie aufgehört, stellt er doch zwei späte Werke unter das Motto des Verfassers des *Zarathustra*[76]. In *Métaphilosophie* kommt er noch einmal auf den Philosophen zu sprechen, der das Ungenügen und die Ermattung der klassischen Philosophie gebrandmarkt hat. Und wieder ist er von der vollen Bejahung des Lebens beeindruckt, vom Ja, das die Unschuld und die Spontaneität wiederfindet. Allerdings macht Lefebvre einen entscheidenen Vorbehalt: »Ein noch so poetisches Wort genügt nicht, um die Praxis zu verändern[77].« Mit diesem Satz wiederholt er einen Vorwurf, den er schon in seiner ersten Nietzsche-Studie vorgebracht hat. Bei Nietzsche kann man den revolutionären Geist vorfinden, gleichzeitig aber auch den größten Haß gegen alle Revolution, den destruktiven Geist, aber auch die größte Bejahung der Kontinuität, des Überlieferten. Nietzsche hat im geistigen Bereich die Widersprüche der modernen Welt auf einen Höhepunkt geführt, eine Veränderung des Universums fand bei ihm aber nur im Geistigen statt; der Gedanke der *Ewigen Wiederkehr des Gleichen* schloß jeden Sinn einer Aktion aus.

## Die Kehrseite des »Soleil Crucifié«

Das Ja zum Leben und zur Welt ist das Ja zu einer bewegten Welt, zu einem kontrastreichen Leben. An Pascal anknüpfend, formuliert Lefebvre: »Das *divertissement* wurde zum Fundament[78].« All das, was der Asket von Port-Royal denunziert und als eitles Streben nach Glück und Befriedigung bezeichnet hat, macht für Henri Lefebvre das Leben erst lebenswert: die immer wachsende Liebe zur Welt und zu den Dingen, die Ablenkung, der Tumult, die Jagd, die Bewegung. Unter »Kehrseite des *Soleil Crucifié*« soll hier die Kampfansage an all das verstanden werden, was das menschliche Leben mit Schmerz und Leid behaftet, ferner der Wille zur Aufhebung aller möglichen Entfremdungen, die Intensivierung des Lebens, die Steigerung der Vitalität und der Spontaneität.

Als erstes Thema können wir hier das des *Abenteurers* anführen, das Lefebvre in den Aufsätzen der Jahre 1925/26 entwickelt hat. Er entwirft dort eine Theorie des »menschlichen Abenteuers«, das er auch »kreatives Abenteuer« oder »totales Abenteuer« nennt. Der *menschliche* Typus ist der des Abenteurers. Die Gefahr, die Wette auf die Zukunft, das Spiel, das einen Einsatz mit Risiko fordert, gehören zu dieser Theorie.

»Vorwärts gehen, auf alles zu und gegen alles – ausprobieren, das Risiko suchen, auf sich selbst setzen, auf die Zukunft, . . . so erschien das absolute Abenteuer[79].«

Lefebvre hat diese Theorie des Abenteuers bald wieder aufgegeben, allerdings nicht aus ethischen Überlegungen, wie man vermuten könnte, sondern aus rein subjektiven Gründen, aus Angst davor, sich in einer ausschließlichen Leidenschaft zu verlieren, was er als Entfremdung gewertet hätte.

»Ich fürchte die Leidenschaft, weil ich mich ihr nur zu leicht hingebe, weil ich nur zu gut den Zustand der Angst (der Entfremdung) kenne, in den sie einen versetzt[80].«

Bemerkenswert ist, daß Lefebvre sich seiner Leidenschaftlichkeit und Emotionalität bewußt ist, sie bejaht; zugleich aber sieht er die Gefahr einer möglichen Entfremdung darin, daß man sich der Leidenschaft ganz hingeben könnte.

Ein anderes Thema kehrt immer wieder, das des Festes: »Ich habe für das ausgelassene Fest eine Vorliebe, die ich oft auszudrücken versucht habe, insbesondere in meinem Rabelais-Buch. Das ist die Kehrseite des *Soleil Crucifié*[81].« Der weltfeindlichen, asketischen Lebenshaltung wird das ausgelassene Fest gegenübergestellt. Rabelais und Pascal werden zu Exponenten zweier entgegengesetzter Lebenshaltungen; der eine entwirft mit seinen fünf Büchern über Gargantua und Pantagruel das Bild einer außerordentlichen Lebensfülle, der andere verlangt von den Menschen eine Absage an das *weltliche* Leben.

Bevor näher auf das Thema des Festes eingegangen wird, soll Lefebvres Verhältnis zu Rabelais kurz erläutert werden. François Rabelais ist der Dichter, dem Lefebvre vom Temperament her gesehen wohl am nächsten steht, der mit seiner ganzen Derbheit, seinem unbändigen, aber gesunden und reinigenden Lachen ein mögliches Gegenstück zur gekreuzigten Sonne darstellt. In *Introduction à la modernité* verfaßt Lefebvre einmal einen fiktiven Lebenslauf, in dem er sich als Utopisten und Exphilosophen bezeichnet und sich als einen etwas jüngeren Zeitgenossen des *Maître François* ausgibt. In diesem Lebenslauf malt er in den kräftigsten Farben das Bild einer Epoche, in der es dem Menschen möglich war, ein Leben von maximaler Intensität zu führen, eben in der Epoche des François Rabelais:

»Wie doch dieses alte Frankreich, das noch nicht Frankreich war, auf saftige Weise gelebt hat! Man kannte damals das goldene Mittelmaß, das die klassischen Dichter nur noch als verlorenes besangen. Damals hatten das Weizenbrot, die Früchte, die Trauben und der Wein der Weinberge ihre volle Köstlichkeit. Eine prächtige Lebenskunst verlieh den wenigen Reichtümern und den seltenen Gütern höheren Wert... Und dieses fröhliche Volk zog lustig über die staubigen, kotigen Straßen, Knaben und Mädchen – ohne Tugend und Laster – lebten fröhlich drauflos. Mit Vorliebe liebten sie einander in den Kapellen, Einsiedeleien und Kirchlein, die wie zufällig an den Wegkreuzungen standen[82].«

Lefebvres Liebe zur poetischen Welt kommt nicht nur in diesem kurzen Lebenslauf zum Ausdruck, sondern vor allem im Buch über diesen Dichter, in den Schilderungen der bäuerlichen Feste.

Ausführlich hat er einmal über das Dionysos-Fest im griechischen Dorf referiert[83], immer wieder kommt er natürlich auf die ländlichen Feste in den Pyrenäen zu sprechen, einmal gar erwähnt er die Basler Fasnacht[84]. Das Fest in der *primitiven* Bauerngemeinschaft ist das Gegenstück zum trivialen Alltagsleben, es bildet mit ihm eine Einheit. Im Fest werden all die Kräfte freigesetzt, die im täglichen Leben aufgestaut werden, verschwenderisch werden die enormen Vorräte aufgezehrt, die man monatelang mühsam aufgehäuft hat. Der Festtag ist der Tag der Vermessenheit, da ist alles erlaubt. Folgt dem Fest ein strenger Winter, eine Trockenheit, eine Epidemie oder ein Unwetter, so folgt der Verschwendung die Reue. Und doch stellt Lefebvre in den Bauerngemeinden – sowohl bei der Gemeinschaft als auch beim einzelnen Individuum – das Bedürfnis fest, während einiger Stunden oder Tage ein intensives Leben in Freude und Ausgelassenheit zu führen. »... so wird im Fest die Verbundenheit der Gesellschaftsmitglieder untereinander und mit der Natur verwirklicht ... Der Instinkt, das unmittelbare Leben ist nahe, und die Menschen kehren dorthin zurück[85].«

Das Thema des Festes taucht bei Lefebvre im Buch über die Pariser Kommune von 1871 wieder auf und erfährt dort eine dramatische Steigerung. Karl Marx hat die Kommune in der Schrift *Der Bürgerkrieg in Frankreich* als den »ruhmreichen Vorboten einer neuen Gesellschaft« gefeiert[86]. Er vergleicht in dieser Studie die gesellschaftlichen Zustände des Second Empire mit einem großen Fest der Dekadenz: »Das zweite Kaisertum war das Jubelfest der kosmopolitischen Prellerei gewesen, die Hochstapler aller Länder waren auf seinen Ruf herzugestürzt, teilzunehmen an seinen Orgien und an der Ausplünderung des französischen Volks[87].«

Henri Lefebvre gehört wie Karl Marx zu den großen Bewunderern der Kommunarden. In der ehrwürdigen Reihe historischer Monographien, *Les trente journées qui ont fait la France,* gibt er 1965 den Band *La proclamation de la Commune* heraus. Im einführenden Kapitel charakterisiert er die allgemeine Atmosphäre der Kommune, die Stimmung, die vom 18. März 1871, dem Tag des Aufstandes des Pariser Volkes, bis zum 26. März, der Proklamation der Kommune, geherrscht hat. Das Volk sei nicht mehr wie zur Zeit des Empire zu Passivität und Resignation verurteilt gewesen, es habe während dieser wenigen Tage die Rolle des Kollektivhelden übernommen, habe das eigene Bewußtsein wiedergefunden, habe in direktem Kontakt mit den Palästen und Monumenten der Stadt gelebt. Der besondere Stil der Kommune sei der des Festes gewesen:

»Die Pariser Kommune? Das war zuerst ein gewaltiges, ein grandioses Fest, ein Fest, welches das Pariser Volk – Inbegriff und Symbol des französischen Volkes und des Volkes überhaupt – sich selbst und der Welt darbot. Es war das Fest des Frühlings in der Stadt, Fest der Enterbten und der Proletarier, revolutionäres Fest und Fest der Revolution, ein totales Fest, das größte Fest der Neuzeit; es verlief zunächst in Pracht und Freude[88].«

Bekanntlich änderte das Fest der Pariser Kommune bald seine Szenerie. Adolphe Thiers organisiert von Versailles aus die Rückeroberung der Stadt, die Kommunarden steigen auf die Barrikaden. Gewaltakte auf beiden Seiten verwandeln das Fest der Freude in ein Fest der Trauer. Um dem blutigen Ende des Festes der Pariser Kommune einen Sinn zu geben, geht Lefebvre auf die griechische Mythologie, auf die griechische Tragödie zurück: »Wir wissen, daß Tragödie und Drama blutige Feste sind, in deren Verlauf das Scheitern, die Opferung und der Tod des übermenschlichen Helden, der das Schicksal herausgefordert hat, ihre Vollendung erfahren. Das Unglück wird darin zur Größe, und das Scheitern vermittelt dem von feigen Befürchtungen gereinigten Herzen eine Lehre der Kraft und der Hoffnung. Herakles, der die Ungeheuer bezwungen hat, kämpft gegen das giftige Gewand und versucht, es von seinem Körper herunterzureißen. Er spannt alle seine Muskeln an, aber vergeblich. Dann errichtet er den Scheiterhaufen. Es folgt der Tod, der Triumph des Schicksals und des Bösen, das Scheitern und am Ende das Sühneopfer; aber der Trauerzug hat den grandiosen Sinn des Festes nicht verloren ... So wird das Fest Drama und Tragödie, absolute Tragödie, ein prometheisches Drama, ohne Spur eines frivolen Spiels aufgeführt, eine Tragödie, in der der Protagonist, der Chor und das Publikum eine einzigartige Einheit bilden[89].“

Diese Gesamtdeutung der Pariser Kommune, der Vergleich mit dem Ablauf einer Tragödie oder eines Dramas, wirft viele Probleme auf, die nach einer sorgfältigen historischen Klärung verlangen. Wir gehen hier nicht auf eine historische Kritik der Kommune-Ereignisse ein. Uns interessiert nur das Thema des Festes. Schon oben haben wir festgestellt, daß Lefebvre bei Rabelais oder den bäuerlichen Festen von der Intensität und dem Kontrastreichtum des Lebens beeindruckt ist. Mit dem Hinweis auf die griechische Mythologie wird uns der dramatische, tragische Verlauf der historischen Ereignisse, der dramatische und tragische Verlauf historischer Feste, vor Augen geführt. Von Nietzsche stammt der Satz: »Das Fest ist Heidentum par excellence[90].« Der Verherrlicher des Dionysos ist wie Henri Lefebvre ein von der christlichen Religion Gezeichneter. Er hat die Gegenwart von Christen, von christlichen Werten und Vorschriften als Druck empfunden. Deshalb wendet er sich dem dionysischen Prinzip zu: »Stolz, Übermut, Ausgelassenheit; der Hohn über alle Art Ernst und Biedermännerei; ein göttliches Jasagen zu sich aus animaler Fülle und Vollkommenheit – lauter Zustände, zu denen der Christ nicht ehrlich ja sagen darf[91].« Wie Friedrich Nietzsche, ist auch Henri Lefebvre vom Gedanken des Festes besessen, von der Vorstellung eines goldenen Zeitalters, das dem christlichen vorausgegangen ist.

Man hat das Fest schon als einen *Komplex der französischen Linken* bezeichnet. In der Tat erinnert sich die französische Linke nicht nur gerne an die Pariser Kommune, sondern noch an eine Anzahl für sie unvergeßlicher Feste, zum Beispiel an die Tage der Volksfront von 1936; für sie ist die kubanische Revolution Fidel Castros zuerst einmal ein grandioses Fest, ebenso die Ereignisse des Mai 1968. Wenn gerade kein revolutionäres Fest stattfindet, dient ein Happening oder eine *fête noire*, ein Gemisch von Politik und Sexualität, als Ersatz[92].

Dürfen wir Henri Lefebvre zu den Autoren der französischen Linken zählen, für die das Fest zu einem pseudo-revolutionären Modethema geworden ist? Erinnern wir uns daran, daß das Fest bei ihm ein Thema der »Kehrseite des *Soleil Crucifié*« ist, daß es also mit dem Problem seiner persönlichen Entfremdung zusammenhängt; das Fest stellt für ihn das Problem der Entfremdung im Marxschen Sinn: wie weit es nämlich möglich ist, den Leidens- und Schmerzenszustand der Menschen aufzuheben. Wir versuchen nun, in einer abschließenden Zusammenfassung den Umfang der Entfremdungsproblematik bei Henri Lefebvre abzugrenzen.

## Die schwierige Befreiung

Es ist nicht erstaunlich, daß Lefebvre einmal feststellt, nicht einmal seine besten Freunde hätten den roten Faden gefunden, der seine verschiedenen Arbeiten miteinander verbinde. Wir haben in diesem biographischen Teil der Arbeit den Versuch unternommen, all die Aspekte und Momente aus dem Leben Lefebvres herauszugreifen, die mit dem Bild des *Soleil Crucifié* in Zusammenhang gebracht werden können. Dabei haben wir die heterogensten Gedanken nebeneinandergestellt. Es ist vorerst außerordentlich schwierig, einen Sachzusammenhang zwischen historischer Agrarsoziologie, literaturkritischen Arbeiten, philosophischen Problemen und biographischen Erlebnissen herzustellen. Lefebvre selbst aber stellt Zusammenhänge her, ja er wechselt mit Leichtigkeit von einem Thema zum andern und erwartet mit Selbstverständlichkeit vom Leser, daß er die gleiche Beweglichkeit mitbringe und die Vielfalt von Bezügen sofort erfasse.

Mit welchem Gegenstand man sich auch beschäftigt, bei Henri Lefebvre stößt man immer auf das Problem, eine außerordentliche Fülle von Gedanken und Aspekten miteinander in Verbindung bringen zu müssen, was beinahe unmöglich ist. Es besteht deshalb die Gefahr, daß sich der Leser mit dem Autor zusammen in einem Labyrinth verirrt. Und Henri Lefebvre liebt das Umherirren im Labyrinth, er ist – zeitweise wenigstens – der von ihm selbst beschriebene labyrinthische Mensch. »Der labyrinthische Mensch (er ist das Labyrinth, und er ist darin) sucht seine Ariadne und den Faden der Ariadne. Wirklich verwirrend wird es dann, wenn er mehrere findet[93].« Wer ihm durch die vielen Windungen seines Lebens folgt, wer sich in seine so verschiedenartigen Schriften vertieft, der begegnet einesteils einer äußerst breiten Erfahrung und Reflexion, andernteils aber fühlt er sich in die Widersprüche der Zeit verwickelt. An Bemühungen, die Widersprüche aufzuheben, fehlt es nicht, aber auch nicht an der bitteren Erfahrung, an den Widersprüchen zu scheitern.

Wenn wir beim Bild des Labyrinths bleiben, können wir damit das Denken von Henri Lefebvre veranschaulichen. Das Labyrinth ist kompliziert, die Gänge sind verschlungen, man kann sich darin verlieren. Ein Labyrinth hat aber einen Eingang und einen Ausgang, es ist nicht das Sinnbild des Absurden. Es ist vernünftig, dialektischer, lebendiger und auch angenehmer als die gerade Straße, die übrigens nur auf dem Papier existiert. Und dann gibt es Ariadne[94].

Das im Abschnitt *Soleil Crucifié* ausgebreitete Material hat Lefebvre selbst nie so zusammengestellt, es wurde aus seinem umfangreichen Werk herausdestilliert. Mit einiger Anstrengung kann man in *La somme et le reste* einen roten Faden finden. Folgen wir dem roten Faden, so stoßen wir auf die verschiedenen Themen, welche die persönliche Entfremdungsproblematik von Lefebvre ausmachen. Wie weit aber diese persönliche Entfremdungsproblematik wirklich reicht, ist im einzelnen schwer festzustellen. Daß einige Gesichtspunkte zu sehr berücksichtigt, andere aber vernachlässigt wurden, ist sehr wohl möglich. Mit dem Ausruf »Wieviele Seiten stehen unter dem Zeichen des *Soleil Crucifié*[95]!« wird nur ein vager Hinweis gegeben, daß eine große Anzahl von Beschäftigungen um dieses Zeichen kreist.

Das Problem der Kohärenz ist also nicht mit einem formal-logischen Ordnungssystem zu lösen. Der Zusammenhang der äußerst heterogenen Aspekte ist in der Subjektivität begründet; von einem Aspekt zum andern überzugehen, ist nur dann möglich, wenn man immer wieder zur Person Henri Lefebvres zurückkehrt. Auf ihn trifft der folgende Satz von Karl Marx zu, der allerdings selten zitiert wird: »Die Individuen sind immer von sich ausgegangen, gehen immer von sich aus[96].« Ein Leben lang kehrt er immer wieder zu sich, zu seinem fundamentalen Entfremdungsproblem zurück. In der Jugend wurde er sich seiner religiösen Fesseln bewußt, von denen er sich rasch zu befreien hoffte, vermittels Auflehnung, Hohn, Sakrileg. »... dies ist eine Rache und gleichzeitig eine vollständige Befreiung[97]...« Die vollständige Befreiung erweist sich allerdings als bedeutend schwieriger; mit einigen polemischen Aufsätzen schafft er sich den Zustand der Entfremdung nicht vom Leibe. Er macht es sich freilich auch nicht so leicht wie die Surrealisten, mit denen er eine Zeitlang in Kontakt war. Diese glaubten, mit einigen kleinen Sakrilegien für immer mit dem Christentum abzurechnen (beispielsweise brachten sie am Handgriff einer Klosettspülung ein Kruzifix an).

Je tiefer Lefebvre zu den Wurzeln seiner persönlichen Entfremdung vordringt, um so schwieriger wird deren Aufhebung. So liest man bei ihm nach mehr als dreißig Jahren gelebten Marxismus Sätze folgender Art: »Ich bin mit dem Sonnenkreuz noch nicht zu Ende« oder »Der Moment wird bis zum Tode dauern[98].« In ständigem Kampf gegen entfremdetes Leben unterwirft er sein Denken und Handeln immer wieder einer fast grausamen Selbstprüfung; er hat ein beinahe perverses Vergnügen daran, seine Selbstentfremdung in neuer Art darzustellen, was wiederum als eine neue Form der Entfremdung zu werten ist.

Da er seine persönliche Entfremdung letztlich als eine religiöse begreift, setzt er sich mit den Philosophen und Dichtern auseinander, die ebenfalls durch die Religion entscheidend geprägt worden sind. Er reiht sich selbst in die Tradition von Nietzsche, Lorca, Kierkegaard und Freud ein. »Sie alle tragen das verfluchte und heilige Zeichen in sich. Auch sie sind die gekreuzigte Sonne. Sie hatten alle eine Wunde, einen vom Christentum eingepflanzten Stachel im Fleisch[99].« Einmal bezeichnet er auch das Menschenbild von Karl Jaspers als das des gekreuzigten Menschen[100]. In dieser intensiven, auf weite Strecken sehr subjektiven Auseinandersetzung mit jenen Philosophen gerät Lefebvre in die Nähe einer besonderen Form der Entfremdung: der philosophischen.

Was ist philosophische Entfremdung? Lefebvre überlegt etwa folgendermaßen: Ein Mensch sucht sich, sucht seinen Weg, um zu leben. Das ist keine Entfremdung, sondern ein philosophisches Bedürfnis. Er glaubt beispielsweise, sich in Pascal oder in Nietzsche zu finden. Auch das ist keine Entfremdung. Er beschäftigt sich nur mit ihnen, um einen für ihn gültigen Begriff oder ein für ihn gültiges Bild zu entdecken. Die Entfremdung beginnt erst dann, wenn er sich identifiziert, wenn er mit dem Begriff oder mit dem Bild koinzidiert, wenn er sich fixiert. Der Kampf des Philosophen mit dem *anderen,* in dem er sich erkennt, ist etwas Seltsames. Er verändert sich in ihm und den anderen in sich. Es folgt ein harter Kampf, um tiefer in den anderen einzudringen, um sich im anderen zu verändern. Die Entfremdung setzt erst dann ein, wenn der Kampf aufhört, wenn man glaubt, die Substanz des anderen erreicht zu haben. Im Hinblick auf den Umgang mit den Philosophen, die Lefebvre am nächsten stehen, formuliert er: »Ich habe Pascal oder Nietzsche gelebt. Ich habe mich mit ihnen geschlagen. Ich habe persönliche Beziehungen mit ihnen gehabt. Ich habe mich von ihrer Prägung losgerissen. Einige Kleider- und vielleicht sogar Hautfetzen sind hängengeblieben[101].« Ein Philosoph konstituiert sich bis zu einem gewissen Punkt durch eine bestimmte (philosophische) Beziehung zu den Philosophen. Aber nur bis zu einem gewissen Punkt. Jenseits beginnt die Entfremdung.

Ein vollständiges Sich-Identifizieren mit einem Philosophen findet bei Lefebvre nie statt, er ist also nie der in obigem Sinn verstandenen philosophischen Entfremdung erlegen, sogar gegenüber Karl Marx macht er Vorbehalte. Wie steht es aber mit seiner religiösen Entfremdung? Es scheint, daß es eine fundamentale Entfremdung gibt, die nie endgültig aufgehoben werden kann. Neben dem fundamentalen Ja zum Leben und zur Welt finden sich zögernde, rückwärtsweisende Sätze. Henri Lefebvre ist ein zur Vernunft gekommener Mensch, den die Religion enttäuscht hat. Diese Einsicht genügt aber nicht, um sich von der Praxis, der gelebten Religion, zu trennen.

Man hat Lefebvre anläßlich eines Kolloqiums über Pascal als einen »mystique qui s'ignore« bezeichnet, als einen Mystiker, der sich dessen gar nicht bewußt sei[102]. Ein Mystiker ist dem Wortsinn nach einer, der Augen und Mund schließt, verstummt, sich mit dem Schleier des Geheimnisvollen umgibt und sich nur noch einem kleinen Kreis von Eingeweihten mitteilt. In diesem Sinn ist Lefebvre gerade das Gegenteil eines Mystikers. Er ist offen für die Welt und die Menschen, für die großen geschichtlichen Entwicklungen ebenso wie für das scheinbar so triviale alltägliche Detail. Warum ihn also als einen Mystiker bezeichnen? Weil er mit den großen Einsamen spricht, mit Pascal oder mit Nietzsche? Gewiß hat dieser Dialog Lefebvres Interpretation des Marxismus beeinflußt, und zwar in dem Sinn, daß er ein tieferes Verständnis für das Individuum weckt, das Karl Marx zugunsten des großen geschichtlichen Prozesses einigermaßen vernachlässigt hat. So lesen wir in Lefebvres frühem Hauptwerk *Le matérialisme dialectique* folgende Sätze:

»Man kann auch in den mystischen Gedichten bestimmte Vorahnungen dieses totalen Aktes finden, der das Göttliche oder Übermenschliche genannt und stets aus dem Menschen hinausprojiziert wurde im Namen glühender und dunkler kosmischer Gefühle. Die Bemühung ums Einzigartige ist bislang fast immer in der Entfremdung hervorgetreten. Der Mensch hoffte im Glauben an ein Äußeres, die Einheit und die Versöhnung mit sich, den Frieden und das Heil zu finden. Die Einheit des Menschen mit der Gemeinschaft wurde in religiösen Riten und moralischen Imperativen gesucht. Die Einheit des Menschen mit dem Universum schien erreicht in bestimmten Augenblicken ekstatischer Kommunion, bei der das Bewußtsein außer sich geriet und deren Intensität nur um den Preis einer langen Askese möglich war. Diese Impulse führten keine wirkliche Lösung herbei. Nach dem Augenblick der Bekehrung, der Kommunion oder der Ekstase befand sich der Mensch wieder im Unglück, in einer tieferen, verzweifelteren Zerrissenheit: in einem Wesen außerhalb des Menschlichen[103].«

Dieser Text ist deswegen bemerkenswert, weil er das mystische Erlebnis überzeugend zum Ausdruck bringt, weil er verdeutlicht, daß die mystische Ekstase zumindest als eine Vorahnung der Überwindung einer tiefen, verzweifelten Zerrissenheit gelten kann. Lefebvre anerkennt ein fundamentales Bedürfnis des Menschen, das darin besteht, daß der einzelne eine Einheit mit der Gemeinschaft sucht, ja seinen Platz im Universum kennen will und den Kosmos als ein Ganzes erlebt. Die Auflösung dieser fundamentalen Entfremdung durch den mystischen Akt wird jedoch deutlich verworfen, weil die Einheit aus der Welt des Menschen hinausprojiziert wird.

Bringt Karl Marx die Lösung? Die Frage drängt sich auf, ob es nicht abwegig sei, bei einem Denker, der so sehr durch Marx und Hegel geprägt worden ist, in dieser Breite einen Aspekt seiner persönlichen Entwicklung aufzuzeigen – den des *Soleil Crucifié* –, der so weit von der eigentlichen marxistischen Problematik entfernt zu sein scheint. Aber das Gegenteil ist der Fall. Die fruchtbaren und vielseitigen Anregungen, die von Henri Lefebvre ausgegangen sind, haben ihre Ursache wohl eher darin, daß sein Leben, Denken und Handeln nicht eindimensional bestimmt ist, sondern seinen Grund in einer Fülle von fruchtbaren Widersprüchen hat. Gerade die schwierige Entfremdungsproblematik, mit der Lefebvre ein Leben lang gerungen hat, befähigt ihn dazu, die entsprechende Problematik im zeitgenössischen Marxismus in ihrer tieferen Bedeutung zu erfassen: nämlich als Problem der Individualität.

Karl Löwith wirft den heutigen Gesellschaftsveränderern vor, sie reflektierten nur auf ihr eigenes Geschäft, sie seien nicht mehr imstande, die Prämissen ihrer Theorien in Frage zu stellen: »Daß der Mensch seinem Wesen nach ein gesellschaftliches Gattungswesen ist[104].« Wenn Löwith die Gesellschaftstheorien so radikal in Frage stellt, ist man rasch mit der Antwort bereit, für den Marxisten Lefebvre sei diese Infragestellung absurd, der Mensch sei für ihn der soziale

Mensch. »Marx hat die Sonne befreit[105].« Dieser Satz kann so ausgelegt werden, daß Marx sein persönliches, vielfältiges Entfremdungsproblem aufgehoben habe, so auch den Widerspruch zwischen Individuum und Gattung. Er gilt aber nicht für die Millionen von Individuen, die gemeinhin mit dem Etikett *Marxist* versehen worden sind. Deren Individualität hat bestimmt nicht die vollste und reichste Entfaltung erfahren. Mit tiefer Erschütterung stellt Lefebvre diesen Widerspruch fest:

»Ist die Unterordnung des Individuellen unter das Gesellschaftliche das Ziel der geschichtlichen Entwicklung ...? Nicht so hat Marx den Humanismus definiert. Für ihn ist der entscheidende Augenblick, der die Vorgeschichte des Menschen revolutionär beendet, zugleich der, in dem die volle und freie Entwicklung eines jeden Individuums möglich wird[106].«

Mit den letzten Bemerkungen haben wir von der Person Henri Lefebvres die Distanz gewonnen, die es uns erlaubt, auf sein eigentliches Denken einzugehen.

# Stalin

# Das Problem des Dogmatismus

> So haben wir zu unserm Leidwesen erfahren, daß es um die Sache der Freiheit besser in Ländern bestellt sein kann, in denen trotz noch so empörender politischer Zustände eine Revolution nie ausgebrochen ist, und daß die Bürgerrechte selbst in Ländern, in denen Revolutionen blutig niedergeschlagen wurden, zuweilen besser aufgehoben sind als dort, wo die Revolution scheinbar gesiegt hat, daß heißt nicht in Konterrevolution oder Restauration endete, wiewohl sie ihr ursprüngliches Ziel nicht erreichte.
>
> Hannah Arendt,
> *Über die Revolution*

## Von den Schwierigkeiten einer Analyse des Stalinismus

Da der Marxismus keine reine Lehre, sondern eng mit einer konkreten und konfliktvollen Geschichte verbunden ist, beginnen wir die Darstellung des marxistischen Denkens von Henri Lefebvre mit der Analyse der Krise dieses Denkens: mit der Erörterung des komplexen Phänomens des Dogmatismus, des Stalinismus.

Um zu den Wurzeln des stalinistischen Dogmatismus vorzudringen, bedarf es historischer und soziologischer Analysen. Daß die Lehre von Karl Marx so gründlich entstellt werden konnte, verlangt aber zuerst eine sorgfältige Untersuchung des theoretisch-erkenntniskritischen Bereichs. Ist das, was Stalin und seine Theoretiker (Schdanow) als Marxismus ausgeben, überhaupt noch mit der Lehre von Karl Marx vereinbar? Wie schwierig es ist, die Geschichte des Dogmatismus zu analysieren, kommt in den Schriften von Henri Lefebvre zum Ausdruck: »Wenn in der Tat jede Erkenntnis *Verborgenes* entdecken soll, dann ist dieses *Verborgene* besonders schwer an den Tag zu bringen, wenn es sich geschickt verbirgt, wenn es sich mit Kunst und Technik versteckt, wenn es seine Spuren zu verwischen versteht[1].«

Der marxistische Dogmatismus – so fährt Lefebvre fort – kann von einer zwei- bis dreitausendjährigen Erfahrung profitieren, das heißt, er weiß, daß er nicht dogmatisch erscheinen darf; er käme sonst ebenso in Verruf wie frühere Dogmatismen und könnte sich nicht mehr auf das Prestige von Karl Marx berufen. Je weiter Stalin in seiner Laufbahn fortschreitet, desto heftiger kritisiert er den Dogmatismus der andern, den seiner Untergebenen. Geschickt versteht er es, den Dogmatismus und seine Attacken gegen diesen für seine hinterhältigen despotischen Operationen auszunutzen. Je starrer und schematischer die stalinistische Lehre wird, desto lauter schreien die Dogmatiker von den Dächern, daß Marxismus und Dogmatismus nicht zusammenpassen. »Der Marxismus ist ein Feind jeglichen Dogmatismus«, so endet die Diskussion über die Sprachwissenschaft[2].

Die Erforschung des Phänomens *Dogmatismus* wird noch verwirrender, wenn Lefebvre darauf hinweist, daß Stalin gar nicht unrecht hat, wenn er sich als antidogmatisch bezeichnet. Für Stalin zählt weder der theoretische Inhalt noch die Analyse, weder die wissenschaftliche Exaktheit noch die Terminologie. Für ihn zählen nur die politischen Entschlüsse. Unter der scheinbaren Unbeweglichkeit von *Prinzipien* finden wir eine extrem pragmatische politische Praxis, die stets wechselt, sich fortwährend im Fluß befindet. Der theoretische Dogmatismus fällt mit einem praktischen Opportunismus zusammen, der den jeweiligen Umständen angepaßt ist. Bei Stalin verhalten sich Theorie und Praxis etwa wie Dogma und Fehlen eines Dogmas.

»Was Stalins Formeln über (gegen) den Dogmatismus angeht, so lehren sie uns das Bestehen eines eigenartigen *Ultradogmatismus*, der imstande ist, seinen eigenen Dogmatismus zu leugnen, um ihn besser durchsetzen zu können, indem er rituelle *Diskussionen* ohne wirkliche Tragweite organisiert[3].«

Lefebvre ist überzeugt, daß es schwierig ist, diese eben beschriebene Situation eines höchst opportunistischen Pseudodogmatismus an Hand authentischer historischer Dokumente nachzuweisen, denn systematische Vernichtung offizieller Dokumente gehört zur Logik des Systems. Der Dogmatismus akzeptiert nur die Geschichte, die er selbst schreibt, und darin wird die Geschichte der Ideen und Institutionen je nach Bedarf modifiziert. Es ist sogar denkbar, daß ein offizielles politisches Dokument so abgefaßt wird, daß es mit der *marxistischen Geschichtsauffassung* nicht im Widerspruch steht, das heißt, bei der Abfassung wird die spätere Geschichtsschreibung schon mitberücksichtigt.

Gehen wir – an Hand der Schriften von Lefebvre – näher auf den stalinistischen Marxismus ein. Im theoretischen Bereich haben die Dogmatiker einen *Marxismus* kreiert, der völlig von den historischen und philosophiegeschichtlichen Zusammenhängen losgelöst ist. Anstatt ernsthaft die theoretische Situation zu studieren, haben die beiden großen *Denker*, Schdanow und Stalin, den Marxismus als etwas absolut Neues hingestellt; das gesamte frühere Denken wird en bloc verworfen, insbesondere Hegel, dann aber auch die Frühschriften von Marx, weil vom Hegelianismus, vom Idealismus angesteckt.

Aus dem Problem Hegel macht nun aber Lefebvre einen Bumerang. Er bezeichnet den Stalinismus selbst wiederholt als einen argen Rückfall in den Hegelianismus. In dem Augenblick, da man Hegel auf den »Kehrichthaufen der Geschichte« wirft, kommt das Hegelsche Staatsdenken in der Sowjetunion zur vollendeten Entfaltung. Die Sphäre des Staates und Stalin als Staatsführer werden zur Kategorie des Wirklichen und Wahren erhoben. Die Widersprüche werden nicht an den Erfordernissen der Praxis, der Wirklichkeit, gemessen, die Unterwerfung unter die Umstände wird mit der Unterwerfung unter das Vernünftige und Wirkliche gleichgesetzt. Wie weit nun dieser faktische Kryptohegelianismus Stalins durch lautstarke Anti-Hegel-Parolen bewußt verdeckt werden sollte, ist schwer auszumachen.

Die verborgenen Keime des Dogmatismus weist Lefebvre schon in Stalins erster Schrift *Anarchismus oder Sozialismus* nach. Bei Stalin beginnt das erste Kapitel folgendermaßen: »Der Marxismus ist nicht nur die Theorie des Sozialismus, sondern eine in sich geschlossene Weltanschauung, ein philosophisches System ... Dieses philosophische System heißt dialektischer Materialismus ... Weshalb heißt dieses System dialektischer Materialismus? Weil seine *Methode* die dialektische und seine Theorie materialistisch ist[4].«

Lefebvre zitiert eine Anzahl solch globaler Phrasen aus Stalins Erstlingswerk und stellt eine maßlose Vereinfachung fest. »Wichtig ist, daß für Stalin seit seinen Anfängen der Marxismus ein System ist, und zwar ein in sich geschlossenes System[5].« Dieses System ist dem radikal kritischen Denken von Karl Marx diametral entgegengesetzt. Eine zentrale These des authentischen Marxismus besagt, daß der Mensch die Macht über die Natur gewinnt, die äußere und seine eigene; diese These wird aber pervertiert, wenn eine Macht *über* den Menschen entsteht. Das geschlossene System, im theoretischen Bereich vorbereitet, ist im Staat in die Wirklichkeit umgesetzt worden. Den *Höhepunkt* der stalinistischen Philosophie stellt das Kapitel über die *Grundzüge des dialektischen und historischen Materialismus* dar, das vierte Kapitel des zweiten Abschnittes der *Geschichte der Kommunistischen Partei der Sowjetunion.* Dort hört das gesellschaftliche Leben auf, »eine Anhäufung von Zufälligkeiten zu sein«. Das gesamte Denken wird auf vier dialektische Gesetze reduziert, die – so sagt Stalin – »nicht schwer zu begreifen sind[6]«.

Was ist im Stalinismus aus dem Denken von Karl Marx geworden? Der *Diamat*, ein System, das in einigen Formeln in Handbüchern für den Elementarunterricht enthalten ist. Nur mit bitterem Sarkasmus und ironischem Unterton spricht Lefebvre vom *Diamat*. Als Lehre verdient es der Diamat kaum, daß man sich mit ihm auf philosophischer Ebene beschäftigt; ihn zu widerlegen, ist ein nutzloses Unterfangen. »Man kann ihn nicht widerlegen, sondern nur ironisch feststellen, daß er unwiderlegbar ist[7].« Alles ist über alles ausgesagt. Wer sich im Bereich des *Diamat* bewegt, der braucht nur allgemeine Schemata logisch anzuwenden. Willkürlich werden Verallgemeinerungen vorgenommen. Es werden nicht die wirklichen, lebendigen, konkreten Probleme studiert, es genügt, die Lösung der Probleme aus dem System des *Diamat* abzuleiten. »Für den Dogmatiker gibt es nichts Peinlicheres als ein wirkliches Problem[8].«

Das Kernstück von Henri Lefebvres Stalinismus-Kritik setzt die Kenntnis seiner Marx-Interpretation voraus. Wir begnügen uns an dieser Stelle mit einer kurzen Zusammenfassung: Nach Marx – so Lefebvre – fällt der Höhepunkt, die Vollendung der Philosophie mit deren Aufhebung zusammen. »Der philosophische Materialismus verschwindet, nicht weil er als Materialismus verschwindet, nicht weil er als Materialismus falsch ist, sondern weil er als Philosophie unnötig ist. Der Begriff *Materie* wird in die Begriffe *Praxis* und *Appropriation* aufgelöst[9].« Die Praxis ist widersprüchlich, dialektisch. Deshalb gründet die Objektivität der Dialektik auf jener der Praxis. Die menschliche Aktivität schreitet in der Praxis widersprüchlich voran, mit der Verwirklichung des Menschlichen gehen gleichzeitig Prozesse der Entfremdung einher.

Diese hier skizzierte Interpretation des marxistischen Denkens wirft verschiedene Probleme auf. Beispielsweise ist zu fragen, zu welchem Zeitpunkt in der Geschichte die Früchte der Philosophie ausgereift sind, wann sie verwirklicht und aufgehoben wird, wann die revolutionäre Praxis des Proletariats in der sozialen Praxis aufgehoben wird und so weiter. Die Dogmatiker haben mit all diesen heiklen Problemen kurzen Prozeß gemacht. Sie haben die Fragen, die durch die verschiedenen möglichen Interpretationen der Texte von Marx aufgeworfen werden, dadurch umgangen, daß sie den Marxismus zu einem geschlossenen System und alle Probleme für gelöst erklären. Unklarheiten und Zweideutigkeiten gibt es nicht mehr. Es ist aber Tatsache, daß die Texte von Karl Marx eine Menge Unklarheiten enthalten. Die schlimmste Pervertierung des Marxschen Denkens hat Stalin dadurch vorgenommen, daß er die Negativität, das negative Element der Dialektik unterdrückt hat, das heißt den Widerspruch in der Praxis. In seinem System gibt es keine Widersprüche mehr, man kann von einer Kanonisierung des Nichtwidersprüchlichen zugunsten des positiven Systems sprechen. Der Staat, die Macht, die Herrschaft werden nicht mehr dialektisch in Frage gestellt.

Lefebvres Kritik am Stalinismus ist rational, bissig, zuweilen ironisch, manchmal auch emotional. So verzeiht er es den sowjetischen Theoretikern nicht, daß sie aus einer Lehre mit großer Anziehungskraft etwas entsetzlich Langweiliges gemacht haben. Mit scharfen und höhnischen Worten polemisiert er gegen ein Kernstück des dogmatischen Materialismus, die *Widerspiegelungstheorie.* Lassen wir Lefebvre selbst erklären, was es mit dieser Theorie für eine Bewandtnis hat:

»Den Materialisten zufolge soll es die Dinge außerhalb von uns geben und in unserem Kopf ihren *Reflex,* und damit basta. Dabei reduziert sich eine solche philosophisch dürre Aussage auf eine platte Tautologie. Wird das *Ding* gesetzt, so existiert es außerhalb von mir, und mein Bewußtsein des *Dings* bildet es ab: Ich habe in meinem Kopf die blasse und abgeschwächte Kopie des Dings. Dieser Materialismus hält sich für den entschiedenen Gegner des Idealismus. Indes, welcher Idealist, der den Namen Philosoph wirklich verdient, wird die Existenz dieses Baumes außerhalb von mir leugnen? Nur ein Schuljunge kann sich an derlei Phantasien verlustigen[10].«

Wenn Henri Lefebvre die Richtigkeit der Interpretationen der Dogmatiker bestreitet, wenn er gegen sie polemisiert und ihre falsche Marx-Auslegung anprangert, dann wird er von den Sowjetphilosophen als *Revisionist* bezeichnet. Auf Grund seiner ersten offenen Kritik am Stalinismus, des Artikels *Der Marxismus und das französische Denken,* der 1957 in der polnischen Zeitschrift *Tworczosc* (Heft 4) erschienen ist[11], hat man ihm die Sätze entgegengehalten, mit denen Chruschtschow den Revisionismus verurteilte: »Derartige Kritiker sind entweder ausgesprochene Verleumder oder Leute, die auf die verfälschten Positionen des Revisionismus abgleiten und durch Geschrei vom *Stalinismus* ihre Abkehr von den Prinzipien des Marxismus-Leninismus zu tarnen suchen[12].« Wenn mit Revisionismus die Haltung bezeichnet wird, welche die Fundamente einer Theorie in Frage stellt, so hat Lefebvre allen Grund, die Sowjetmarxisten als Revisionisten zu bezeichnen, seine Kritik an den Thesen des offiziellen Marxismus aber als eine *Kritik von links*[13]. Jene nämlich habe – statt von den widersprüchlichen und unklaren Texten von Marx auszugehen und von dort her weiter zu reflektieren – den dialektischen Materialismus in ein neues geschlossenes System gegossen. Also sind die Dogmatiker die Verräter an den Prinzipien der marxistischen Lehre, denn weder Marx noch Engels hatten je die Absicht, an die Stelle der alten Philosophie eine neue zu setzen.

## Konstante Kritik am Dogmatismus

Die Frage des Stalinismus ist für einen Denker, der den Marxismus nicht als eine Schulphilosophie, sondern als eine »Theorie von Weltbedeutung[14]« auffaßt und sich mit dieser Theorie identifiziert, ein besonders heikles Problem. Lefebvres Analysen dieses Phänomens zeichnen sich dadurch aus, daß er jedes Mal von einer andern Seite her den Dogmatikern die Maske vom Gesicht zu reißen versucht. Besonders glaubwürdig werden seine Untersuchungen zu diesem Thema dadurch, daß er sich der tiefen Krise, in die der Marxismus geraten ist, voll bewußt ist und sie sich voll und ganz eingesteht. Er ging mit den Dogmatikern derart hart ins Gericht, daß seine Vorwürfe an die Adresse der Stalinisten seinen Ausschluß aus der Partei bewirkten.

Die Voraussetzung für eine Erneuerung des marxistischen Denkens ist das restlose Eingestehen der Verirrung. Die Kluft, die zwischen dem von Marx aufgestellten Ideal der Freiheit und der Unterdrückung im Namen der Staatsräson, also der konkreten Unfreiheit, besteht, ist in der Tat abgrundtief. »Hätte man auch nur ein einziges Mal im Namen dieses anspruchsvollen Ideals gelogen, es würde genügen, das Ideal zu diskreditieren. Man hat aber nicht nur einmal gelogen[15].«

Für Unbeteiligte ist es leicht, aus der Entfernung über jene, die Partei ergriffen haben, zu urteilen. Lefebvre aber kritisiert den Dogmatismus nicht als Außenstehender, er ist selbst in die widersprüchliche Entwicklung des Marxismus in unserem Jahrhundert verstrickt. Es ist deshalb besonders eindrucksvoll, zu verfolgen, wie ein Marxist, der nie dazu bereit ist, sich einem systematisierten Marxismus zu unterwerfen – einer Philosophie, die zur Dienerin der Politik erniedrigt worden ist, – wie solch ein Marxist in einen tragischen Konflikt gerät.

Um Lefebvres Leidensgeschichte in der Kommunistischen Partei zu beschreiben, müssen wir weit zurückgehen. Aus *La somme et le reste* erfahren wir, daß Lefebvre seit seiner Jugend eine philosophische Berufung oder Mission in sich verspürt hat. In diesem Sinn verfaßt er zahlreiche konfuse Arbeiten, schließlich stößt er 1928 auf den Marxismus. Im Namen dieser Lehre verwirft er die alte Philosophie. Als militanter Kämpfer versucht er, die Leere auszufüllen, die dadurch entstanden ist, daß er alle Brücken zur Vergangenheit abgebrochen hat. Eine Gelegenheit, an die alte Philosophie anzuknüpfen, eine sentimentale Bindung wieder aufzufrischen, bietet sich ihm, als er eine Stelle als Philosophiedozent bekommt. Daneben kann er auf philosophischem Neuland arbeiten, indem er Lenins *Philosophische Hefte* ins Französische übersetzt und kommentiert und den dialektischen Materialismus in Frankreich theoretisch begründet. Vielleicht hat Lefebvre an die Epoche 1928–1938 gedacht, als er in einer autobiographischen Notiz erklärte, er habe nach einer bewegten und stürmischen Jugend im Marxismus sein Gleichgewicht gefunden[16]. Dieses Gleichgewicht muß Lefebvre jedoch spätestens dann verloren haben, als er Stalins *Geschichte der Kommunistischen Partei der Sowjetunion (Bolschewiki)* las. »Es dauerte lange, bis ich mich von meinem affektiven und intellektuellen Schock erholte, den mir die Lektüre von Stalins Text über den dialektischen Materialismus versetzte[17].« In diesem Text findet Lefebvre all die Themen wieder, um die seine philosophischen Reflexionen gekreist sind, aber vereinfacht, schematisiert, in dürre Form gekleidet. Und vor allem: die Philosophie ist wieder hergestellt.

Wer Lefebvres Schriften im Hinblick darauf untersucht, seit wann er zum offiziellen Marxismus, zum Sowjetkommunismus, eine kritische Haltung einnimmt, gelangt zu der Feststellung, daß er schon in seinen ersten Veröffentlichungen die Dogmatiker heftig angegriffen hat. Die Auseinandersetzung mit dem Stalinismus setzt bereits in dem 1936 erschienenen Werk *La conscience mystifiée* (zusammen mit Norbert Guterman verfaßt) ein. Folgende Sätze mußten das Mißfallen der Partei-Offiziellen erregen:

»Die Marxisten – Lenin ausgenommen – haben den Marxismus in die Mystifikation hineingleiten lassen. Die offenste Doktrin, die alle anderen umfaßt und aufhebt, erscheint nun als die summarischeste. Die großzügigste Idee, die am nachdrücklichsten die Wahrheit fordert, muß nachträglich zur Rechtfertigung eines politischen Empirismus herhalten. (...) Die menschlichste Weltanschauung ist zur theoretischen Apologie des Unmenschlichen geworden. Mit plumper Pedanterie spricht man von *Klassenwahrheit*, wie andere von einer *arischen Wissenschaft* sprechen, als ob es in einem bürgerlichen Regime eine andere Wahrheit gäbe als in einem sozialistischen – als ob die revolutionäre Wahrheit nicht einfach die Wahrheit wäre[18].«

Verschiedentlich wird in diesem Buch aus dem Jahre 1936 darauf hingewiesen, daß der Marxismus nicht dogmatisch begründet werden kann. Es wird bereits die Sturheit der »schlechten Marxisten« angegriffen, die aus einem geschmeidigen, dramatischen Denken eine geschraubte Doktrin («une doctrine guindée«) gemacht haben, welche nicht mehr vertieft und erweitert, sondern nur noch schematisiert und vulgarisiert wird[19]. Es ist nicht erstaunlich, daß die an russische Marxisten verschickten Exemplare der *Conscience mystifiée* von der sowjetischen Zensur zurückgehalten wurden. Von 1936 an ist Lefebvres Position innerhalb der kommunistischen Bewegung festgelegt: Als eigenwilliger marxistischer Theoretiker nimmt er eine marginale Stellung ein: Nicht nur ist er kein militanter Parteigänger, sondern er wird auch wegen seiner unbequemen Stellungnahmen von den orthodoxen Theoretikern als störend empfunden.

Trotz der früh einsetzenden Kritik am dogmatischen Marxismus bleibt Lefebvre noch mehr als zwanzig Jahre lang Mitglied der Kommunistischen Partei. Es ist nicht leicht, dafür eine Erklärung zu finden. Wird man Henri Lefebvre gerecht, wenn man ihm vorwirft, daß er mit seinem Verbleiben in der Partei ein totalitäres System unterstützte, das im Namen von Karl Marx die schwersten Terrorakte und Unmenschlichkeiten begangen hat? Oder ist es sinnvoll, nach Entschuldigungsgründen für sein Verbleiben in der Partei zu suchen? Mit Vorwürfen oder entschuldigenden Erklärungen ist wenig gedient. Fest steht, daß Lefebvre spätestens 1936 die stalinistische Pervertierung des Marxismus erkannt hat, daß er sich seit damals des Erstarrungsprozesses im theoretisch-wissenschaftlichen Bereich und in der politischen Praxis voll bewußt gewesen ist. Aus seinen Schriften geht eindeutig hervor, daß er die Dogmatisierung in keiner Weise unterstützt hat; er hat weder eine Schrift verfaßt, die man als *stalinistisch* bezeichnen kann, noch hat er eine politische Funktion in der kommunistischen Bewegung innegehabt. »Es war Lefebvres Unglück, daß er in der stalinistischen Epoche Philosoph und Soziologe geworden ist«, schreibt David Caute in einer Studie über die französischen kommunistischen Intellektuellen[20].

Lefebvre hat unter der Dogmatisierung der kommunistischen Bewegung gelitten. Er hat nicht wie andere westliche marxistische Intellektuelle die Trostlosigkeit der Praxis der Partei mit einem unwirklichen, idealisierten Bild der Sowjetunion kompensiert. Er ist nie von einer Euphorie für Rußland erfaßt worden, während gerade die französischen Marxisten fast ausnahmslos dem Sowjetmythos erlegen sind. Besonders nach dem Zweiten Weltkrieg wird die Verteidigung der Sowjetunion zur ersten Pflicht, zum Dogma. Statt dieses Dogma anzuerkennen, die Weisungen Stalins und Schdanows zu befolgen und der Parteidisziplin gemäß den politischen Opportunismus zu verteidigen, publiziert Lefebvre 1947 den ersten Band der *Critique de la vie quotidienne.* Er hält sich damit an eine Realität, die überprüfbar und nicht in eine – geographische oder zeitliche – Ferne gerückt ist. Er sucht nach Kriterien, um die Auswirkungen der marxistischen Revolution in dem Bereich festzustellen, auf den es seiner Ansicht nach vor allem und im wesentlichen ankommt: im Alltag. Daß er wegen dieser Forschungen sogleich mit dem institutionellen Marxismus in Konflikt gerät, ist verständlich.

Lefebvres Arbeit nach dem Krieg konzentriert sich aber nicht nur auf die Erforschung des Alltagslebens; in außerordentlich rascher Folge veröffentlicht er in den Nachkriegsjahren die verschiedensten

Arbeiten: er schreibt ein Buch über (gegen) den Existentialismus, zwei Studien über Marx, ein Werk über formale und dialektische Logik, ein Buch über Ästhetik, außerdem philosophische Monographien und literaturkundliche Arbeiten über Descartes, Pascal, Diderot, Musset und Rabelais. Gerade in dem Jahrzehnt nach dem Zweiten Weltkrieg, in dem die marxistische Bewegung und das marxistische Denken so sehr von Stalin überschattet werden, entfaltet Lefebvre diese immense Tätigkeit, arbeitet er in hektischer Eile. Es scheint, daß er sich gerade in dem Jahrzehnt der Einengungen und Verhärtungen nach allen Seiten Luft zu verschaffen sucht und an den verschiedensten Fronten gegen die doktrinären Theorien kämpft. Offen und direkt greift er allerdings den Dogmatismus noch nicht an. Der Kampf, den er gegen die Parteiideologen führt, wird nur von Eingeweihten miterlebt; hinter den Kulissen werden unzählige Angriffe und Gegenangriffe, Manöver und Gegenmanöver ausgetragen.

Jede Schrift dieser Periode kann als Stellungnahme gegen das vulgarisierte und schematisierte Denken im jeweiligen Bereich aufgefaßt werden. Illustrieren wir mit einem kleinen Beispiel, wie Lefebvres alltägliche Auseinandersetzung mit der Parteizensur ausgesehen hat. Einige Thesen des Buches *Contribution à l'esthétique* sind unvereinbar mit den Richtlinien des *sozialistischen Realismus*. Deshalb bleibt das Manuskript vier Jahre lang ungedruckt liegen. Da hat er eines Tages einen Einfall (auf den er allerdings später nicht mehr so stolz ist[21]): Er stellt an den Anfang des Buches zwei Zitate, eines von Schdanow und eines von Karl Marx. Von Schdanow zitiert er die harmlose klassische Binsenwahrheit: »Das Kunstwerk muß harmonisch sein.« Das angebliche Marx-Zitat ist von Lefebvre: »Die Kunst ist die höchste Freude, die sich der Mensch selbst bereitet.« Dank diesen beiden Zitaten passiert das Manuskript die verschiedenen Parteiinstanzen anstandslos, der Satz von Schdanow bewirkt sogar noch eine Übersetzung ins Russische[22].

Die zwei Jahrzehnte von 1936 bis 1956 sind gekennzeichnet durch ein ambivalentes Spannungsverhältnis. Als marxistischer Philosoph fühlt Lefebvre sich der Lehre von Karl Marx verpflichtet, als Mitglied der KPF einer Bewegung, welche bestimmte politische Ziele verfolgt. Gewiß beruft sich die Kommunistische Partei auf die Theorie von Karl Marx, auf die Theorie der revolutionären Befreiung der Menschen. Von 1936 an aber erkennt Lefebvre immer deutlicher, daß die von der Sowjetunion verfolgten Interessen nicht mehr mit den Grundintentionen von Karl Marx übereinstimmen. Lefebvres Kampf gegen die Kommunisten, welche die Marxsche Theorie zu einer opportunistischen Politik des Effekts und des unmittelbaren Erfolgs degradieren, nimmt während dieser zwanzig Jahre stetig zu.

Erst 1957 aber kommt für Lefebvre der Moment, den Dogmatismus offen anzugreifen. Bis zu diesem Zeitpunkt hat er seine Kritik nur indirekt vorgebracht. Bei den beiden kritischen Publikationen handelt es sich um den schon erwähnten Aufsatz *Der Marxismus und das französische Denken* und um das dünne Bändchen *Problèmes actuels du marxisme.* Was hat Lefebvre dazu bewogen, mit seiner Kritik gerade im Jahre 1957 an die breitere Öffentlichkeit zu treten? In beiden Schriften wird nicht die Organisation der Kommunistischen Partei angegriffen; auf politische Ereignisse wird nicht direkt Bezug genommen; der ungarische Aufstand vom Oktober 1956 wird in keiner der beiden Schriften erwähnt. Es sind nicht die aktuellen Ereignisse, die Lefebvre zu einem Umdenken oder Überdenken bewegen. Er gehört nicht zu jenen, die jahrzehntelang treu und ergeben in der kommunistischen Bewegung mitgemacht haben und denen eines Tages *die Augen aufgegangen sind.* Seine Kritik am Kommunismus geht viel tiefer. Die Rajk-Affäre und der ungarische Oktober sind für ihn nicht Phänomene, die man isoliert betrachten und beurteilen kann. Seine Analyse der Krise der marxistischen und kommunistischen Bewegung ist eher als ein Weiterführen und Ernstnehmen der auf dem 20. Parteitag der KPdSU im Februar 1956 begonnenen Entstalinisierung aufzufassen. In diesem Sinn zieht er eine selbstkritische Bilanz aus einer gesamten Epoche:

»Es besteht ein Unbehagen, es besteht eine Verwirrung, ja, eine Krise. Am Anfang dieses Jahres 1957 befindet sich die Bewegung ... in einer Stagnation. Sie sucht nach einem Weg, nach einer Richtung. Die Massen wie die Individuen befragen sich selbst. Es ist unmöglich, ihren Erwartungen zu genügen ohne eine strenge, kritische Bilanz der geschichtlichen Periode, die zu Ende geht, ohne eine gewissenhafte Analyse der Weltlage unter allen Gesichtspunkten, einschließlich des kulturellen Sektors. Es besteht ein Unbehagen, es besteht eine Krise[23].«

In der theoretischen Kritik am offiziellen Marxismus im Jahre 1957 bezieht Lefebvre eine heikle doppelte Frontstellung. Einesteils polemisiert er gegen die erklärten Antikommunisten, die den Marxismus für bankrott erklären, und versucht, im weiten Trümmerfeld des Marxismus einige noch unbeschädigte Grundmauern freizuschaufeln: das wirklich dialektische Denken, das die widersprüchliche Entwicklung des Marxismus selbst miteinbezieht und auch die negativen Elemente des Niedergangs als notwendig erkennt. Andernteils rechnet er unbarmherzig mit dem orthodoxen Marxismus ab.

Eine Grundintention der Kritik am orthodoxen Stalinismus ist hier besonders hervorzuheben. Man spürt deutlich, daß Lefebvre sich aus der Isolierung befreien will, in die er als Mitglied der KPF geraten ist. Als Parteikommunist ist er verpflichtet gewesen, alle Nichtkommunisten als Feinde anzusehen. Daß die Nichtkommunisten das kommunistische *Lager* en bloc verurteilt haben, ist die Kehrseite dieses Schwarz-Weiß-Denkens. Das jeweils andere Lager wird bekämpft und verleumdet, dafür singt jedes Lager sein eigenes Lob. Die *Theorie der zwei Lager* hat verheerende Folgen gehabt; systematisch sind die Brücken der Verständigung abgebrochen und die lebendigen Bindungen abgeschnitten worden. Wie diese Trennung im philosophischen Bereich aussieht, illustriert Lefebvre an Hand eines Bildes. Auf marxistischer Seite ähnelt die Philosophiegeschichte einer Fußballreportage: die Idealisten müssen von den Materialisten mit vielen Toren gegen Null geschlagen werden. »Es gab keine Unklarheiten mehr, keine Übergangsphasen, keine komplexe und widersprüchliche Entwicklung der Erkenntnis[24].«

Mit der Zwei-Lager-Theorie gerät für Lefebvre das wirkliche dialektische Denken in Gefahr. Wenn die Probleme und Konflikte auf die Alternative *Alles oder nichts* oder *Entweder-oder* reduziert werden, dann wird wieder eine neue Metaphysik mit einer traditionellen Moral begründet. Auf der einen Seite das Gute, die Guten, das Schöne – auf der andern das Schlechte, die Schlechten, das Häßliche. Mit der Absage an die *Zwei-Lager-Theorie* ist die Verpflichtung der Marxisten aufzuheben, jeden Nichtmarxisten ungesehen zu verurteilen.

Lefebvres Analysen der Fehlentwicklung des Marxismus stellen die Marxsche Lehre als solche nicht in Frage. Die Theorien von Marx und Engels werden weiterhin verteidigt. Die schlimmsten Auswüchse des stalinistischen Dogmatismus haben es nicht vermocht, das ganze Gebäude des Marxschen Denkens zum Einsturz zu bringen. Nach der Stalin-Katastrophe ist es um die kommunistische Bewegung und die Marxsche Theorie folgendermaßen bestellt:

»Man hatte uns ein schönes Haus versprochen. Es ist nicht gebaut worden. Man zeigte uns nur das Bild eines fertigen Hauses, riesig und düster. Es gab Leute, die glaubten, ihr Geist könne im Bild eines Hauses wohnen. Die Klassiker des Marxismus hinterließen uns Pläne, Materialien, behauene Steine und Mauerstücke. Die nachher kamen, haben dieses und jenes Mauerstück demoliert, Teile davon weggetragen oder einige der Materialien zu einem unförmigen Haufen aufgeworfen. Vielleicht haben sie trotzdem einige Teile oder einige Grundmauern angefügt. Es liegt jetzt an uns, die Arbeit wieder aufzunehmen und einen neuen, nach allen Seiten hin offenen Palast zu bauen, der Licht und Luft und die Völker hereinläßt. Jede zukünftige Generation, jedes Land wird diesem unvollendeten Palast einen Flügel oder ein Gebäude anfügen[25].«

Die jahrzehntelange Kritik am parteiamtlichen, erstarrten Marxismus, die in den beiden oben erwähnten Publikationen ihren Höhepunkt erreichte, führte zu Lefebvres Ausschluß aus der Partei. Daß er die Theorien der Marxschen Lehre grundsätzlich nie in Frage gestellt hat, daß es ihm mit seiner radikalen Kritik am dogmatischen Marxismus immer nur um die Wiederherstellung des lebendigen marxistischen Denkens gegangen ist, gilt für die Parteifunktionäre nicht als Entschuldigung, geschweige als Auszeichnung.

## Im Namen der Wahrheit

*La somme et le reste* ist ein Zeugnis dafür, wie das politische System, das sich auf das Prestige von Marx und Lenin stützt, einen Denker demütigt, der sich um die Wiederherstellung des authentischen Marxismus bemüht. Nach seinem Ausschluß aus der KPF verfaßt Lefebvre folgendes Bekenntnis:

»Hier kommt für mich der Moment eines schwierigen Eingeständnisses. Ja, ich ließ mich lange beeindrucken, ja, ich ließ mich einschüchtern von dieser Präsentation, von diesem ungeheuren Apparat der Autorität, des Prestiges und der Propaganda. Ich nahm Einstellungen und theoretische Positionen, die ich einer rigorosen Kritik hätte unterwerfen müssen, als selbstverständlich hin, besonders die Idee, daß der dialektische Materialismus eine Philosophie sei[26].«

Erst nach seinem Parteiausschluß, nachdem er sich im Namen und im Interesse einer Ideologie jahrzehntelang unterworfen und gedemütigt hatte, findet er wieder den Stolz des Philosophen, der darin besteht, daß er die Wahrheit sagen darf und muß. Die ernüchternde Erkenntnis nämlich, daß – entgegen der Marxschen Annahme – die proletarische Revolution in den hochindustrialisierten Ländern nicht stattgefunden hat und also auch die Philosophie nicht verschwunden ist, führt Lefebvre zu folgenden zwei hypothetischen Schlußfolgerungen:

»Erstens: Die Philosophie lebt weiter als Ideologie, in den kapitalistischen wie in den sozialistischen Ländern: sie ist in beiden Lagern mit einem Staat liiert, der nicht im Absterben begriffen ist. Die Philosophie riskiert also (es sei denn, sie wird sich der Gefahr bewußt), zu einer Rechtfertigung und Verschleierung der politischen Praxis zu werden, zu der sie keinen rationalen Bezug hat.

Zweitens: Der Philosoph, der sich nicht politischen Interessen verschreibt, kann – indem er die politischen Interessen am Kriterium der Wahrheit mißt und die Wahrheit sagt – den einzigen noch heute möglichen Sinn der Philosophie bewahren.«

Wir übersetzen das etwas längere Plädoyer für die Wahrheit, das zugleich eine großartige Rehabilitierung der Philosophie darstellt.

Wir erkennen jetzt auch, daß Lefebvres Kritik am Stalinismus nicht auf Ressentiments zurückzuführen ist, sondern im Namen der Wahrheit vorgetragen wurde:

»Was ich in Frage stelle, ist die Verpflichtung, aus Disziplin diese Philosophie (des dialektischen Materialismus, K. M.) zu akzeptieren und die Wahrheit mit einer mehr oder weniger fiktiven Unterwerfung unter die Partei oder unter die *Arbeiterklasse* in der Person ihrer Repräsentanten gleichzusetzen. Ich weigere mich, diesen Betrug mitzumachen. Wie ernst auch immer die politische Situation auf der Welt und in Frankreich sein mag – das Interesse der Wahrheit und das Interesse für die Wahrheit übersteigt alle politischen Interessen. Das zu sagen und daraus die Konsequenzen zu ziehen, heißt heute *Philosoph* sein, soweit das Wort noch einen Sinn hat, wenn es überhaupt noch einen hat. Um so schlimmer für jene, die einen Konflikt zwischen der Vernunft und der Staatsräson geschaffen haben. Wenn ich den Stolz habe, so zu sprechen, so habe ich den noch ausdrücklicheren Stolz, mich als einen zu betrachten, der eine Wahrheit vertritt, deren Absenz gegenwärtig fühlbar ist. Als Philosoph – ohne mich deswegen *aufzuheben* – weigere ich mich, mich zu verneinen und zu verleugnen, indem ich eine Philosophie akzeptiere, weil sie politische Dienste erweist, weil sie auf der Ebene der Partei und des Staates als offiziell erklärt wurde. Ich weigere mich, mich dazu zu verpflichten, diese Philosophie als solche nicht objektiv zu studieren, über sie nicht zu urteilen. Ich weigere mich, auf das Recht zu verzichten, radikale Kritik zu üben und als Marxist zur Quelle – zu Marx – zurückzukehren, um zu verstehen zu suchen, was passiert ist. Ich will den Dogmatismus nicht deshalb rechtfertigen und akzeptieren, weil das nützliche ideologische Instrument die Form des Dogmatismus angenommen hat. Ich halte es für unmöglich, daß mit der Unterwerfung auch verlangt wird, die Wahrheit zugunsten der Wirksamkeit aufzugeben (einer Wirksamkeit auf kurze Zeit, die nur auf das Unmittelbare gerichtet ist und deren langfristigen Wert ich in Frage stelle[27]).«

Ein dialektisches Denken, das die Praxis zum Kriterium der Objektivität macht, kann die Erfahrung des Stalinismus nicht ausklammern, die Tatsache, daß zur Zeit des Dogmatismus das wirkliche dialektische Denken ausgesetzt hat. Eine Erneuerung des marxistischen Denkens kann nur dann stattfinden, wenn vom Zustand der Krise, in die der Marxismus geraten ist, ausgegangen wird. Lefebvre formuliert das so: »Der Marxismus unterliegt seinen eigenen Kategorien. Er verändert sich mit den historischen und gesellschaftlichen Bedingungen. Er entwickelt sich durch objektive Widersprüche hindurch, von denen gewisse, die unter diesem Blickwinkel wesentlichsten, *seine* Widersprüche sind[28].«

Mit der Einbeziehung der eigenen widersprüchlichen Entwicklung des Marxismus rettet Lefebvre den durch Stalin lädierten, entfremdeten Marxismus in die nachstalinistische Epoche herüber. Die Erfahrung des Stalinismus überträgt dem marxistischen Philosophen eine besondere Aufgabe: die sich verfestigenden dialektischen Denkbewegungen immer wieder in Frage zu stellen, jedes dialektische Schema an der Wirklichkeit, an der Praxis, am Konkreten zu messen. Lefebvre gehört nicht zu jenen marxistischen Philosophen, die nach der bitteren Erfahrung mit dem Stalinismus den Marxismus als solchen für bankrott erklären und ins andere *Lager* hinüberwechseln. Obwohl er im Namen des Marxismus die schwersten Demütigungen auf sich nehmen mußte, hält er am Marxismus fest. Der Marxismus ist für ihn ein »lebenskräftiger Baum[29]«, dem allerdings einige bösartige Sprößlinge aufgepfropft wurden. Der Erhaltung und Pflege dieses Baumes gilt ein großer Teil seiner mühseligen und undankbaren Arbeit. Nach dem Erscheinen von *La somme et le reste* erklärt er in einem Interview: »Ich bleibe Marxist, und zwar aus wesentlichen theoretischen Gründen, die gültig zu bleiben scheinen, wobei natürlich hinzuzufügen ist, daß sich dieser Marxismus vom Dogmatismus befreit und sich gegen den Dogmatismus erneuert[30].«

## Die ironische Weisheit

Die Ironie der Weltgeschichte ist unergründlich[31]. (Engels 1884)

»Die Ironie ist mein Element. So viele Leute glauben, die Dinge seien, was sie sind und sonst nichts, und sie finden darin ihre Zufriedenheit[32].« Ironische Passagen finden sich in fast sämtlichen Werken Henri Lefebvres. Das obige Zitat stammt aus dem Jahre 1965; schon 1937 schreibt er beispielsweise: »Die Ironie kann als eine der konkreten und irreduktiblen Kategorien gelten... Die Ironie ist vielleicht eine fortwährende Möglichkeit der Befreiung[33].«

Ausführlich meditiert Lefebvre erst nach seinem Ausschluß aus der KPF über die »Ironie der Geschichte«. Die erste Vorstudie zur *Introduction à la modernité* ist dieser Thematik gewidmet: *Über die Ironie, die Mäeutik und die Geschichte.* Aus einer gewissen Distanz kommt Lefebvre noch einmal auf das Phänomen des Stalinismus zu sprechen. Daß eine ganze Generation von überzeugten, engagierten und meist sehr militanten Marxisten zu einer geschichtlichen Entwicklung beigetragen hat, die im bürokratisch verwalteten, geschlossenen System des Sowjetstaates ihren Höhepunkt erlebte, daß sich weiters die meisten Mitläufer bis zum letzten Augenblick nicht bewußt wurden, welch unheilvollen geschichtlichen Prozeß sie durch ihre Aktion unterstützen – diese Tatsache mag Henri Lefebvre wohl dazu bewogen haben, noch einmal über die Entwicklung des marxistischen Denkens zum Dogmatismus nachzusinnen und aus dieser ungewollten Entwicklung bestimmte Konsequenzen zu ziehen.

Im Ironiker sieht Lefebvre einen Menschen, der sich nicht vom Schein täuschen läßt, nicht nur in Vordergründigem befangen ist. »Der große Ironiker erscheint in bewegten und ungewissen Perioden, wenn alle Leute um ihn herum sich sehr wichtigen Geschäften widmen, wenn die Zukunft von großen Entschlüssen abhängt, wenn ungeheure Interessen auf dem Spiel stehen und die Tatmenschen sich bedingungslos im Kampf engagieren[34].«

Der ironische Denker hat Distanz zu den Dingen und Ereignissen, er lebt nicht enthusiastisch in der Gegenwart; deswegen vielleicht ist die Ironie eine Form des Denkens, die der Wahrheit näher ist als das absolute Vertrauen in das unmittelbar Gegebene. Der Ironiker macht mit seiner Einsicht in den ironischen Verlauf der Geschichte selbst keine Geschichte, er deckt vielmehr die Zerbrechlichkeit und die Machtlosigkeit des Individuums gegenüber dem Geschichtsprozeß auf.

Um zu verstehen, was sich im zwanzigsten Jahrhundert ereignet hat, blickt Lefebvre auf das Griechenland des Perikles und des Sokrates zurück. Er vergleicht unser Jahrhundert mit jener Epoche und stellt folgende Fragen: Mußte Perikles scheitern, als er Griechenland vereinigen, den Staat um Athen herum errichten wollte? War seine Niederlage notwendig und unabwendbar? Lefebvres Antwort lautet:

»Das Scheitern war nicht Schicksal. Das Unternehmen Perikles' hatte Chancen. Perikles war weder ein Held noch ein Verrückter, sondern ein politischer Mensch. Er nahm die Chance wahr, er setzte auf eine Möglichkeit. Er entwarf mit Vernunft die umfassendste damals vorstellbare Strategie. Um ihn herum, durch ihn, mit ihm wurde die griechische Vernunft formuliert, die aus Gewißheiten und Ungewißheiten, kategorischen Sätzen und Problemen besteht. Sokrates war der Philosoph dieser Periode, ein Philosoph ohne System, der all die Versuche überragte, die bis dahin unternommen worden waren, und der vielleicht schon über die Philosophie hinausging[35]«

Da Lefebvre ausführlich über den »größten Ironiker: Sokrates[36]« meditiert, ist es aufschlußreich, nach den Zügen zu fragen, die er an diesem Philosophen hervorhebt. Sokrates spielt die Komödie des Nichtwissens und des Wissens; er trägt eine Maske, mit der er jene entlarvt, die eine bestimmte Rolle spielen. Er bekämpft weder noch unterstützt er bestimmte Meinungen, er stellt sie bloß einander gegenüber. Die Anhänger des heraklitischen Denkens, die von der Bewegung ausgehen, verweist er auf die Stabilitäten, an denen die Menschen festhalten: die Objekte und Gegenstände, die Klassifizierung in Arten und Gattungen, die Techniken, die Berufe, die Tugenden. Den Eleaten zeigt er, daß nichts völlig solid ist, daß alles zerfällt, sich verändert und vergeht. Sokrates ist ein Denker, der niemanden angreift, der nicht spottet, der weder geistreich noch leichtfertig ist: Er ironisiert. Dabei erkennt er – allerdings nicht sehr deutlich –, daß die griechische Polis bedroht ist, er ahnt dunkel, daß es Möglichkeiten gibt, Athen und Griechenland zu retten; daß etwas Neues notwendig ist. Er weiß nur, daß eine neue Wahrheit unerläßlich ist, er weiß aber nicht, worin die neue Wahrheit besteht, sonst würde er nicht sagen, daß er nichts wisse. »Sokrates eröffnete für das Denken eine neue Periode: die Kritik des Erreichten, die Erforschung des Möglichen und des Unmöglichen[37].«

Bei Sokrates – fährt Lefebvre fort – ist die Ironie nicht von der Mäeutik zu trennen. Der Ironiker verweist in einer historisch ungewissen, konfliktvollen Zeit auf einen Weg der Erkenntnis, er sucht mit seinen Fragen einen Ausweg aus dem Bestehenden, er macht auf das notwendige Neue, aber noch nicht konkret Bestimmbare aufmerksam; er bringt die Wahrheit nicht hervor, er assistiert bei ihrer Geburt.

In dem Dialog *Theaitetos* trägt Sokrates die mäeutische Erkenntnismethode vor, bei der der Philosoph bloß Geburtshilfe leistet. Von seiner Mutter, einer Hebamme, habe er – Sokrates – diese Kunst gelernt. Im Gespräch führe er die andern so zur Erkenntnis, daß sie diese selbst aus sich heraus gewonnen zu haben meinen. Die Leute behaupteten von ihm, daß er »der wunderlichste aller Menschen wäre und alle in Verwirrung brächte[38]«. Seine immer tiefer dringenden Fragen stelle er aber nur um der Wahrheitsfindung willen, um die »Trugbilder« und »Mondkälber« vom »Fruchtbaren« und »Echten« zu unterscheiden.

Auch Lenin war von der sokratischen Erkenntnismethode, die bei der Wahrheitsfindung nur Hebammendienst leistet, sehr eingenommen; in den *Philosophischen Heften* hat er die sokratische Kunst »geistreich« genannt[39]. Für Henri Lefebvre ist die Mäeutik ein »großes poetisches Bild[40]«. Sie macht auf das Risiko aufmerksam, das eine Geburt miteinschließt; sie weist darauf hin, daß der Geburtsakt von großen Schmerzen begleitet ist. Nur der Mäeutiker wisse, daß bei der Geburt der Geschichte mit Unvorhersehbarem zu rechnen ist. Deswegen aber helfe er bei der Geburt der Geschichte mit und überlasse sie nicht einfach dem Schicksal.

Nach einer langen Auseinandersetzung mit Sokrates – dem Philosophen, der das Alltagsleben und die gesellschaftliche Praxis in der griechischen Polis zu verstehen sucht, die verborgenen Widersprüche enthüllt und die Ungewißheiten bloßlegt, der aber wissen will, wohin die Welt sich entwickelt – blendet Lefebvre zu Marx über. An Hand verschiedener Texte weist er nach, daß Marx die tiefe Ironie der Weltgeschichte gekannt hat. Die wichtigsten Sätze, welche die ironische Geschichtsauffassung von Karl Marx belegen, stehen am Anfang des *Achtzehnten Brumaire des Louis Napoleon:*

»Hegel bemerkt irgendwo, daß alle großen weltgeschichtlichen Tatsachen und Personen sich sozusagen zweimal ereignen. Er hat vergessen hinzuzufügen: das eine Mal als Tragödie, das andere Mal als Farce ... Die Menschen machen ihre eigene Geschichte, aber sie machen sie nicht aus freien Stücken, nicht unter selbstgewählten, sondern unter unmittelbar vorgefundenen, gegebenen und überlieferten Umständen. Die Tradition aller toten Geschlechter lastet wie ein Alp auf dem Gehirne der Lebenden[41].«

Die Ironie der Geschichte besteht bei Karl Marx darin, daß die Menschen etwas anderes machen, als sie wollten, und daß das, was sie sagen, in ideologischem Gewand vorgebracht wird, daß sie sich auf Dinge verlassen, deren Täuschung sie nicht durchschauen; auch die bestvorbereiteten Projekte scheitern früher oder später. Ist das Scheitern nun gesetzmäßig, notwendig, ist die Geschichte absurd, verläuft sie ohne Sinn, kann die Geschichte auf keine Weise bestimmt werden?

Die Abweichung der wirklichen Geschichte des Marxismus im zwanzigsten Jahrhundert von der von Karl Marx vorausgesagten historischen Entwicklung ist so enorm, daß Lefebvre nichts anderes übrigbleibt, als zur Erklärung dieser Abweichung die Ironie der Geschichte auf die Geschichte des Marxismus selbst anzuwenden. Marx begann mit einer Kritik der Ideologien, der Religionen und der philosophischen Systeme. Er kündigte das Ende der Ideologien an. Paradoxerweise hat die Kritik der Ideologien nicht zu einer Aufhebung der Religionen geführt, die alten Religionen leben weiter, und der orthodoxe Marxismus ist zu einer Pseudoreligion geworden.

»O Ironie! ... Der offizielle Marxismus der stalinistischen Periode bestand in einer begrenzten Anzahl von philosophisch-politischen Sätzen, die ihn in die Nähe einer Kirchendoktrin brachten. Die Autorität bestimmte mit Unfehlbarkeit die Orthodoxie. Sie stieß die Häretiker aus und richtete sie hin, sie brauchte sie nicht einmal den weltlichen Instanzen auszuliefern. Sie interpretierte die heiligen Texte. Die Massen und die Parteimitglieder verfügten nur über sorgfältig gereinigte Kompendien (die *Vulgata,* wie Edgar Morin sagt). Die Methode der Autorität – von Marx so sehr kritisiert –, die sich auf den Repressionsapparat eines mächtigen Staates stützte, erlangte auf diese Weise eine unvorhergesehene Kraft und Strenge. Von da an unterschied sich der Stalin-Kult nicht mehr von einer politischen

Religiosität. Ohne sich als die Offenbarung aus einer Transzendenz auszugeben, sah die stalinistische Doktrin einer solchen zum Verwechseln ähnlich[42].«

Und doch hat der Stalinismus der marxistischen Lehre nicht den Todesstoß versetzt. 1962 knüpft Lefebvre dort an, wo Karl Marx mehr als ein Jahrhundert zuvor angefangen hat: bei der Kritik der Religion. Er ist überzeugt davon, daß nur die marxistische Kritik – das Denken, das auf die Grundintentionen von Karl Marx zurückgeht – eine fundamentale Religionskritik in Angriff nehmen kann, diesmal die Kritik einer Pseudoreligion, einer politischen Religiosität oder einer antireligiösen Religion. Seine theoretische Position umreißt er 1962 folgendermaßen:

»Zwischen dem Ultrarevisionismus derjenigen, die das Ende der marxistischen Strömung im modernen Denken postulieren, und dem Ultradogmatismus jener, die an den Resultaten der stalinistischen Periode festhalten und die Abweichungen nur als kleineren Zwischenfall betrachten, kann man nun einen andern Weg bestimmen, den der dialektischen Kritik, der Ironie[43].«

Wie ein ferner Betrachter meditiert Lefebvre über die nachstalinistische Epoche, mißt das Komische am Tragischen, die Geschichte als Farce am wirklichen Verlauf der Entwicklung. Den oben rekapitulierten Analysen des Dogmatismus fügt er eine weitere an: Der Stalinismus als Ideologie läßt sich nicht einfach mit einem *Geheimbericht* und einer Kritik am *Personenkult* aus der Welt schaffen. Der Stalinismus ist durch eine bestimmte Terminologie gekennzeichnet, durch ein bestimmtes Vokabular, durch eine bestimmte Verbindung von Wörtern und Begriffen. Dem Aufbau der Sätze entsprechen bestimmte Verhaltensweisen, die Wörter und ihre Verbindungen lassen Rückschlüsse auf Gefühle zu. Indem Lefebvre auf die Beziehung zwischen Sprache und Gesellschaft hinweist – 1966 schreibt er zu dieser Thematik ein Buch: *Le langage et la société* –, macht er klar, daß die Spuren, die der Stalinismus hinterlassen hat, nicht ohne weiteres zu beseitigen sind.

»Wenn die Vernunft auch nicht alles ist, so ist sie doch etwas[44].« Obgleich der Verlauf der Geschichte nicht geradlinig ist, sondern unvorhersehbare Wendungen nimmt, kann der Gesamtprozeß erkennbar sein; das Vertrauen auf die Vernunft, die nach objektiver Erkenntnis strebt, ist allerdings nicht unbegrenzt. »Die Ideen und die Menschen verwandeln sich in ihr Gegenteil, sogar heute noch, aber nicht vollständig, weil sonst die Tragödie zur Ordnung des Jahrhunderts würde ... Die Freiheit verwandelt sich in Unterdrückung, die Gerechtigkeit in Ungerechtigkeit, die Revolution gegen den Staat in einen neuen und stärkeren Staat, die Dialektik in neue Dogmen, die öffentliche Ehrlichkeit in privaten Zynismus. Aber nicht ganz. Das Wenige, das fehlt oder das Bestand hat, genügt manchmal – nicht immer –, um die Situation und die Einschätzung qualitativ zu verändern, die Hoffnung wiederzubeleben oder in Hoffnungslosigkeit zu versinken. Begnügen wir uns mit diesem *Fast* und diesem *Wenigen*, ohne unsere Forderungen aufzugeben[45].«

Auch heute noch, in der nachstalinistischen Epoche, in einer immer ernster und komplizierter werdenden Zeit, ist für Lefebvre die Mäeutik noch ein »großes poetisches Bild«. Der Philosoph soll versuchen, bei der Geburt der Modernität die Schmerzen zu mildern, die Kluft zwischen dem, was geboren wird, und dem, was man erwartet hat, zu verringern. Wer allerdings Erfahrungen mit der *Ironie der Geschichte* gemacht hat, kann davon nicht mehr abstrahieren. Er erkennt, wie andere Völker eben im Begriffe sind, diese Erfahrung auf ihre Weise zu machen, »die sogenannten *ex-kolonialen* oder *unterentwickelten* Völker... Wir beginnen einzusehen, was geschieht. Die *Massen* glauben, mit der Erlangung der nationalen Unabhängigkeit in ein neues Leben einzutreten. Wir, die wir die Ironie der Geschichte kennen, wissen, daß diese Völker in den Prozeß der Akkumulation eintreten. Während sie aus der Dunkelheit der Slaverei herauskommen, bilden sie sich ein, ins reine Licht zu schreiten. Sie glauben, ihre Probleme gelöst zu haben, während sie in die Sphäre der Probleme eintreten[46] ...«

Die Einsicht in den ironischen Verlauf der Geschichte äußert sich bei Lefebvre in der Formulierung einer Lebenshaltung, verfestigt sich zu einer bestimmten Beziehung zur Welt. Aus den Erfahrungen mit dem Stalinismus, der kommunistischen Partei, dem Engagement, den Genossen resultiert bei ihm das, was er »ironische Weisheit« oder »provisorische Moral« nennt. Schon lange hat er darauf hingewiesen, wie erbärmlich es um die marxistische Ethik bestellt ist, wie die Tugenden der Hingabe, des Vertrauens, der Treue, des Opfers zwar herausgestrichen, aber durch einen politischen Immoralismus aufs empfindlichste kompromittiert werden. In den *Problèmes actuels du marxisme* zerpflückt er die Äußerung Stalins: »Wir Kommunisten sind Menschen von besonderem Schlag. Wir sind aus besonderem Holz geformt[47].« Nachdem Lefebvre die offizielle marxistische Moral kritisiert hat, ist es interessant, zu sehen, was er unter der Bezeichnung »provisorische Moral« anzubieten hat.

Die erste *Regel* der ironischen Weisheit ist die der Distanznahme[48]. Die Ironie nimmt zur Gegenwart, zum Aktuellen, zu Personen und Dingen einen gewissen Abstand ein – nicht zu weit und nicht zu nah. Wenn der Abstand zu groß, zum Abgrund wird, kann er nicht mehr überbrückt werden; dann verschließt sich das

Individuum in der Isolierung und in der Abstraktion. Ist der Abstand zu klein, verliert es sich in den Dingen, ertrinkt in der Aktualität, wird blind und läßt sich erdrücken. Erst die richtige Distanz, die nicht auf historische Gewißheiten vertraut, sorgt dafür, daß der Mensch weder zu mißtrauisch noch zu verletzlich wird, daß er sich nicht täuschen läßt.

Die zweite *Regel* – die der Entscheidung – ist komplementär zur ersten. Sie öffnet dem, der zu den Personen, Dingen, Ereignissen einen ironischen Abstand genommen hat, wieder den Zugang. Ohne sich von den wichtigen Leuten, Ideen und Ereignissen einschüchtern zu lassen, soll der Mensch an dem partizipieren, was er sich bewußt ausgesucht hat.

Eine dritte *Regel* verbietet es dem ironischen Bewußtsein, sich als erhaben oder als zum Scheitern verurteilt zu betrachten. Greifen wir einige Sätze heraus, die illustrieren, wie einer handelt, der zur »ironischen Weisheit« gelangt ist, der den »richtigen Ton« gefunden hat:

»Urteile nur selten, aber begnüge dich nicht damit, zu reflektieren. Begnüge dich nicht damit, die Worte gegen jene zu kehren, die sie gesprochen haben. Partizipiere. Lerne ergreifend vom Ernsten zu sprechen, ohne Zynismus vom Frivolen. Verachte niemanden, aber vertraue dich auch niemandem vollständig an. Lerne die Taktik und Strategie zu gebrauchen. Lerne sie zu enthüllen, wenn du vermutest, daß sie von einem Schleier umgeben sind. Sei ein Feind des Schweigens, und deswegen lerne zu schweigen[49] ...«

Aus diesen Regeln der ironischen Weisheit spricht die Enttäuschung dessen, der einmal mehr gewollt, mehr vertraut, mehr gehofft hat. Die Enttäuschung ist aber bei Lefebvre nicht in völlige Resignation umgeschlagen, in Hoffnungslosigkeit, Nihilismus. Die hier vorgetragene provisorische Moral geht vom einzelnen schwachen Individuum aus, das sich jedoch seiner Schwäche und Gebrechlichkeit bewußt ist. Es überläßt von vornherein den andern die Macht. Die Schwäche aber wird zur Stärke, wenn der einzelne mit der Waffe kämpft, die ihm die ironische Distanz liefert: der Waffe der radikalen Kritik.

## Ein zweiter »Soleil Crucifié«?

Lefebvres Zugehörigkeit zur Kommunistischen Partei von 1928 bis 1958 wirft Fragen auf, die nur schwer in befriedigender Weise zu beantworten sind. Obwohl er ausführlich über seinen Eintritt in die Partei, über die Zeit seiner Mitgliedschaft und seinen Ausschluß berichtet, kann seine Kompromißbereitschaft nur schwer rational erklärt werden. »Wer sich so ausdrückt, hat nie etwas von den lebendigen und gelebten Widersprüchen begriffen, das heißt von der Dialektik[50].« Mit dieser Antwort ist allerdings nicht zufrieden, wer vorurteilslos ein bestimmtes Verhalten zu begreifen versucht. Wer dort, wo Erklärungen fehlen, keine Antworten mehr möglich sind, das Wort *Dialektik* einsetzt, deutet damit an, daß dieser Begriff – zumindest in gewissen Konstellationen – außerhalb des Bereiches des rationalen Denkens angesiedelt ist.

Im Kapitel über den *Soleil Crucifié* haben wir Lefebvres Revolte gegen das Christentum geschildert. Wir haben gesehen, daß er schon in jungen Jahren – zumindest äußerlich – vollständig mit der Religion, in der er erzogen worden war, gebrochen hat. Als Manifestation der Unabhängigkeit und des Befreitseins kann man seine Tätigkeit in der surrealistischen Bewegung deuten. Wie aber ist dann sein Entschluß zu erklären, in die Kommunistische Partei einzutreten, in eine Organisation, die Aufopferung, Unterwürfigkeit, Ergebenheit verlangt? Wir stehen vor einer paradoxen Situation: Kaum hat sich Lefebvre mühsam von den religiösen Bindungen befreit und sich im Surrealismus ein Maximum an Bewegungsraum verschafft, unterwirft er sich einem neuen, rigorosen Abhängigkeitsverhältnis.

Für die Abkehr vom Surrealismus führt Lefebvre Gründe an. Er durchschaut den surrealistischen Protest rasch als einen unwirksamen Protest, als eine illusorische Befreiungsbewegung. Im marxistischen Denken erkennt er die einzige Möglichkeit, das entfremdete Bewußtsein der Menschen aufzuheben, die unvollkommene gesellschaftliche Praxis zu verändern. Nun wird er sich aber als Mitglied der Kommunistischen Partei bald bewußt, daß die Partei ihre Entschlüsse nicht gemäß der Lehre von Karl Marx faßt, also nicht auf Grund einer sorgfältigen Analyse der objektiven Praxis. Sehr früh – schon seit 1936, seit *La conscience mystifiée* – durchschaut er den Mechanismus des stalinistischen Dogmatismus. Wieso ist er dann nicht sogleich wieder aus der Partei ausgetreten? Warum nicht 1945, nach der Niederlage des Nationalsozialismus? Warum nicht in der Nachkriegsperiode, zur Zeit der zunehmenden Stalinisierung der kommunistischen Bewegung? Warum ist er nicht ausgetreten, als die Moskauer Schauprozesse von 1937 allgemein bekannt wurden und das Terrorsystem der KPdSU entlarvt wurde? Warum ist er nicht ausgetreten, als er mit seinen Arbeiten in den Reihen der Parteikommunisten auf Ablehnung stieß? Wir könnten die Liste der Fragen verlängern, die man an einen Marxisten richten könnte, der behauptet, nur dem sogenannten *authentischen* Marx verpflichtet zu sein. Zu verschiedenen Malen – so scheint es einem nüchternen Beobachter – hätte Lefebvre Gelegenheit und Veranlassung gehabt, aus der Partei auszutreten. Warum hat er – dem doch das unentfremdete, spontane Leben das Höchste ist – das Kompromiß, das er mit der Kommunistischen Partei eingegangen war, drei Jahrzehnte lang ausgehalten?

Wir können den Konflikt, in den der auf die Analysen von Karl Marx vertrauende und mit der Realität des Stalinismus konfrontierte Henri Lefebvre geraten ist, als tragisch bezeichnen. Der Widerspruch zwischen der Marxschen Theorie und der dogmatischen Praxis kommt für ihn beinahe einer existentiellen Ausweglosigkeit gleich. Das erkennen wir aus den Zitaten, die er über seine Memoiren setzt. Die Situation des Philosophen, der im Namen der Wahrheit den Mißbrauch der Macht im Namen der Staatsräson brandmarkt und dafür von der Partei geächtet wird, faßt er im konzisen Epigraph des *Faust* von Goethe zusammen: »Es möchte kein Hund so länger leben[51]!« Das sind die Worte, mit denen Faust am Anfang der Tragödie seine Situation resümiert: Weder die Doktoren noch die Pfaffen, weder Wissenschaft noch Theologie konnten ihm Antwort auf seine Fragen geben und ihm verraten, »was die Welt im Innersten zusammenhält«. Mehr noch: sein Suchen und Fragen und Wissen-Wollen haben ihn desillusioniert, haben ihm alle Freud entrissen[52]. Sein Leben erscheint ihm erbärmlicher als das eines Hundes. Lefebvre bezieht mit diesem Zitat die Position des Faust zu Beginn des Goethe-Dramas. Dann aber richtet er sich an einem Nietzsche-Wort wieder auf: »Nein! Komm zurück! Mit allen deinen Martern!« Trotz Qual und Schmerz, trotz Desillusion und Enttäuschung will er leben, will er die Gewißheit haben, daß sein gelebtes, wirkliches Leben kein Hundeleben war. Er fügt deswegen noch den dritten Satz bei: »Si c'était à refaire, je referais ce chemin. – Ich würde diesen Weg, wenn es sein müßte, nochmals gehen[53].«

Wir interpretieren frei die Abfolge dieser drei Sätze: Der Stalinismus war eine historische Katastrophe, das einzelne Individuum war im System des dogmatischen Kommunismus zu einem Hundeleben verurteilt. Trotz der hellen Einsicht in den falschen Verlauf der kommunistischen Bewegung, trotz Stalin gibt es noch etwas, das ein Mitgehen in der kommunistischen Bewegung auch nach der Katastrophe als sinnvoll erscheinen läßt. Aber was? Welch paradoxes, irrationales Bekenntnis, wenn Lefebvre nach seinem Ausschluß aus der Partei den Satz ausspricht: Ich würde diesen Weg, wenn ich müßte, nochmals gehen!

Auf das Nietzsche-Wort sind wir schon im Kapitel über den *Soleil Crucifié* gestoßen. Jetzt treffen wir es ein zweites Mal im Zusammenhang mit Lefebvres Verhältnis zum Stalinismus an. Eine Parallele zwischen dem *Soleil Crucifié* und Lefebvres Verhältnis zum Dogmatismus drängt sich auf. Gegen das Christentum, gegen die katholische

Religion in ihrer vulgärjansenistischen Ausprägung hat er schon in jungen Jahren revoltiert. Seine Auflehnung richtet sich gegen all das, was das Symbol des Kreuzes enthält: gegen alles Hemmende, Einengende, Erdrückende, Lebensfeindliche, Repressive. Erfährt Lefebvre aber im Namen der Kommunistischen Partei nicht auch Einengung in Form von Disziplin, Ergebung, Aufopferung? Gegen die erste Einengung, gegen die Forderungen im Namen der Religion des Kreuzes, revoltiert er mit äußerster Heftigkeit. Warum aber trägt er jahrzehntelang das Kreuz der Partei? Warum hält er so lange die erbärmliche Realität des Parteialltags aus? Er selbst vergleicht den Stalinismus mit einer Religion, mit einer antireligiösen Religiosität, mit einer Kirche. Als Mitglied der KPF aber ist er ein Mitglied dieser *Kirche* – ob er mit der Lehrautorität einverstanden ist oder nicht. Warum also ist er aus dieser zweiten *Kirche* nicht aus eigenem Entschluß ausgetreten, nachdem er in seiner Jugend so entschieden mit der ersten Kirche gebrochen hat?

Tatsache ist, daß Lefebvre das ironische, das befreite Verhältnis zur Geschichte des Kommunismus erst nach 1958 gefunden hat.

# Verändern wollen

# Elan und Scheitern der poetischen Revolution

All die verschiedenen und weit auseinanderliegenden Arbeiten von Henri Lefebvre haben etwas Gemeinsames: Sie stellen den Versuch dar, herkömmliche Meinungen, Auffassungen, die Allgemeingut geworden sind, zu durchbrechen, bekannte Themen von Grund auf neu zu durchdenken und neu darzustellen. Ob es sich um philosophische, literarische oder soziologische Arbeiten handelt, Lefebvre exponiert sich stets mit seinen Theorien und fordert immer wieder von neuem zu Widerspruch heraus. Wie wir schon gezeigt haben, ist er dank dieser oppositionellen und negativ-kritischen Grundhaltung wohl nie Stalinist gewesen, war er nie imstande, dogmatische und schematische Theorien zu vertreten. Sich nie mit einem Zustand abzufinden, scheint ein Grundzug seines Wesens zu sein. In einer autobiographischen Aufzeichnung schreibt er:

»Ich bin grundsätzlich ein unverbesserlicher Oppositioneller. Ich spreche mich grundsätzlich gegen das Existierende aus, was immer es auch sei (vor allem und zuerst selbstverständlich gegen das existierende Tote, das Bedrückendste, die bürgerliche Ordnung und Unordnung, aber ebenfalls gegen jedes andere *Existierende*, zum Beispiel gegen die militärische Disziplin, die den Kommunisten im Namen der stalinistischen Interpretation des Marxismus auferlegt worden ist[1] ...)«

Wer so grundsätzlich und so absolut das Existierende in Frage stellt, der will mit der gleichen Absolutheit und Grundsätzlichkeit alles Bestehende verändern.

An Vorbildern radikaler Erneuerer zeichnen sich bei Henri Lefebvre neben Karl Marx vor allem Arthur Rimbaud und die surrealistische Bewegung ab. Da Rimbaud auf undogmatische marxistische Intellektuelle in Frankreich eine nicht unbedeutende Faszination ausübt, sollen hier seine vielzitierten Losungsworte *Changer la vie* (Das Leben verändern) und *L'amour est à réinventer* (Die Liebe muß von neuem erfunden werden) im größeren Zusammenhang seines Werkes betrachtet werden. Die surrealistische Bewegung ist für Lefebvre insofern von Bedeutung, als er in der Zeit um 1925 mit den Surrealisten sympathisiert und in den damaligen Debatten und Auseinandersetzungen eine gewisse Rolle gespielt hat.

# Rimbaud

Aus Rimbauds Dichtungen bricht immer wieder das kühne Projekt hervor, das gesamte Leben zu verändern. Schon als Halbwüchsiger stürzte sich Rimbaud in das Revolutionsgetümmel der Pariser Kommune von 1871 und widmete ihr begeisterte Gedichte. Seine revolutionären Visionen finden sich aber erst in den *Illuminations*. Er treibt darin seine Halluzinationskunst auf die Spitze und entwirft als Seher die berauschenden Bilder einer Welt, die durch die Verwirrung aller Sinne total verändert wird. »Der Dichter macht sich zum Seher durch eine lange, gewaltige und überlegte Verwirrung aller Sinne[2]«, schreibt er in dem berühmten Brief vom 15. Mai 1871. In drei Texten der *Illuminations* kommt Rimbaud auf das Gesetz der neuen Welt, die »neue Liebe« zu sprechen[3]. In *Génie*[4] wird die Befreiung des Lebens erträumt. Der Genius in der Dichtung ist selbst die neue Liebe, das vollkommene und wiedergefundene Maß, »die wunderbare und unverhoffte Vernunft«. Die Liebe wird zum neuen Gesetz der Menschheit; der Rimbaud-Interpret A. Adam ergänzt: »zum neuen Christus, neuen Messias[5]«; zu einem Christus allerdings, der nicht fortgeht, die Welt im Stich läßt und erst am Ende der Zeit wieder zurückkehren wird. Die zweite Dichtung *À une raison*[6] gibt dem Glauben an und der Hoffnung auf die nahe Zukunft Ausdruck, auf eine Zukunft, die nach einer »neuen Harmonie«, einer neuen sozialen Ordnung gestaltet sein wird, der Ordnung der neuen Liebe. Deshalb ist in diesem Gedicht von »neuen Menschen« die Rede, die sich erheben und aufbrechen. *Conte*[7] ist das dritte Gedicht, das die neue Liebe zum Thema hat. Verschiedene Interpreten sehen in diesen schwer deutbaren Zeilen die Kondensierung von Rimbauds persönlicher Erfahrung, der des Scheiterns. Der *Prinz*, der sich nicht mehr um die vulgären Wohltaten für das Volk kümmert, will die Wahrheit kennenlernen. Er läßt alle Frauen und die Leute seines Gefolges massakrieren, er hofft auf die »Revolutionen der Liebe«, die Veränderungen, die eintreten werden. Adam kommentiert dieses Gedicht folgendermaßen: »Er wollte alles um sich herum zerstören, und alles bestand weiter. Der Wille zur Freiheit und zum Absoluten ist zum Scheitern verurteilt. Der Wirklichkeit kann man nicht ausweichen[8].«

Rimbauds Beichte, *Une saison en enfer*, enthält weitere Visionen einer neu zu schaffenden Welt, eines neuen Lebens. Er spricht als »Magier« und »Engel[9]«, entwirft Bilder einer überirdischen Welt, einer neuen Wirklichkeit. »Ich habe alle Feste geschaffen, alle Triumphe, alle Dramen. Ich habe versucht, neue Blumen, neue Sterne, Menschen aus neuem Fleisch, neue Sprachen zu erfinden.

Ich habe geglaubt, übernatürliche Kräfte erwerben zu können[10].« Er sieht in seinen Halluzinationszuständen Moscheen anstelle der Fabriken, einen Salon auf dem Grund des Sees, Kutschen auf den Straßen des Himmels, die Tiere beneidet er um ihre Glückseligkeit. In *Une saison en enfer* stoßen wir auch auf die beiden Losungsworte, die wegen ihrer Absolutheit und Kompromißlosigkeit von dissidenten Marxisten so oft zitiert werden. Wenn Rimbaud den Ausdruck »Changer la vie[11]« verwendet, so meint er damit die Absicht, mit geheimnisvollen und magischen Kräften die Welt von Grund auf neu zu gestalten. In der jetzigen Welt gibt es noch gar kein wirkliches Leben, sondern nur Elend, Schmutz, Trauer, Schmerz. Deshalb postuliert er: »L'amour est à réinventer[12]«.

Für Henri Lefebvre steht das Rimbaud-Wort »Changer la vie« auf gleichem Niveau wie das Marx-Wort, daß es nicht darauf ankomme, die Welt zu interpretieren, sondern sie zu verändern (elfte Feuerbach-These[13]). Um das ursprüngliche utopische und zugleich praktische Projekt wieder herzustellen, die Aufhebung aller Widersprüche und Entfremdungen, greift er an einer anderen Stelle auf den zweiten prägnanten Satz Rimbauds zurück und sagt von der Revolution, was Rimbaud von der Liebe gesagt hat: »Die Revolution muß von neuem erfunden werden[14].« Um die Grundgedanken von Marx hervorzuheben, bedient sich Lefebvre kompromißloser, absoluter Wendungen. Er fühlt sich zu Rimbauds Revolutionsideal in dessen reinster Form hingezogen, gleichzeitig übernimmt er aber mit Rimbauds Vorstellungen von einem radikalen Neubeginn auch ein gewisses Maß an poetischer Illusion. Rimbaud hat mit seinem literarischen Protest nicht den geringsten Einfluß auf die alltägliche, praktische Wirklichkeit ausgeübt, höchstens auf die Literatur. Nachdem er einmal geglaubt hatte, demiurgisch die Verantwortung für die ganze Menschheit übernehmen zu müssen, hat er später sein Scheitern eingesehen und sich in Schweigen gehüllt. Rimbaud kann deshalb für Lefebvre nicht mehr sein als ein Symbol, ein Hinweis darauf, daß die Revolutionsidee grundsätzlich einen absoluten und totalen Anspruch erhebt; wenn sie allerdings in der Praxis zur Geltung kommen will, kann sie nicht literarisch-poetisch bleiben[15].

## Der Surrealismus und »Philosophies«

Schon aus einer Distanz von nur wenigen Jahrzehnten erscheint auch der Surrealismus als ein nur poetisch-literarisches Ereignis. Die antibürgerliche Protestbewegung ist heute beinahe einflußlos, die lautstarken Aktionen und Manifestationen zwischen 1916 und 1930 sind rückblickend nur noch als Schaumschlägerei zu bewerten. Zu diesem Schluß gelangt der Historiker des Surrealismus, Maurice Nadeau[16]. Die Surrealisten zählten bezeichnenderweise Rimbaud zu ihren großen Vorbildern. Sie schätzten an ihm die Sympathie für die Pariser Kommune, dann seinen Defätismus, seinen Abscheu für das Vaterland, seine unbändige Wut auf die Kirche und nicht zuletzt seine Arbeitsscheu. »Sein Werk sollte uns immerzu den Weg weisen«, meint André Breton 1924, denn Rimbaud habe »ein Unbehagen und eine Verstörtheit zum Ausdruck gebracht, wie sie wohl Tausenden von Generationen nicht erspart geblieben sind, und das mit einer Eindringlichkeit, der wir uns heute noch nicht entziehen können[17].«

Henri Lefebvre ist sehr direkt an den Debatten, Diskussionen und Zänkereien der surrealistischen Bewegung beteiligt gewesen. Im Jahre 1924 gab er zusammen mit einer Gruppe junger Philosophen die Zeitschrift *Philosophies* heraus. Zur Gruppe gehören unter anderen Georges Politzer, Norbert Gutermann, Georges Friedmann und Pierre Morhange, Philosophen, die sich später alle den Kommunisten anschlossen, damals aber noch keine Marxisten waren. *Philosophies* kann streng genommen nicht als ein Unternehmen im Rahmen des Surrealismus gewertet werden, die Zeitschrift hat ihre eigenen Ziele und Vorstellungen. Und dennoch ist sie wie die Surrealisten-Gruppe eine typische Erscheinung für die vom Ersten Weltkrieg geprägte junge Generation, die überzeugt war, daß etwas Neues beginnen müsse. Eine zahlenmäßig kleine, aber wache Intelligenz – Künstler und Philosophen – hat sich in den Jahren unmittelbar nach dem monströsen Krieg vehement aufgelehnt: gegen die alten Institutionen, die nicht ausgewechselten Politiker, den Patriotismus, den Kult um die *vieux combattants.* »Und die Dummheit. Wir hassen weder die Tyrannei noch das Geld so sehr wie die herrschende Dummheit. Ohne das geringste Zögern identifizieren wir sie mit der bürgerlichen Gesellschaft[18].« So urteilt Lefebvre rückblickend im Jahre 1967.

Die Gruppe *Philosophies* hat ihre eigenen, jedoch ziemlich konfusen Theorien. Sie will nicht irgendeine philosophische Tradition fortsetzen, schon gar nicht die Philosophie lehren: »Wir wollen das philosophische Leben: die gelebte Weisheit, das Denken-Handeln, die Wahrheit-Wirklichkeit. Für uns wird die in Jahrhunderten der Reflexion erworbene Weisheit in einer Lebensweise inkarniert sein: in unserem Stil. Dann klingt bei uns leise das Thema des Festes an. Im Gegensatz zum formalistischen Denken und zu unseren *Lehren,* zu deren Intellektualismus, werden wir mit dem Fest beginnen. Wir wollen das Leben feiern und das Leben in ein unaufhörliches Fest verwandeln. Das Proletariat? Es wird zu diesem Festmahl eingeladen werden. Eher als Gast denn als ökonomischer und politischer Faktor, aber dennoch als Verbündeter in der Weigerung, für die Veränderung[19].«

Mit solchen Theorien ist die Gruppe *Philosophies* nicht gerade auf dem Kurs der Surrealisten, die keine Ambitionen zur Verwirklichung der Philosophie kennen. Es ist deshalb sehr verständlich, daß die Surrealisten und die *Philosophen* einander gegenseitig angreifen. Gegen die dem eigentlichen Surrealismus vorausgegangene Bewegung des Dadaismus polemisiert Lefebvre im Jahre 1924. Er bezeichnet den Dadaismus als eine falsche Kühnheit, als eine Bewegung der Destruktion, die dort aufhört, wo sie Konstruktion werden könnte. Dada »glaubt zu erfinden, macht aber nichts anderes, als die Trümmer des Universums der weisen Leute wie ein Puzzlespiel zusammenzusetzen; und dieses neue Universum ist ebenso langweilig, ebenso platt, ebenso auf eine falsche Art phantastisch wie das eines Spießbürgers, der von schlechtem Wein betrunken ist... Armes Dada[20]«.

In den Jahren 1924/25 wird für die Surrealisten die Revolution zum Thema Nummer eins. Mit diesem Begriff ist vorerst jedoch etwas Ideelles, rein Geistiges gemeint. Die Surrealisten hegen noch keine Sympathien für die russische Revolution. Sogar Louis Aragon – der später so stark engagierte kommunistische Schriftsteller – schreibt über die Umwälzungen in Osteuropa: »Wer so etwas noch revolutionär nennt, treibt Schindluder mit der Sprache[21].« Immer darauf bedacht, einen ihr gemäßen Weg zu finden, treiben die Surrealisten den Gedanken der Revolution voran und sind bemüht, die Grenzen des bloß Literarischen zu überschreiten und zu effektiver Wirkung zu gelangen. Maurice Nadeau druckt in seinem Buch eine *Erklärung* vom 27. Januar 1925 ab, in der deutlich gesagt wird, daß der Surrealismus nicht nur eine »Metaphysik der Dichtkunst« sein wolle.

»Der Surrealismus ist keine dichterische Form. Er ist ein Aufschrei des zu sich selbst heimgekommenen Geistes und fest entschlossen, mit Verbissenheit zu zermalmen, was sich ihm in den Weg stellt. Und das notfalls nicht mit geistigen Waffen, sondern mit handfesten Hämmern[22].«

Eigenartig ist, woher und von wem die Surrealisten das Heil erwarten. In dem Moment, da sie im Begriff sind, die Revolution ins Konkrete zu übertragen, mit »handfesten Hämmern« zuzuschlagen, entdecken sie Asien, die Weisheit des Ostens. Buddha, der Dalai Lama, der »Erzengel Attila« werden als Befreier des Abendlandes gepriesen. Nadeau begründet diese Begeisterung der Surrealisten damit, daß sie sich gegen die abendländische Tradition der Logik, gegen eine mechanistische Erkenntnisweise auflehnen, ferner gegen die Aufspaltung der Wissenschaft in Einzelfächer. Die Surrealisten glaubten, die Menschen im Morgenland lebten in einem ungebrocheneren Verhältnis und in engerer Verbindung mit dem Wesen der Dinge und dem Geist des Alls. Noch aus einem andern Grund aber blicken die Surrealisten nach dem Osten. Das Morgenland ist für sie das Ursprungsland der *Barbaren*, der großen Zerstörer, der Feinde aller Kultur und Kunst. Deshalb beginnen sie, ihre Hoffnungen auf eine umfassende Revolution zunehmend in die Nachfahren des mordenden und brennenden Attila zu setzen.

Trotz lautem Treiben und Skandalen werden die Surrealisten nicht ernst genommen; als eine zahlenmäßig kleine Gruppe von Individualisten sind sie nicht fähig, ihre Vorstellungen von einer totalen Revolution in die Tat umzusetzen. Die Diskussion um die Revolution geht aber weiter. Sie tritt zur Zeit des Marokkokrieges in ein neues Stadium. Im Gegensatz zu den Mitgliedern der Académie Française und den etablierten Intellektuellen, die für Frankreich Partei ergreifen, schlagen sich die Surrealisten zu denen, die den Kampf der Marokkaner um Freiheit und Unabhängigkeit unterstützen: zu den Kommunisten. Mit der zaghaften Annäherung der Surrealisten an die Kommunisten findet gleichzeitig eine Kontaktnahme mit anderen revolutionär eingestellten Intellektuellen statt: mit der Gruppe *Philosophies*. Es kommt zu einem Zusammenschluß der Surrealisten, der *Philosophen* und den Gruppen um die beiden kommunistischen Zeitschriften *Clarté* und *Correspondance*. Die vier Gruppen veröffentlichen gemeinsam das Manifest *La Révolution d'abord et toujours* (Vor allem und immer die Revolution[23]). Henri Lefebvre, der als Delegierter von *Philosophies* mit André Breton über den Zusammenschluß verhandelt hat[24], ist Mitunterzeichner dieses Manifests.

*La Révolution d'abord et toujours* ist in seiner Grundtendenz ein recht unklares und uneinheitliches Schriftstück. Am Anfang des Manifests geben sich die Verfasser den Anschein, sie seien die Seher *(voyants)*, welche einen Weg zur totalen Befreiung wüßten. Bald aber geht es in einen nüchternen Ton über, die Probleme der Arbeitnehmer werden unter dem ökonomischen Aspekt behandelt. Dabei bricht deutlich das marxistische Vokabular durch:

»Seit mehr als hundert Jahren wird die Menschenwürde zum bloßen Tauschwert erniedrigt. Er ist schon ungerecht und ungeheuerlich, daß der Besitzlose vom Besitzenden geknechtet wird, wenn aber diese Unterdrückung über den Rahmen des Lohnverhältnisses hinausgeht und beispielsweise die Form jener Sklaverei annimmt, in der die internationale Hochfinanz die Völker hält, dann ist das eine Ungerechtigkeit, die kein Blutbad je sühnen könnte. Wir akzeptieren nicht die Gesetze der Ökonomie und des Tausches, wir akzeptieren nicht die Sklaverei der Arbeit[25].«

Nach diesen nüchternen Zeilen kommen die irrationalen Vorstellungen der Surrealisten zum Vorschein, die glauben, das Abendland müsse von Asien her befreit werden. Europa habe ausgespielt, die Mongolen sollen sich im Abendland niederlassen. Das Manifest schließt mit einer Erklärung, in der auf das großartige Beispiel hingewiesen wird, das Lenin der Welt mit der allgemeinen Waffenniederlegung im Frieden von Brest-Litowsk gegeben habe. Die Erklärung verdient besondere Aufmerksamkeit, weil sie mit überraschend realistischen Worten schließt, die im Gegensatz zum vorausgehenden allgemeinen, konfusen Revolutionsbekenntnis des Manifests stehen: »Wir sind keine Utopisten. Uns interessiert an dieser Revolution nur der soziale Aspekt[26].«

1947, nach dem Zweiten Weltkrieg, blickt Henri Lefebvre auf die Epoche des Surrealismus zurück. Er findet jetzt die härtesten Formulierungen, um diese literarische Protestbewegung zu verurteilen. Die Surrealisten hätten mit ihren verzweifelten Protesten nicht mehr aussagen können, als schon Baudelaire und Rimbaud in ihrer geistigen Verwirrung praktiziert hätten. Bei einer Bestandsaufnahme der Produkte, die der Surrealismus hervorgebracht habe, müsse man feststellen, daß am Ende nur Altweibergeschichten übrigblieben. Das Scheitern des Surrealismus habe seine Ursache darin gehabt, daß unruhige, später närrisch gewordene Köpfe alle falschen Wege beschritten, alle falschen Lösungen ausprobiert hätten, aber nie bereit gewesen seien, ein wirkliches Engagement einzugehen, wirkliche Verantwortung zu übernehmen. André Breton habe im ersten Manifest den Surrealismus mit dem Defätismus in Zusammenhang gebracht; »er hatte recht, aber er sagte nicht die ganze Wahrheit, denn es handelte sich nicht nur um einen provisorischen, politischen Defätismus, sondern um einen dauernden, tiefen Defätismus in bezug auf den Menschen, das Denken, die Liebe, die Totalität der Wirklichkeit[27]«. Wenn man in Betracht zieht, wie demütigend für Lefebvre die Verhandlungen mit André Breton im Jahre 1925 gewesen sind, so kann man nicht umhin, aus diesen harten Urteilen über den Surrealismus persönliche Ressentiments herauszuhören.

Erst nach 1958 wird Lefebvre in der Beurteilung der Epoche um 1925 nachsichtiger. Er nennt die Surrealisten eine »revolutionäre Mikro-Gesellschaft[28]«, die aus Sehnsucht heraus das romantische Projekt eines neuen Lebensstils und der Wiederherstellung der Liebe verwirklichen wollte. Diese Ambitionen seien jedoch naiv gewesen, weil die Surrealisten ihr Leben auf die Poesie gesetzt hätten. Ebenso naiv seien die Versuche der Gruppe *Philosophies* gewesen. Die

Debatten um das Thema der Revolution seien von der Geschichte überholt worden. 1925 – nach der Turbulenz der ersten Nachkriegsjahre –, als junge Intellektuelle auf literarischem Niveau über die Interpretation der *totalen Revolution* stritten, fand ein historischer Konsolidierungsprozeß statt, der die Möglichkeit einer wirklichen Revolution verbaute. Die bürgerliche Gesellschaft saß fest im Sattel, das kapitalistische System gewann an Stabilität. Im Hexenkessel der Ideologien zeichneten sich zwei Varianten der Revolution ab: der Stalinismus und der Faschismus[29].

Bevor wir das Thema des Surrealismus abschließen, kommen wir nochmals auf die irrationale Verherrlichung Asiens und des Orients zurück. Der ältere Lefebvre macht dazu einige bemerkenswerte Äußerungen. In seinem Deutschlandbuch meditiert er über die immense, monotone norddeutsche Landschaft, die Ebene, die sich von der Nordsee und dem Baltikum bis zum Ural erstreckt. »Der Osten, der Orient – einer der Oriente unserer Träume – beginnt hier[30].«

In den deutschen Dörfern ist seiner Meinung nach etwas von der Anordnung der Hütten der Primitiven, der Barbaren, erhalten geblieben. »Die Bauernwagen sind noch die der *arischen* Nomaden, die aus dem tiefsten Asien gekommen sind.« Damit solche Sätze nicht falsch verstanden werden, fügt er sogleich hinzu:

»Hier heißt es aufgepaßt! Die Erinnerungen an die Barbaren sind nicht ungefährlich, das Ariertum hat vielleicht noch nicht aufgehört, in Deutschland Verheerungen anzurichten. Aber der Barbar hat auch seine gute Seite: das Primitive. Und das Primitive, das ist die ursprüngliche und kindliche Frische, die unverfälschte Sensibilität; vergessen wir nicht, daß die Germanen auch ihr Erstaunen, ihre Naivität, ihre großen blauen, offenen und überraschten Augen, ihre Legenden und ihre Mythen in die römische Dekadenz und in die übertrieben verfeinerten Kulturen gebracht haben[31].«

Wir sehen hier wieder einmal, wie Lefebvre auch einer irrationalen Vorstellung einen positiven Aspekt abgewinnen kann. Wenn er mit der nötigen Sorgfalt auf den Mythos von der Erneuerungskraft des Urtümlich-Primitiven hinweist, so erinnern wir uns daran, daß er vor allem in den Pyrenäen den primitiven Gesellschaften nachgespürt hat.

Der Surrealismus bedeutet für Lefebvre die Erfahrung des Scheiterns einer poetischen Revolution. Das Losungswort »Changer la vie«, das die Surrealisten von Rimbaud übernommen haben, ist ein poetischer Slogan geblieben. Der Protestbewegung nach dem Ersten Weltkrieg war keine Wirksamkeit beschieden. Und doch sind die Impulse, die von den surrealistischen Bewegungen ausgingen, nicht belanglos. Obschon sich Lefebvre über poetische Bewegungen oft wegwerfend äußert, ist er doch von ihnen fasziniert. 1957 faßt er seine Erfahrungen mit der surrealistischen Bewegung wie folgt zusammen:

»Jene, die diese Periode nicht durchgemacht haben, scheinen mir heute um eine Erfahrung ärmer zu sein. Es fehlt ihnen etwas, selbst wenn sie andere, ebenso gültige Erfahrungen haben ... Der Dadaismus, der Surrealismus, die übertriebene (unhaltbare) Romantik – das war auch die Verachtung für das Banale und die Prosa der Welt, der Abscheu vor dem banalen Unglück wie auch vor dem banalen Glück. Das war auch die Vorliebe und der Sinn für das Wundersame, das Erstaunliche, also für den einzigartigen Augenblick ... Das war auch die Unmöglichkeit, auf subjektiven Elan, auf Begeisterung, auf Freiheitsanspruch zu verzichten ... In diesem Sinn kann ich nicht anders, als revolutionärer Romantiker zu bleiben[32].«

# Zurück zu Marx und über Marx hinaus

Mit dem Beitritt zur Kommunistischen Partei muß Lefebvre seine theoretische und praktische Tätigkeit einschränken. Sein freiwilliger Verzicht auf poetische Narrenfreiheit bringt ihn in ein Spannungsverhältnis zu einem Denken, das sich in der Praxis nicht als ein offenes, sondern als ein dogmatisches erwiesen hat. Allen einengenden und zur Systematisierung neigenden Tendenzen zum Trotz verteidigt Lefebvre das Marxsche Denken immer als ein offenes und lebendiges. Eine radikale Unabhängigkeit des Denkens allerdings, wie etwa Karl Jaspers oder Martin Heidegger sie vertreten, nimmt Lefebvre für sich nicht in Anspruch. Er denkt und handelt von einer Theorie aus, die für ihn aber nichts Einengendes hat, sondern für eine Welt, die in chaotische Unordnung zu gleiten droht, eine richtungsweisende Orientierung darstellt. Der Erörterung der Grundlagen dieser Theorie gilt dieser Abschnitt.

Wir beginnen mit der Frage, wie Lefebvre Hegel und Marx interpretiert. Allerdings lassen wir viele Einzelheiten weg und geben nur die Richtung an, in der seine Grundinterpretation verläuft. Beachten wir besonders dies: »Das Werk von Marx ist nur eine Einführung[33].« Lefebvres Beschäftigung mit Hegel und Marx bleibt nie bei einer Auslegung oder Kritik ihrer Werke stehen. Er geht nicht nur auf die Quelle zurück, auf die Texte der Klassiker; er gehört zu den Marxisten, welche zutiefst die Forderung erfüllen, die Arnold Künzli einmal aufgestellt hat: »Es wird die Parole *Zurück zu Marx!* ausgegeben, wo es doch heißen sollte: *Über Marx hinaus*[34]!« Für Lefebvre kann ein Zurückblicken zu Marx sich nicht in der Betrachtung des Vergangenen erschöpfen, die Beschäftigung mit Marx kann nur dann fruchtbar sein, wenn sie dazu beiträgt, seine legitime Grundintention in Gegenwart und Zukunft zu verwirklichen. Nach Künzli besteht Marxens Grundintention darin, »die Entfremdung des Menschen im kapitalistischen Produktionsprozeß zu überwinden[35]«. Mit ähnlichen Worten umschreibt auch Lefebvre den Marxschen *Humanismus:* »Unermüdlicher Kampf gegen jede Entfremdung, die die zunehmende Teilnahme des Individuums am Ganzen der Kräfte des gesellschaftlichen Prozesses behindert[36].«

Über die Art und Weise, wie die Marxsche Grundintention heute verwirklicht werden soll, und vor allem, wie die Entfremdung heute zu definieren ist, bestehen bei den ernst zu nehmenden Theoretikern voneinander abweichende Vorstellungen. Daß ein *Zurück zu Marx* nur dann sinnvoll ist, wenn es auf ein *Über Marx hinaus* abzielt, darüber sind sich die Marxisten weitgehend einig. Führen wir stellvertretend für viele nichtdogmatische Marxisten die Auffassung von Ernst Bloch an: »Wir wollen nur bei uns sein. So blicken wir auch hier keineswegs zurück. Sondern uns selber mischen wir lebendig ein. Und auch die andern kehren darin verwandelt wieder, ihr Tun will mit uns nochmals werden[37].«

## Hegel und seine Umstülpung

Lefebvre kritisiert Hegel folgendermaßen: »Heute wissen wir, daß es – leider – keine reinen Anfänge gibt, ohne Voraussetzungen, ohne Vorurteile und ohne Gegebenheiten des Handelns. Hegel glaubte, vom Ewigen ausgehen zu können, vom Anfang und vom Ende aller Dinge. Die Schlange, die sich in den Schwanz beißt – das Zentrum, das überall ist – das sind alte Symbole; sie bedeuten die Monotonie, die Langeweile ohne Hoffnung, die unbewegliche und wüstenhafte Ewigkeit. Und was noch? Vielleicht die Isolierung eines gewissen Denkens, seiner Abstraktion, seines Narzißmus. Ist die Welt eine geistige Symphonie? Ein ewiger Feuerkreis? Hören wir damit auf[38]!«

Es geht nicht um den Hegelianismus als System, sondern um Hegels Methode, von der Lefebvre sagt: »Das ist schon die dialektisch-materialistische Methode[39].« In *Le matérialisme dialectique* nimmt das methodologische Denken von Hegel einen breiten Raum ein. Hegel ist es, der die Zerrissenheit und Entzweiung im modernen Menschen bloßgelegt, den Widerspruch in seiner ganzen Tiefe erfaßt hat. Der Mensch ist genötigt, in »zwei Welten zu leben ..., die sich widersprechen ... Denn einerseits sehen wir den Menschen in der gemeinen Wirklichkeit und irdischen Zeitlichkeit befangen, von dem Bedürfnis und der Not bedrückt ... in die Materie verstrickt, anderseits erhebt er sich zu ewigen Ideen, zu einem Reiche des Gedankens und der Freiheit, gibt sich als Wille allgemeine Gesetze[40].«

So formuliert Hegel den Widerspruch. Lefebvre kommentiert diese Stelle, ergänzt das Bild der Zerrissenheit: Hegel habe dem unglücklichen Bewußtsein der modernen Welt Ausdruck verliehen, als Konflikt zwischen Fleisch und Geist, zwischen täglicher Wirklichkeit und Denken, zwischen realer Notwendigkeit und idealer Freiheit, zwischen praktischer Sklaverei und theoretischer Macht des Verstandes. Für Lefebvre ist Hegel der Philosoph, der, als er auftrat, ein hochentwickeltes Denken vorfand, das aber durch die inneren Konflikte zerrissen war. Es gibt den Konflikt in der formalen Logik, den Konflikt zwischen Form und Inhalt, zwischen den geistigen Operationen und dem Erfahrungsinhalt. Hegel habe den Konflikt von Kant übernommen, der einen unerträglichen Dualismus geschaffen habe zwischen Denken und *Ding an sich*, zwischen Erkenntnisvermögen und Erkenntnisgegenstand. Hegel gehe von der unendlich reichen Einheit von Denken und Wirklichkeit, von Form und Inhalt aus, er versuche die Einheit herzustellen und zu bestimmen. Die Verknüpfung dieser Gegensätze habe ihn vor schwierige methodologische Probleme gestellt.

Gelöst habe Hegel die Widersprüche durch das, was Lefebvre die »lebendige Diskussion[41]« nennt. Damit ist ein noch nicht abgesichertes Denken gemeint, das sich im Bereich diverser veränderlicher und einander entgegengesetzter Thesen und Begriffe bewegt. Dieses ungesicherte Denken führt zu endlosen Diskussionen, indem immer neue, widersprüchliche Momente eingeführt werden. Da dergestalt widersprüchliche Vorstellungen endlos »aufgelöst« werden, führt dieses Denken zum Skeptizismus. »Der *gute* Skeptizismus kritisiert und zerstört den vulgären Dogmatismus[42].« Ein Denken freilich, das aus purer Eitelkeit dazu neigt, aufzulösen, was fest und wahr ist, muß als Sophistik bezeichnet werden. Es gilt, den positiv zu bewertenden Skeptizismus gegen die Sophistik abzuheben, die »lebendige Diskussion« als dialektisches Denken zu bestimmen.

»Für die lebendige Diskussion gibt es in jeder Idee etwas Wahres. Nichts ist gänzlich und *unanfechtbar* wahr; nichts ist absolut widersinnig und falsch. Indem das Denken die Thesen einander gegenüberstellt, sucht es spontan nach einer höheren Einheit. Jede These ist falsch, sofern sie etwas absolut behauptet, dagegen wahr, sofern sie etwas relativ behauptet (ihren Inhalt); und sie ist wahr, sofern sie (in wohlbegründeter Kritik der anderen) relativ verneint, falsch, sofern sie absolut verneint (ihr Dogmatismus[43]).«

Hegel hat den Widerspruch nicht entdeckt – kommentiert Lefebvre weiter –, durch seine Bestimmung aber hat er eine unendlich fruchtbare Ausdehnung erfahren. Der Widerspruch beruht auf der Tatsache, daß alles Denken sich in Widersprüchen bewegt. In jeder Epoche stellt Hegel ein *dialektisches* Moment im Denken fest, das darin besteht, daß Positionen, die als definitiv angesehen werden, wieder aufgegeben werden, nachdem auch anderes mitberücksichtigt worden ist. Hegel hat dieses *dialektische* Moment dadurch bereichert, daß er das vermittelnde Dritte einführt. Jede Bestimmung oder Position, die durch etwas ergänzt wird, bewirkt eine Negation der alten Position, verlangt nach einer notwendigen Aufhebung. Wenn zwei Begriffe einander widersprechen, resultiert daraus mit Notwendigkeit ein neues Moment des Seins und Denkens. Jeder innere Widerspruch verlangt nach einem Dritten, nach einer Vermittlung. Damit hört der Widerspruch auf, Absurdität, Unschlüssigkeit und Schwanken oder Konfusion des Denkens zu sein. Er wird als Widerspruch anerkannt, und je tiefer er sich manifestiert, desto mehr verlangt er nach einer Einheit. Widerspruch und Einheit durchlaufen Phasen. Nur wenn der Widerspruch als solcher isoliert wird, ist er pure Zerstörung. In seiner Beziehung zur Einheit aber kann er als Differenz, als latenter Widerspruch, als Antagonismus und schließlich als Lösung und Aufhebung bestimmt werden. Da der Widerspruch nicht ohne die notwendige Synthese gesehen werden kann und darf, spricht Lefebvre immer wieder von der »Einheit des einander Widerstreitenden[44]«.

Ein besonderes Problem besteht für Lefebvre nun darin, zu zeigen, wie die »Umstülpung« Hegels durch Marx zu verstehen ist. Hegel hat in seiner *Philosophie der Geschichte* das Bild des Ödipus wieder aufgenommen[45], um den Übergang vom ägyptischen zum griechischen Denken darzustellen. Ödipus stürzte die Sphinx, das ägyptische Bild des Rätselhaften, in die Tiefe und zerstörte sie, nachdem er ihre Frage beantwortet hatte.

Um den Übergang vom Hegelianismus zum Marxismus zu illustrieren, greift auch Lefebvre auf die Ödipussage zurück. 1842 begegnete der fünfundzwanzigjährige Karl Marx zwei kalten Ungeheuern, die ebenso groß und schauerlich waren wie die Sphinx und die sie bewachenden ägyptischen Pyramiden: dem preußischen Staat und dem Hegelschen System. Er stürzte die beiden Ungeheuer in die Tiefe, den Staat und das System, indem er ihre gegenseitige innere Abhängigkeit aufzeigte und wie Ödipus das Rätsel löste: Es ist der Mensch[46] . . .

Marx hat das Hegelsche System, nicht aber die dialektische Methode zerstört. In dieser Hinsicht hat Lefebvre dem Übergang von Hegel zu Marx besondere Beachtung geschenkt. Für die Dogmatiker, die den Marxismus als etwas radikal Neues hinstellen, mündet die Problematik des Übergangs in eine einzige Frage: Welches Datum kann man für die Entstehung des dialektischen Materialismus, des *Diamat,* angeben, an welchem Tag seines Lebens hatte Marx seine Lehre fertig formuliert[47]? Die Stalinisten haben den Marxismus als etwas radikal Neues hingestellt, sie anerkennen keine Entwicklungslinien, mit dem Werk von Marx erscheint jede Kontinuität unterbrochen. Für Lefebvre stellt die Philosophie Hegels den Höhepunkt und zugleich die Summe alles früheren Philosophierens dar; Marx aber hat das gesamte Hegelsche System *aufgehoben,* das heißt, nicht nur negiert, sondern auch aufbewahrt und auf eine höhere Stufe gebracht. Hegels Philosophie wird nicht als die Summe eines vollendeten und endgültigen Wissens übernommen, sondern als die Summe der vielfältigen dialektischen Denkbewegungen.

Im Hinblick auf die Herausarbeitung der dialektischen Methode ergibt sich für Lefebvre ein philologisches Problem. Er stellt nicht die dogmatische Frage nach dem Beginn des dialektischen Materialismus, ihn interessiert vielmehr Marxens wechselndes Verhältnis zu Hegel auf den verschiedenen Stufen seiner Entwicklung. Die philologische Bestimmung dieses Verhältnisses erweist sich bald als besonders relevant. Erst eine aufmerksame Textkritik kann das Verhältnis von Marx zu Hegel klären.

Mit großer Mühe und in minuziösen Untersuchungen wägt Lefebvre die verschiedenen Urteile gegeneinander ab, die Marx in seinem umfangreichen Werk über Hegels Theorie der Entfremdung, über die dialektische Logik und über die Rolle der Philosophie gefällt hat. Eine solche Untersuchung ist deshalb sinnvoll, weil sie deutlich macht, daß die dialektische Methode von Karl Marx nicht zu einem bestimmten Zeitpunkt einfach da war, sondern in einer immer neu in Angriff genommenen Auseinandersetzung mit dem Hegelianismus entstanden ist. Hegels Logik, stellt Lefebvre fest, wird in den Frühschriften von Marx mit der größten Verachtung behandelt; die erste nicht pejorative Erwähnung der Hegelschen Dialektik bei Marx entdeckt Lefebvre im Jahre 1858. In einem Brief an Engels äußert Marx die Absicht, »das Rationelle an der Methode, die Hegel entdeckt, aber zugleich mystifiziert hat, dem gemeinen Menschenverstand zugänglich zu machen[48]«. Diese Textstelle ist deshalb interessant, weil sonst fast immer die berühmte Stelle aus dem Nachwort zur zweiten Auflage des Kapitals zitiert wird:

»Meine dialektische Methode ist der Grundlage nach von der Hegelschen nicht nur verschieden, sondern ihr direktes Gegenteil ... Sie steht bei ihm auf dem Kopf. Man muß sie umstülpen, um den rationellen Kern in der mystischen Hülle zu entdecken[49].«

In dieser Formulierung bleibt vieles näher zu bestimmen: was ist der »rationelle Kern«, was bedeutet die Formel, nach der die marxistische Methode das Gegenteil der Hegelschen sei? Mit dem Ausdruck »Gegenteil« kann sicher nicht gemeint sein, daß die marxistische Methode radikal von der Hegelschen abweicht, denn das Rationelle an der Methode ist auch in der marxistischen Methode enthalten. Lefebvre interpretiert weiter:

»Was will Marx nun mit Umstülpung sagen? Man stülpt eine Methode nicht um, wie man einen Topf umkippt. Kippt man einen Topf um, so hält man immer noch denselben Topf in den Händen, und indem man ihn umkippt, läßt man im allgemeinen den Inhalt herausfallen[50].«

Zu einer endgültigen Klärung gelangt Lefebvre trotz seiner vielen philologischen Untersuchungen nicht. Im Hinblick auf das Verhältnis Hegel – Marx kommt er zu dem Schluß, daß vielleicht jede Epoche den Übergang von Hegel zu Marx wiederaufnehmen müsse, um Neues an ihm zu entdecken. Es ist unmöglich, die Stunde X zu bestimmen, in der Marx vom Idealismus zum Materialismus übergetreten ist, die Umstülpung Hegels dauert für Marx ein Leben lang. Lefebvre findet, Marx habe mit der kritischen Rezeption Hegels erst den Anfang gemacht. Die Umstülpung sei noch lange nicht beendet, es gelte beispielsweise noch, die gesamte *Ästhetik* umzustülpen und aus diesem kolossalen Werk den »rationellen Kern« herauszuschälen[51].

Wir haben an Hand der Schriften Henri Lefebvres einige zentrale Grundgedanken zum Thema Hegel vorgetragen. Ist es ein Paradox, daß wir bei ihm Sätze finden wie den folgenden: »Die Marxisten haben dem Hegelschen Denken nicht viel hinzugefügt[52]«? Aus dem gleichen Jahre, in dem Stalins *Kurze Geschichte der Kommunistischen Partei der Sowjetunion (B)* publiziert wurde, stammt der folgende Satz Henri Lefebvres: »Als Lehre und logische Methode stellt der Hegelianismus einen Typ geistigen Lebens dar, der gültig bleibt[53].« Dieser Satz ist in Opposition zu den Parteiideologen formuliert worden; die nachträgliche Rehabilitierung Hegels auch in der Sowjetunion hat Lefebvre recht gegeben[54].

## Aufhebung der Philosophie: die Praxis

Schon in *Le matérialisme dialectique* (1939) wird der Marxismus als zur Praxis gewordene Philosophie definiert. Von Hegel wird gesagt, es sei ihm wohl um das Erfassen des vollständigen Inhalts der menschlichen Erfahrung gegangen, zugleich aber wird an ihn die Frage gerichtet, ob es einem einzelnen Philosophen, einem begrenzten menschlichen Denken möglich sei, den gesamten Inhalt der menschlichen Erfahrung zu erfassen. Es sei Hegel bloß gelungen, den Inhalt auf eine abstrakte Form zu reduzieren, auf eine Reihe ästhetischer Definitionen. Nun werde aber das Denken erst im Handeln aus der Kontemplation herausgelöst, die Lösung der Widersprüche könne nur in der Aktion stattfinden. Gewiß sei auch Hegel vom Handeln ausgegangen, er habe die absolute Idee als Einheit von Praxis und Erkenntnis begriffen, aber das »Handeln mit dem Denken des Handelns verwechselt[55]«. Es gelte also, dem spekulativen Denken aktive Kraft zu verleihen, denn auf der Ebene der Philosophie lasse sich die dreifache Forderung der Philosophie – Wirksamkeit, Wahrheit, Universalität des Denkens – nicht erfüllen, die wahrhafte, konkrete und realisierbare Allgemeinheit könne nur in der Praxis gründen. In der Schlußfolgerung von *Le matérialisme dialectique* wird das Praxis-Werden der Philosophie so dargestellt:

»Die Praxis ist der Ausgangs- und Endpunkt des dialektischen Materialismus. Dieses Wort bezeichnet philosophisch, was der gesunde Menschenverstand *das wirkliche Leben* nennt, ein Leben, das zugleich prosaischer und dramatischer als das des spekulativen Geistes ist. Das Ziel des dialektischen Materialismus ist nichts als der undurchsichtige Ausdruck der Praxis, des wirklichen Lebensinhalts – und dementsprechend die Umgestaltung der tatsächlichen Praxis zu einer bewußten, kohärenten und freien Praxis. Das theoretische Ziel und das praktische – Erkenntnis und schöpferische Aktion – sind untrennbar[56]«.

Zur Zeit, als Lefebvre die Krise im Marxismus und in der Philosophie überhaupt am tiefsten wahrnimmt, in den Jahren 1957 bis 1959, zur Zeit, als er dieser Krise in verschiedenen Publikationen Ausdruck verleiht, schickt er sich an, die Marxschen Thesen über Feuerbach zu interpretieren. Marx habe weder die Materie, noch die Erkenntnistheorie, noch die Methodologie isoliert behandelt. Vielmehr erkenne der Mensch Gegenstand und Dinge im praktischen Handeln, in der Praxis. Der Mensch bringe seine Welt hervor, indem er sich selbst hervorbringe. Dabei werden die Gegebenheiten aufgehoben und verändert. Lefebvre betont, daß in den Thesen über Feuerbach das Wort *Materie* nicht vorkommt, daß es bereits in der sinnlich-produktiven Tätigkeit der Praxis enthalten ist. Marx habe nicht das Bedürfnis verspürt, die *Materie* zu definieren. Lefebvre folgert daraus, daß die Praxis also eine Natur oder eine Materie voraussetze, die unendlich über die Praxis hinausgehen müsse und nicht endlich bestimmbar sein könne. Wer also – wie Lefebvre – auf den authentischen Marx zurückgeht, der gelangt zu der scheinbar paradoxen Einsicht, daß der Materialismus von Marx nicht auf der Materie, sondern auf der Praxis gründet[57].

Daß es nötig geworden ist, derart deutlich die Praxis als die Grundlage des Materialismus hervorzuheben, ist darauf zurückzuführen, daß der marxistische Dogmatismus behauptet, sogenannte allgemeine *Wahrheiten* aus der Materie abzuleiten. Diese *Wahrheiten* haben sich allerdings als Trivialitäten erwiesen, sie sind für die Erkenntnis sogar schädlich geworden. Die Feststellung, daß es außerhalb des menschlichen Bewußtseins eine Welt oder Kieselsteine oder Bäume gibt, ist für Lefebvre absolut bedeutungslos. Seine Vorwürfe an die Adresse der Dogmatiker begründet er folgendermaßen:

»Wenn sich der dialektische Materialismus nur bescheiden als eine Beschreibung des immensen kosmischen und geschichtlichen Gärens ausgegeben hätte, als ein Mittel, es approximativ zu begreifen, als eine Arbeitshypothese, und nicht als eine totale und abgeschlossene Erklärung (als ein philosophisches System), dann wäre die radikale Kritik nicht so unerläßlich[58].«

Hinsichtlich des Begriffes *Materie* gelte es festzuhalten, daß er zur Zeit der antiken Materialisten die Fülle und den Reichtum der sinnlichen Welt beinhaltet habe, im Dogmatismus sei dieser Begriff jedoch vollständig ausgetrocknet[59].

Nach 1959 hat Lefebvre den Begriff der Praxis bei verschiedener Gelegenheit vertieft. Wenn er die »nouvelle lecture de Marx« erläutert, steht der Begriff der Praxis im Zentrum. ».... daß die Philosophie weltlich und die Welt philosophisch wird ...«, sind die Worte des jungen Marx[60]. Dieser Satz bildet auch das Kernstück für Lefebvres Marx-Interpretation, da er das Postulat der Aufhebung und Verwirklichung der Philosophie enthält. Dieses Postulat erweist sich aber alsbald als problematisch. Unter Philosophie (und nun referieren wir Lefebvre, der sich eng an die Texte von Marx hält, diese aber frei interpretiert) wird die gesamte Philosophie von Plato bis Hegel verstanden. Diese als klassisch zu bezeichnende Philosophie darf aber nicht als ein »Museum von Irrtümern[61]« angesehen werden, es soll aus ihr das »Positive« übernommen werden, dieses »Positive« aber umfaßt – wie es für den Dialektiker Lefebvre anders nicht möglich ist – das *Negative:* die radikale, die an der Wurzel ansetzende Kritik, als entscheidendes Moment der philosophischen Meditation.

Hinsichtlich der Totalität läßt sich die klassische Philosophie unter zwei Gesichtspunkten betrachten. Unter einem ersten Aspekt ist festzuhalten, daß sich der Philosoph ideologischen Einflüssen nie gänzlich entziehen kann; er hat immer ein widersprüchliches Verhältnis zum Staat und zur Religion, er gerät mit diesen Bereichen in Konflikt. Die Philosophie als Gesamtheit steht deshalb in einer bestimmten Beziehung zu weiteren Totalitäten, zu Gesellschaften, Kulturen, Produktionsweisen; die Philosophie ist also nicht die einzige und alles umfassende Totalität. Unter einem anderen Aspekt bilden die Philosophie und ihre Geschichte aber doch eine umfassende Totalität. Trotz der Diversität der Perioden und der Epochen, trotz der jeweiligen Verflechtungen mit den Kulturen und Gesellschaften, trotz der mannigfaltigen historischen Diskontinuitäten gibt es eine Kontinuität der Philosophie, nämlich das Weiterführen von Gedanken, Begriffen und Systemen, das, was eben *die Philosophie* genannt wird. Die Philosophie will immer universell und total sein, indem sie das totale Wissen anstrebt. Die Philosophie enthält in kondensierter Form die Summe einer jeweiligen Epoche.

Von den drei Hauptkomponenten des Hegelschen Begriffs *Aufhebung* – negare, conservare, elevare – betont Lefebvre das Moment des Bewahrens. »Das von der Philosophie hinterlassene Erbe ist auch das kostbarste Vermächtnis einer immensen Vergangenheit, ohne die wir nicht wären, was wir sind; ohne die wir überhaupt nicht wären[62].« Die fundamentale Historizität des menschlichen Wesens und der Praxis, in der und durch die sich dieses Wesen verwirklicht, kommt in der Philosophie als Menschenwerk zum Vorschein. Die Philosophie wird als eine lange Mäeutik bezeichnet, als eine Geburt der menschlichen Wahrheit und des Menschen selber. Die Geburt des Menschen findet heute statt, sie kann aber nicht schmerzlos sein.

»Mit der Aufhebung und der Verwirklichung der Philosophie kommt diesem Begriff ein neuer Sinn und eine neue Bestimmung zu. Er bezeichnet all das, was sich der Verwirklichung des philosophischen Projekts widersetzt, insbesondere auch die spekulative Abstraktion der Philosophen. Er bezeichnet die Erforschung der Möglichkeiten des menschlichen Wesens. Er umfaßt alles, was der Verwirklichung dieser Möglichkeiten im Wege steht: die mögliche Aufhebung der Entfremdung, die Vollendung, die Fülle[63].«

Bis jetzt ist das Praxis-Werden der Philosophie nur in großen Zügen umrissen worden, es wurde als das Kernstück dessen bezeichnet, was Lefebvre unter der Wiederherstellung des authentischen Marx versteht. Wie steht es nun um den Praxis-Begriff bei Marx selber? Nimmt er in den Texten von Karl Marx wirklich eine so zentrale Stelle ein? Wir geben hier nur kurz die Etappen an, die Lefebvre hinsichtlich des Praxisbegriffes im Werke von Karl Marx unterscheidet. Das Welt-Werden der Philosophie und das Philosophie-Werden der Welt sind Themen, die nur in den Frühschriften behandelt werden. Wenn nun oft in vorwurfsvollem Ton gesagt wird, Marx habe nach 1848 eine Anzahl von früheren Projekten, darunter den Gedanken der »Aufhebung der Philosophie«, nicht weiterentwickelt, so hat Lefebvre dafür eine Erklärung[64]: Nachdem Karl Marx das Proletariat, die universelle Klasse, entdeckt habe, sei für ihn das Problem der Verwirklichung der Philosophie gelöst gewesen. Die historische Mission des Proletariats besteht darin, daß es für die Aufhebung der totalen Entfremdung der Menschheit kämpft. Dem Proletariat kommt die radikale Negativität zu, es begeht in der Praxis den Weg, der in der Theorie schon vorbereitet worden ist.

»Der Kopf dieser Emanzipation ist die Philosophie, ihr Herz das Proletariat. Die Philosophie kann sich nicht verwirklichen ohne Aufhebung des Proletariats, das Proletariat kann sich nicht aufheben ohne Verwirklichung der Philosophie[65].«

Indem das Proletariat also die Philosophie verwirklicht und damit aufhebt, integriert es die philosophischen Begriffe und Entwürfe in seine Praxis. Diese fundamentalen Gedanken gilt es nach Lefebvre zu berücksichtigen, wenn man die nach 1848 entstandenen Werke von Karl Marx beurteilt. Marx hat das Problem der Philosophie vor 1848 gelöst, er kommt später nicht mehr darauf zurück, er wendet sich anderen Fragen zu. So untersucht er im *Kapital* die komplexe und vielschichtige Praxis der kapitalistischen Gesellschaft. In diesem Sinn kann die Praxis als ein Schlüsselbegriff für das Verständnis des Marxschen Werkes aufgefaßt werden.

Daß mit der *Praxis* ein Begriff gewonnen wird, mit dessen Hilfe eine komplexe Realität bewältigt werden kann, daß dieser Begriff dem Denken von Karl Marx entstammt und zugleich *über Marx hinaus* weist, das ist der Grund dafür, daß Lefebvre ihn zu einem Schlüsselbegriff macht:

»Praxis. – Höchster, erster und letzter Begriff, Fundament aller Kategorien und Begriffe, aller Theorien ... *Das Kapital* gibt uns die großen Linien einer Analyse und einer Darstellung der Praxis im sozialen Rahmen des Konkurrenzkapitalismus. Die Analyse und die Darstellung sollten wieder aufgenommen werden hinsichtlich der Funktion der Veränderungen der Praxis selbst (der des Monopolkapitalismus wie auch jener der sozialistischen Gesellschaft).

Wir wären dann genötigt: 1. die neuen Beziehungen der Klassen in diesen sozio-ökonomischen Formationen zu untersuchen; 2. in einer differenzierteren und komplexeren Gesellschaft als der des neunzehnten Jahrhunderts die sozialen Gruppen zu unterscheiden, die auf die Dinge und auf die Natur einwirken (die materiellen Produzenten: Bauern, Arbeiter, Techniker), und jener, die auf die Menschen einwirken (Erzieher, Mediziner, Künstler, Politiker, Journalisten und so weiter). Und das, um die Interaktionen und die Konflikte dieser Gruppen und Klassen, die als soziale Kräfte betrachtet werden, kritisch zu analysieren, sie aber nicht als unveränderlich zu bestätigen; 3. die Ebenen der Praxis zu unterscheiden, ohne sie zu trennen: die repetitive und alltägliche Praxis; die kreative Praxis; die totalisierende Praxis im Sinn der Bewahrung der existierenden Strukturen; die (partiell oder total) revolutionäre Praxis; die ökonomische, soziale, politische Praxis; 4. die Probleme der Praxis klarzustellen, indem die Gegebenheiten des Problems (Konflikte, Tendenzen) erfaßt werden, und somit die analysierte Praxis in doppeltem Sinn mit der Geschichte in Verbindung zu bringen: insofern sie das Resultat einer geschichtlichen Situation ist und insofern sie die Geschichte kreativ hervorgebracht hat[66].«

Auch andere Marxisten haben den Begriff der Praxis ins Zentrum ihres Denkens gestellt. Nun weist aber Lefebvre auf die Gefahr hin, aus der *Praxis* eine *Philosophie der Praxis* zu machen. Er selbst spricht deshalb immer von einer *Theorie der Praxis*. Zwischen den Ausdrücken *Philosophie* und *Theorie* klafft ein Abgrund. Eine Philosophie der Praxis erhebt leicht den Anspruch auf Wahrheit. Sie ist rasch dazu bereit, auf eine ständige Überprüfung der konkreten Praxis, der Wirklichkeit, zu verzichten und den Begriff selbst spekulativ zu verwenden. So kann es vorkommen, daß von einem Ort außerhalb der wirklichen, konkreten Praxis ethische Forderungen aufgestellt werden, die keinen Bezug auf diese konkrete Praxis haben. Eine Theorie der Praxis kann aber immer nur eine theoretische Erkenntnis der gesellschaftlichen Praxis sein, das Denken muß ständig analytisch an der objektiven Praxis gemessen werden.

Die These von der Aufhebung und Verwirklichung der Philosophie, vom Aufgehen der Philosophie in der Praxis, darf für Lefebvre vor allem nicht zu einer Herabwürdigung der kritischen Komponente des Marxschen Denkens führen »Von der Philosophie im allgemeinen, verstanden als philosophische Kritik der Wirklichkeit, und von der marxistischen Kritik der Philosophie übernehmen wir in erster Linie die Idee einer radikalen, entschiedenen und kompromißlosen Kritik des Bestehenden in allen Bereichen[67].«

Solch eine Kritik soll Möglichkeiten für eine praktische Veränderung des Bestehenden, das nicht als unerschütterlich gelten kann, aufzeigen. Gajo Petrović, ein Philosoph der jugoslawischen *Praxis*-Gruppe, hat in einem Aufsatz dem Begriff *Kritik* eine spezielle Studie gewidmet und gezeigt, wo die Kritik ansetzen muß: »Nur der Mensch kann zum Objekt der Kritik werden ... Jemand, der es unternähme, eine Kritik des Adriatischen Meeres zu schreiben oder zu üben, würde sich lächerlich machen[68].«

Auch Lefebvres Kritik orientiert sich am Menschen, an der menschlichen Praxis. An den Anfang stellt er das Bild des Menschen; er verwendet dafür den Ausdruck »figure« oder »projet de l'homme«, Entwurf des Menschen[69]. Zur Richtigstellung vieler falscher Marx-Interpretationen betont er immer wieder, das von Marx im *Kapital* skizzierte Projekt der ökonomischen Veränderung sei nur sinnvoll, wenn auch Marxens frühere Arbeiten, in denen er die Produktion des Menschen durch sich selbst dargelegt hat, berücksichtigt werden. Der *Entwurf des Menschen* verlange eine Befragung der gesamten vergangenen Philosophie, die sich nie damit begnügt habe, Kenntnisse zu sammeln und über die Gegebenheiten der Welt zu meditieren. Keine Philosophie sei bei einer Bestandsaufnahme des Bestehenden stehengeblieben, sie habe dem Bild des Menschen stets etwas hinzugefügt, den Menschen neu definiert, einige Züge an ihm hervorgehoben, andere wieder weggelassen. Jedes Bild oder jeder

Entwurf des Menschen sei widersprüchlich, unvollständig, verstümmelt. Erst ein immer von neuem beginnendes Überdenken und Überprüfen könne die Hindernisse bloßlegen, die einer Verwirklichung des Entwurfs oder des Bildes im Wege stehen. Erst eine Konfrontation mit der außer- oder nichtphilosophischen Welt, mit dem Alltag, mit der Praxis werde den Entwurf von den philosophischen Abstraktionen befreien.

Nachdem Lefebvre darauf hingewiesen hat, wie die gesamte Philosophie den Entwurf des Menschen mitbestimmt, rückt er einen wenig beachteten Sozialkritiker und Utopisten in den Vordergrund: den *Dichter-Philosophen* Fourier[70]. Von ihm stamme die Idee der Überwindung der Arbeitsteilung. Diese Idee sei wichtiger als die Entdeckung des Mehrwerts, der ökonomischen Ausbeutung des Proletariats durch die Lohnarbeit. Lefebvre zitiert die Stelle, in der Marx das Werk von Fourier so zusammenfaßt: »Die besondere Weise der Arbeit – als nivellierte, parzellierte und darum unfreie Arbeit – wird als Quell der Schädlichkeit des Privateigentums und seines menschenentfremdeten Daseins gefaßt[71].« Wir werden später zu zeigen haben, daß gerade die Parzellierung des alltäglichen Lebens für Lefebvre das Zentrum der Kritik der Alltäglichkeit ausmacht, daß er also in diesem Sinn unmittelbar an Fourier anknüpft.

Die Verwirklichung der Philosophie ist durch etwas bedroht, das Marx in seiner Theorie nicht berücksichtigen konnte: die Möglichkeit einer totalen atomaren Vernichtung der Menschheit. Die Atomgefahr wird bei Lefebvre nie zu einem zentralen Thema der Reflexion; er klammert die Frage allerdings auch nie aus, noch weniger versucht er etwa, sie zu bagatellisieren. Statt selbst die Tatsache der Todesgefahr, in der die gesamte Menschheit schwebt, durchzudenken, verweist er bloß auf die Philosophen, welche die nukleare Bedrohung bis in die letzten Konsequenzen behandelt haben: »Karl Jaspers hat einen Teil dieser Fragen wahrgenommen. Ebenso Heidegger[72].« Hören wir uns Lefebvres Erklärung an, warum er selbst die Frage der atomaren Vernichtung nur immer am Rand behandelt:

»Wer heute dramatisiert, suspendiert um der H-Bombe willen sein Leben. Er betrachtet die Bombe und die Raketen als das Jüngste Gericht, als die letzte Weisheit, er klammert den Menschen und das Menschliche aus. Das ist eine gewisse Übertreibung; die schlimmsten Irrtümer stammen daher, daß eine Wahrheit übertrieben und übersteigert wird. Wenngleich die Menschen am Abgrund leben, wenngleich die Erde dem Risiko der Vernichtung ausgesetzt ist, wollen wir nicht tun, als ob das Nichts uns verschlingen würde. Wenn wir so tun, als ob, steigen die Chancen des Nichts. *Deshalb müssen wir entdramatisieren.* Diese Entdramatisierung erfolgt übrigens spontan, ohne daß ein Losungswort ausgegeben wird. Die Leute suchen sie in der politischen Apathie, in den Zerstreuungen und im Irrealen. Schriftsteller und Künstler begleiten sie und gehen ihnen voran. Wie kann man die atomare Bedrohung ertragen, ohne dem *Gelebten* teilweise das Dramatische zu nehmen, in einer Art Indifferenz, die manchmal an Erstarrung und Stupidität grenzt? Das ist ein Mittel der Verteidigung[73]."

Die Forderung nach Entdramatisierung der Atomgefahr schließt das Postulat nach einer radikalen Mutation nicht aus. Die wissenschaftlich-technische Entwicklung hat einen Zustand der höchsten Entfremdung geschaffen, da das Überleben als solches in Frage gestellt ist. Nur mit einer Veränderung des Ethischen, Politischen, Ökonomischen, Kulturellen kann die Menschheit über die gefährliche Schwelle der Atomgefahr schreiten.

Der Entwurf des Menschen als Ziel und Maßstab – die Befangenheit in der Alltagspraxis – die unmittelbare Gefahr einer Massenvernichtung – das sind Probleme, die sich bei der Erörterung der These von der Aufhebung der Philosophie stellen. Lefebvre nähert sich immer von der einen oder anderen Seite her der gesellschaftlichen Praxis, der Wirklichkeit, er bleibt nie abstrakt; er geht aber auch immer wieder von der Philosophie aus und versucht sie – seiner Marx-Interpretation gemäß – in der gesellschaftlichen Praxis zu investieren. Die Fragen der Veränderung des wirklichen Lebens werden stets an seiner zentralen These, der Aufhebung der Philosophie, gemessen. Bevor wir näher darauf eingehen, wie er seine Revolutionsidee begreift, lassen wir ihn selbst nochmals seine eigene Marx-Interpretation zusammenfassen:

„Weder die Wissenschaft noch die Weisheit verstehen sich als unwirksam, außer in entarteten (nihilistischen) Epochen. Die Kontemplation begnügt sich also nicht mit Kontemplation und die Spekulation nicht mit der Konstruktion einer abstrakten Totalität, eines Systems. Der Philosoph und die Philosophie bringen etwas zustande. Was? Die Vision eines *Kosmos,* der in einem Raum von Licht aufgeht, oder die Vision einer finsteren *Welt,* einer Zeit der Prüfungen und der Erlösung. Das hängt von den Philosophen ab, das heißt auch von den Epochen. Der Philosoph will immer und überall etwas verändern. Nicht alles. Im allgemeinen will er kein Revolutionär sein, sondern ein Weiser oder ein Gelehrter. Die Philosophie jedoch will *sich verwirklichen.* Nach Marx gibt es ein doppeltes Werden: Entwicklung der Philosophie als *Welt,* Philosophie-Werden der Welt und Verwirklichung der Philosophie, Investierung der Philosophie in der wirklichen Welt, Welt-Werden der Philosophie[74].«

# Dialektisierung der Revolutionsidee

## Problematik der »totalen Revolution«

Es ist nicht zu leugnen, daß die Marxsche Revolutionstheorie letztlich einer irrationalen Vorstellung entspringt. Wenn Karl Marx in Anlehnung an die Hegelsche Dialektik die Geschichte als eine Folge von Klassenkämpfen bezeichnet, dann ist nicht einzusehen, warum mit dem Sieg des Proletariats über den Kapitalismus die Vorgeschichte der menschlichen Gesellschaft aufhören, das heißt, die geschichtliche Dialektik zum Stillstand kommen soll. Die Kritik an Marxens mythisch-irrationalen Vorstellungen ist schon verschiedentlich in überzeugender Weise ausgeführt worden. Heinrich Popitz hat die Theorie, daß die proletarische Revolution die totale, radikale und letzte sein solle, als »revolutionären actus mysticus[75]« bezeichnet, Arnold Künzli hat den prophetisch-apokalyptischen Ursprung der Marxschen Revolutionstheorie aufgezeigt[76].

Die Revolutionstheorie von Karl Marx ist nicht klar und eindeutig, besonders der ältere Marx hat gegenüber dem Problem: gewaltsame Revolution oder friedliche Evolution? eine ambivalente Haltung eingenommen. Er hat in Betracht gezogen, daß die englische Arbeiterschaft auf dem parlamentarischen Weg die Macht erobern könnte, bei der Beurteilung der Möglichkeit und Chance der Revolution in der russischen Dorfgemeinde hat er lange gezögert. Davon zeugt sein Briefwechsel mit Wera Sassulitsch, den Arnold Künzli ausführlich kommentiert hat[77]. Trotz einer zeitweise ambivalenten Haltung steht bei Marx aber immer die Gewalt als Geburtshelferin der Geschichte im Zentrum. Möglichkeiten einer friedlichen, gewaltlosen Revolution hat er vielleicht nur aus taktischen Gründen erwogen.

Wenn Lefebvre nun die politischen Möglichkeiten oder *Strategien* der Revolution bei Marx kommentiert, dann setzt er an die erste Stelle die gewaltlose Variante[78]. Für ihn ist die politische Gewalt immer ein Zeichen der Schwäche, deshalb sind die gesellschaftlichen Veränderungen mit »sowenig Schmerzen wie möglich[79]« durchzuführen. Die zweite Revolutionsstrategie, die Lefebvre anführt, besagt, daß zwischen Revolution und Reform kein Gegensatz bestehe, daß es im wesentlichen nur auf die Veränderungen ankomme, die im alltäglichen Leben feststellbar seien. Die dritte Möglichkeit, die gewaltsame Revolution, wird nicht ausgeschlossen, jedoch – im Gegensatz zu Marx – erst an letzter Stelle angeführt.

In einem Artikel, der in *Les Temps Modernes* erschienen ist, blickt Lefebvre unmittelbar nach seinem Ausschluß aus der KP auf seine dreißigjährige Mitgliedschaft in der Partei zurück und zieht die Bilanz seines Lebens und seiner Epoche. Es ist bezeichnend, daß er zuerst die Frage nach dem Schicksal der Revolutionsidee, dem Kernstück der Marxschen Lehre, stellt: »Was hat sich während dieser dreißig Jahre – der mittleren Lebensdauer eines Menschen bis ins neunzehnte Jahrhundert – hinsichtlich der Revolution ereignet? Was ist aus ihr während dieser Periode geworden? Wie ist ihre Idee verändert worden? Was hat sie verloren, was hat sie gewonnen[80]?«

Die Vorstellung, es sei möglich, mit einem totalen Akt, einem radikalen Bruch, die vielfältigen Formen der Entfremdung aufzuheben, ist für Lefebvre nicht mehr akzeptabel. Für ihn ist das dialektische Werden ein höchst komplizierter Prozeß, der jeweils gewisse Entfremdungen aufhebt, gleichzeitig aber wieder neue Entfremdungen hervorbringt.

»Die Dialektik *Entfremdung – Aufhebung der Entfremdung* erweist sich als viel komplexer und bewegter ..., als Hegel und Marx angenommen haben. Wir müssen auf die Idee eines Endes der Entfremdung mittels eines absoluten Aktes – eines philosophischen (Hegel) oder sozio-politischen (Marx) – verzichten[81].«

Lefebvres Eingeständnis, daß die Theorie der totalen Revolution nicht stimmt, daß die von Marx vorausgesagte totale Revolution nie stattgefunden hat, veranlaßt ihn aber nicht, die Revolutionstheorie ganz über Bord zu werfen. »Wie kann man leugnen, daß das größte Problem unseres Jahrhunderts immer noch das der Weltrevolution ist, ihrer Möglichkeiten und Unmöglichkeiten, ihrer Siege und ihrer Niederlagen, ihrer Kapazität, die Welt zu verändern und das Menschliche zu verwirklichen[82]?« In Analogie zu Karl Marx verzichtet Lefebvre nie auf die Analyse des historischen Gesamtprozesses, auf die Gesamtanalyse der Gesellschaft. Es ist nun notwendig, auf Lefebvres Methode der Analyse des Gesamtprozesses einzugehen, besonders auf seine Unterschiede zur Marxschen Methode. Erst wenn wir das Neue an Lefebvres Untersuchungen des Gesamtprozesses herausgearbeitet haben, werden wir seine Folgerungen hinsichtlich der Möglichkeit der Revolution beurteilen können. Wir werden auch sehen, warum er den Begriff *totale Revolution* relativiert.

Im Gegensatz zum empirischen Wissenschaftler untersucht Lefebvre nicht nur eng abgrenzbare Sachverhalte, sondern Prozesse. Bezeichnen wir hier den Empiriker als einen Wissenschaftler, der sein Studium einem Objekt widmet, dieses Objekt möglichst genau abgrenzt und auf eine bestimmte Fragestellung hin untersucht. Der Empiriker beschäftigt sich mit Tatsachen und Erscheinungen, die in Raum und Zeit überprüfbar sind, er entwickelt Methoden, die eine bestimmte Theorie verifizieren oder falsifizieren sollen. Der so definierte Empiriker macht von seinen Erkenntnissen dann einen pragmatischen Gebrauch, wenn er den Erfolg als erstes oder letztes Kriterium setzt, wenn er auf Wirkung bedacht ist, und zwar auf möglichst unmittelbare. Er macht sich über die weiteren Zusammenhänge der Anwendung seiner empirisch gewonnenen Erkenntnisse keine weiteren Gedanken.

Wir haben das Problem der Empirie hier aufgeworfen, weil sich Lefebvre deutlich gegen einen engen empirischen Wissenschaftsbegriff absetzt: »Ist unsere Situation nicht dramatisch, sowohl in der Praxis als auch im theoretischen Denken? Auf der einen Seite gibt es Trivialität, Beschreibung von dem, was der Blick feststellt, eine Trivialität, die das Festgestellte nochmals bestätigt und das Denken in der Feststellung – der sogenannten *Wissenschaft* – gefangen hält; diese Wissenschaft ist auf die vollendete Tatsache ausgerichtet und führt nur zu gewollt oberflächlicher Erkenntnis und Kritik. Diese Haltung, die nur Tatsachen sichtet und aufschichtet, versteht sich *operativ*. Sie ist es; ihre Begriffe und Modelle werden so erarbeitet, daß sie eine rasche Anwendung mit möglichst geringem Aufwand (an Zeit, Raum, Geld und Denken) erlauben ... Auf der andern Seite – im Gegensatz dazu – gibt es Tiefe, die Vorahnung eines *totalen* Wesens des Menschen, aber diese Tiefe findet keine Anwendung. Sie hat nichts Operatives[83].«

Lefebvre geht also nicht bloß von bestimmten Sachverhalten aus, er reflektiert vielmehr über die Erkennbarkeit des Gesamtprozesses. Mit Gesamtprozeß ist ein vielfältiger dialektischer Prozeß des Werdens und Vergehens gemeint. Lefebvres Theorie der dialektischen Entwicklung unterscheidet evolutionäre Entwicklungen, also Kontinuität und Fortschritt, von Diskontinuität, Konfliktsituationen, Krisen, regressiven Entwicklungen und so weiter. Wir gehen hier nicht näher auf die theoretischen Schriften von Lefebvre ein, in denen er die Frage der dialektischen Entwicklung systematisch untersucht, insbesondere verzichten wir auf eine Analyse von *Logique formelle, logique dialectique,* einem Buch, das er nach dem Zweiten Weltkrieg geschrieben und 1969 in einer wesentlich erweiterten Fassung ein zweites Mal vorgelegt hat.

Es gibt heute viele Gründe, die gegen die Erkennbarkeit des Globalprozesses sprechen. Sind nicht die fortgeschrittenen westlichen Industrienationen derart komplexe Gebilde, daß jede Globalanalyse scheitern muß? Machen die sozialistischen Staaten nicht eine analoge Entwicklung durch, so daß auch deren Globaltendenz nicht mehr feststellbar ist? Halten die sogenannten unterentwickelten Länder nicht so viele Überraschungen bereit, daß jede erkennbare Entwicklung, die sich abzeichnet, gleich wieder in Frage gestellt wird? Lefebvre nimmt solche Bedenken nicht auf die leichte Schulter, er fragt sich oft, ob die Begriffe der marxistischen Theorie, die alle die Erkennbarkeit des Globalprozesses voraussetzen, also Begriffe wie Klassenkampf, Bourgeoisie, Proletariat, totale Revolution und so weiter, überhaupt noch sinnvoll sind, wenn es darum geht, die heutige Realität zu erfassen.

»Sind wir nicht – angesichts des Phänomens der Großstädte – in einer ähnlichen Situation wie die Leute, die im vorigen Jahrhundert die Phänomene der Industrie untersuchten? Jene, die Marx nicht gelesen hatten, das heißt fast alle, konnten nur ein Chaos sehen, Tatsachen ohne Zusammenhänge. Nicht nur die *gewöhnlichen* Leute, sondern auch die gebildeten, sogar die Ökonomen. Ihre Augen sahen nur unzusammenhängende Einheiten ... Die Gesellschaft war für sie, ihre Reflexion und ihren Blick, in Atome aufgelöst, in Individuen und Fragmente getrennt. Auch der Markt konnte nur als eine Folge oder Summe von Zufällen ohne Zusammenhang erscheinen. Da die Totalität nicht in das Denken und Handeln einging, da der Begriff der Planung sich nicht durchsetzte, forderte die atomistische und molekulare Anschauung des Gesellschaftlichen nicht zu Widerspruch heraus. Man sah nicht, wie die Tatsachen aufzufassen waren, wie auf sie eingewirkt werden konnte. Ist es heute nicht das gleiche mit dem Phänomen der Großstadt und der großstädtischen Gesellschaft? Man weiß nicht, an welchem Ende man sie anfassen soll[84].«

Mit Hilfe der Marxschen Theorie soll es also möglich sein, Ordnung in ein scheinbar unüberblickbares Chaos von Tatsachen zu bringen. Nun scheinen aber Marxens Arbeiten doch an einer gewissen Einseitigkeit zu leiden. Lefebvre weist nach, daß Marx in seinen Schriften zur Kritik der politischen Ökonomie den Kapitalismus als Ganzes, als Einheit studiert hat, daß er gewisse Unterschiede im Kapitalismus zwar analysiert, diese aber nur als zweitrangig angesehen hat. Erst Lenin habe den Kapitalismus nicht mit einem abstrakten Schema gleichgesetzt, sondern dessen ungleichmäßige Entwicklung in den Vordergrund gerückt:

»In gewissem Sinne analysiert sein ganzes Werk diese Ungleichmäßigkeit; beispielsweise enthüllt er in seinen Arbeiten zur Agrarfrage das Eindringen des Kapitalismus in die Landwirtschaft und deren Rückstand auf die Industrie, die Ungleichmäßigkeit der Entwicklung, die der Agrikultur eigen ist. Mit diesen neuen Phänomenen, die Marx nicht kennen konnte, gewinnt der Begriff der ungleichmäßigen Entwicklung immer mehr an Tiefe[85].«

Dem von Lenin entdeckten *Gesetz der ungleichmäßigen Entwicklung* schenkt Lefebvre größte Beachtung, erweitert und verallgemeinert es. Er wendet es nicht nur im Ökonomischen an, sondern in allen Bereichen, in Kultur, Politik, Wissenschaft und so weiter. Die verschiedenen sozialistischen Modelle sind für ihn Illustrationen der ungleichmäßigen Entwicklung. Vielleicht war die Ungleichheit der Entwicklung nie so kraß wie in der Gegenwart, wo Hacke und Pflug neben interplanetaren Raketen existieren, wo Bauern mit ihrer Muskelkraft den Boden bearbeiten und eine kleine Elite von Technikern den Kosmos erforscht[86].

In dem Moment, in dem die ungleichmäßige Entwicklung als das hervorstechendste Merkmal des Globalprozesses bezeichnet wird, ist es nicht mehr sinnvoll, die Revolution als einen einmaligen Akt zu bezeichnen, der sämtliche Entfremdungen aufhebt. »Der Begriff der ungleichmäßigen Entwicklung erfordert ein Neuüberdenken der revolutionären Prinzipien des Marxismus[87].« Die Länder, die sich in ihrer Entwicklung auf unterschiedlichem Niveau befinden, können nicht gleichzeitig von einer ökonomischen, politischen oder gesellschaftlichen Krise erfaßt werden. Die Revolution muß auch nicht notwendig in den höchstentwickelten Ländern ausbrechen. Sie kann durch Anwachsen der Widersprüche auf einem bestimmten Sektor eben dort ausbrechen, wo die Spannungen am größten sind.

## Der Maulwurf als Revolutionssymbol

Vergessen wir nicht: Die Revolution hängt aufs engste mit der Ironie der Geschichte zusammen; die Geschichte hält immer Überraschungen bereit. Wo die Menschen glauben, Geschichte zu machen, verändert sich vielleicht so gut wie gar nichts; dafür werden die größten, entscheidenden Veränderungen zuerst gar nicht wahrgenommen. Oft wird der Maulwurf und sein Wühlen unter der Erde als Bild dafür verwendet, daß es Bewegung unter der Erde gibt, Bewegung, die nicht zu jeder Zeit wahrnehmbar oder voraussehbar ist. Nur von Zeit zu Zeit durchbrechen die Maulwürfe die Erde und werfen den Mulm zu Hügeln auf. In der zeitgenössischen Literatur ist den Maulwürfen durch Günther Eich besondere Ehre zuteil geworden. Er schreibt in der Präambel zu einer Sammlung kurzer Texte:

»Meine Maulwürfe sind schneller, als man denkt. Wenn man meint, sie seien da, wo sie Mulm aufwerfen, rennen sie schon in ihren Gängen einem Gedanken nach ... Meine Maulwürfe sind schädlich, man soll sich keine Illusionen machen. Über ihren Gängen sterben die Gräser ab[88].«

Auch Hegel kennt seinen Maulwurf. Der Geschichte entspricht bei ihm die mannigfaltige Entwicklung des Geistes, dessen Entfaltung und Sammlung. Die Weltgeschichte wird als Darstellung des Geistes, als Auslegung und Verwirklichung des allgemeinen Geistes, des Weltgeists, begriffen. Die Philosophie mit all ihren Differenzen und ihrer Totalität enthält jeweils die früheren Philosophien, sie ist deren Resultat, deshalb auch die Definition der Philosophie als »Versöhnung des Begriffs mit der Wirklichkeit[89]«. Fortschritt ist bei Hegel das Fortschreiten des Weltgeistes in der Weltgeschichte, und dieses Fortschreiten, diese Offenbarung des Weltgeistes, kann langsam und auf vielen Umwegen geschehen. »Weil der Weltgeist in der Wirklichkeit so sehr beschäftigt war, konnte er sich nicht nach innen kehren und sich in sich selber sammeln[90]«, sagte Hegel im Rückblick auf die Jahre vor 1816. Ein anderes Mal drückt er die Langsamkeit der Entwicklung so aus: »Er schreitet immer vorwärts zu, weil nur der Geist ist Fortschreiten. Oft scheint er sich vergessen, verloren zu haben; aber innerlich sich entgegengesetzt, ist er innerlich Fortarbeiten – wie Hamlet vom Geiste seines Vaters sagt: „Brav gearbeitet, wackerer Maulwurf[91]!"« Die äußere Wirklichkeit kann den Anschein erwecken, als habe die Entfaltung, die Offenbarung des Weltgeistes aufgehört. Dies sind für Hegel die Perioden der inneren Sammlung, des inneren Fortschreitens, die Epochen, in denen »der Maulwurf im Innern fortwühlt[92]«. Den Geist einer Zeit erfassen, bedeutet für Hegel, ihn überall und in allem wahrnehmen, ihn in seiner Verschlossenheit und Leblosigkeit an den Tag, zum Bewußtsein bringen.

In einer Rede aus dem Jahre 1856 würdigt Karl Marx rückblickend die Revolution von 1848. Er bezeichnet die Revolutionsereignisse aus einer Distanz von nur acht Jahren als kümmerliche Episoden, »kleine Brüche und Risse in der harten Kruste der europäischen Gesellschaft[93]«. Viel gefährlicher als die sozialen Revolutionen, gefährlicher als die Revolutionäre Barbès, Raspail und Blanqui seien Dampf, Elektrizität und Spinnmaschinen. Die wirklich bedeutenden Veränderungen kommen nicht dadurch zustande, daß revolutionäre Theoretiker Konzepte entwerfen; soziale Revolutionen werden vielmehr durch die Entwicklung von Wissenschaft und Technik eingeleitet. Der Bourgeoisie und dem Adel des neunzehnten Jahrhunderts wirft er vor, das Neue nicht beachtet zu haben: die historische Rolle der Arbeiter. »In den Anzeichen, die die Bourgeoisie, den Adel und die armseligen Rückschrittspropheten in Verlegenheit bringen, erkennen wir unsern wackern Freund ..., den alten Maulwurf, der so hurtig wühlen kann, den trefflichen Minierer – die Revolution[94].«

Gerade über diesem Marx-Text meditiert Lefebvre lange. Wenn die Arbeiter die neuen Meister der Technik sein sollen, wenn sie sich nicht nur damit begnügen, die immer perfekteren Maschinen zu bedienen, sondern den Produktionsprozeß wirklich meistern, das heißt, die Produktion dem Menschen dienstbar machen wollen, dann muß der Maulwurf noch sehr lange unter der Erde graben. Die von Marx angekündigte Revolution hat nicht stattgefunden, dafür hat sie andere Wege eingeschlagen. Für Lefebvre findet die Revolution in der Modernität statt, die Modernität ist die Revolution, allerdings nicht die totale, sondern die aufgesplitterte, vielfältige, abgeleitete. Die Niederlage der totalen Revolution erringt in der Modernität einen neuen Sieg, die Revolution ist in der Niederlage siegreich. »Wir definieren also die Modernität als den Schatten der Revolution, ihre Aufsplitterung und manchmal sogar ihre Karikatur[95].«

Und der Maulwurf? »Der alte Maulwurf, die Revolution, hat Flügel bekommen und ist davon geflogen. Bringen wir ihn auf die Erde, unter die Erde zurück[96].« Im nächsten Abschnitt soll nun dargelegt werden, wie Henri Lefebvre die Revolution neu begründet, wie er das starre Konzept der *totalen Revolution* von Karl Marx flexibel macht, wie er es in den verschiedensten Richtungen erweitert. Die Vielfalt der Ideen und Anregungen haben wir in drei Bereiche gegliedert, die wir – mit Lefebvres Terminologie – als drei Ebenen bezeichnen: die ökonomische, die politische und die kulturelle.

# Drei Ebenen der Revolution

## Ökonomische Planung und soziale Bedürfnisse

Karl Marx hat im *Kapital* den Schwerpunkt auf die Ökonomie verlegt. Aber erst im marxistischen Dogmatismus sind die von Marx herausgearbeiteten Thesen zu dem degeneriert, was Lefebvre den »Ökonomismus« nennt, »die Reduktion des Marxismus – und des menschlichen Lebens – aufs Ökonomische[97]«. Das Ökonomische ist zwar insofern als *Basis* zu bezeichnen, als es dem menschlichen Handeln, dem gesellschaftlichen wie dem individuellen, Schranken setzt; die menschliche Tätigkeit läßt sich aber nicht aufs Ökonomische reduzieren. Lefebvre weist verschiedentlich darauf hin, daß der Untertitel des *Kapitals* lautet: *Kritik der politischen Ökonomie.* Marx sei es in der politischen Ökonomie um die Untersuchung der Beziehung zwischen Dingen (Produkten, Waren, Geld) gegangen. Er habe aber mit seiner Kritik nachgewiesen, daß die Beziehungen zwischen den Dingen verschleierte Beziehungen zwischen lebendigen, handelnden Menschen sind. Schon 1939 schreibt Henri Lefebvre: »Es ist recht symptomatisch für die gegenwärtige Umkehrung der Werte, daß man Marx einen *absoluten Ökonomismus* zugeschrieben hat, während doch sein Denken sich wesentlich die Aufhebung des *ökonomischen Menschen* zum Ziel setzt[98].« Marx habe der Gesellschaft kein ökonomisches Ziel gesetzt; die materielle Produktion könne bloß die Grundlage für die »Produktion des Menschen« sein.

Die Kritik der Gesellschaft auf der ökonomischen Ebene ist, Lefebvre zufolge, heute genauso notwendig wie im vorigen Jahrhundert; wo aber die Kritik an der ökonomischen Realität anzusetzen hat, ist eine heikle Frage. Lefebvre zögert lange, analysiert immer wieder die ökonomischen Mechanismen. Zu den grundlegenden Erfahrungen des zwanzigsten Jahrhunderts gehört, daß das Anwachsen der materiellen Produktion der Entwicklung der Gesellschaft zum Nachteil gereichen kann. Die industrielle und technische Entwicklung an sich kann also kein revolutionäres Ziel mehr sein.

»Diese Gesellschaft verzeichnet ein bemerkenswertes (ökonomisches, quantitatives, in Tonnen und Kilometern gemessenes) Wachstum und eine schwache Entwicklung. Die konstitutiven sozialen Beziehungen, die Produktions- und Eigentumsbeziehungen, welche die Gesellschaft einer Klasse (der Bourgeoisie) unterordnen und dieser die Verwaltung übertragen, haben sich wenig geändert, . . . Worauf die Klassenstrategie abzielt, ist nicht die Entwicklung, sondern das *Gleichgewicht* und die *Harmonie* des Wachstums als solchen[99].«

In seinen späteren Werken gibt Lefebvre verschiedentlich makrosoziologische Charakterisierungen der gegenwärtigen Gesellschaft. Diese im wesentlichen auf die ökonomische Ebene bezogene Kritik ist polemischer Natur; dem Einwand, daß seine makrosoziologischen Charakterisierungen unwissenschaftlich seien, antwortet Lefebvre folgendermaßen: »Wenn ihm (Henri Lefebvre) einige Ideologen die Ehre antun und ihn angreifen, richten sie die Attacke gegen die *Wissenschaftlichkeit* der Definition; sie versuchen zu zeigen, daß sie nur von subjektivem Wert und von polemischer Bedeutung sei. Unserer Ansicht nach aber tut der polemische Charakter der *Wissenschaftlichkeit* keineswegs Abbruch. Im Gegenteil, die Erkenntnis lebt von Ironie und Kontestation[100].«

Es geht Lefebvre um das Problem, wie die heutige Gesellschaft zu charakterisieren sei, welches der möglichen Attribute – kapitalistisch, bürgerlich, technisch, industriell, konsumorientiert – das beste sei. Seit Saint-Simon spreche man von der *industriellen Gesellschaft.* Diese Bezeichnung ist aber deshalb unbefriedigend, weil es immer noch Agrarproduktion gibt. Ein weiterer Nachteil dieser Bezeichnung liegt darin, daß der Akzent zu sehr auf das ökonomische Wachstum, auf den quantitativen Aspekt gelegt wird. Die qualitative Entwicklung, das heißt die Verdinglichung und Verarmung der sozialen Beziehungen, wird mit der Bezeichnung *industrielle Gesellschaft* vernachlässigt.

»Der Ausdruck *industrielle Gesellschaft* ist nicht falsch. Er ist wahr, aber nicht im Sinn der Urheber der Theorie. Die Industrie, die ökonomische Kapazität der materiellen Produktion, ist nicht rational gemeistert worden. Die Theorie ist unvollständig geblieben, auch seitens der Sozialisten[101].«

In der Gesellschaft, in der wir leben, kommt der Technik immer größere Bedeutung zu. Drängt sich deshalb die Bezeichnung *technische Gesellschaft* auf, eine Bezeichnung, die einen Gegensatz zwischen technischem und natürlichem Milieu impliziert? Lefebvre lehnt auch diese Bezeichnung ab, weil sie die Vermittlungen eliminiert, alle Zwischenbereiche zwischen der materiellen Produktion und den Ideologien, also die Kunst und die Kultur, die Werte, die Symbole und Zeichen, die früher oft miteinander in Konkurrenz standen und das gesellschaftliche Leben beseelten. Der Begriff *technische Gesellschaft* sei abzulehnen, weil er falsch sei:

»Was bei der kritischen Analyse dieser Gesellschaft, die wir jeden Tag beobachten können, auffällt, ist die Schwäche der Technik. Der erste und der größte Irrtum der *Technokratie* besteht darin, daß es sie gar nicht gibt. Sie ist ein Mythos und eine Ideologie. Die sogenannte

Herrschaft der Technik verbirgt die gegenteilige Realität. Die großen technischen Projekte (die Eroberung des Weltraums) haben Prestigebedeutung oder sind von strategischer Wichtigkeit (Raketen, Geschosse und ähnliches). Sie sind keine gesellschaftlich nützlichen Projekte, sie haben keinen Einfluß auf den Alltag[102].«

Seit etwa 1950 sind die Begriffe *Überflußgesellschaft* und *Konsumgesellschaft* in Gebrauch. Mit überzeugenden Zahlen wird darauf verwiesen, wie der Konsum materieller und kultureller Güter im Wachsen begriffen ist. Der fortwährend zunehmende Konsum vermag jedoch nicht die Ursachen des neuen Unbehagens aus dem Wege zu räumen: die enorme Produktion und Konsumtion von Gütern führt zu keiner wahren Befriedigung der Bedürfnisse: »In unseren entwickelten europäischen Ländern können die meisten Menschen (wenn auch nicht alle) ihre Bedürfnisse – zumindest die elementaren – befriedigen. Nichtsdestoweniger hat die Entfremdung ihren Höhepunkt erreicht. Das Unbehagen nimmt mit der Befriedigung oder den Befriedigungen zu. Seltsamerweise schwinden Freude und Genuß[103] ...«

Das Oszillieren der Bedürfnisse zwischen Befriedigung und Unbefriedigtheit scheint für Lefebvre den Grund des heutigen Unbehagens auszumachen. Deshalb weist er wiederholt auf die so weit verbreitete Konsumideologie hin, auf die Tatsache, daß der Akt des Konsumierens nicht unbedingt zu Bedürfnisbefriedigung führt[104]. Er macht auf die enorme Problematik aufmerksam, die dadurch entsteht, daß einerseits ein beinahe autonomer Produktionsprozeß abläuft, der durch Reklame in Gang gehalten wird, während anderseits in den hochindustrialisierten Ländern keine gründliche Erforschung der sozialen und kulturellen Bedürfnisse stattfindet. So zeichnet er etwa die Karikatur eines Menschen, der diesem ziellosen Getriebe ausgeliefert ist:

»Der ideale, vollkommene Konsument, dieses ideologische Postulat der Konsumgesellschaft, ist die vollendete *Personalisierung*. Die *Personalisierung* bedeutet den peronalisierten Wagen, die personalisierten Möbel. In und mit den personalisierten Gegenständen erfüllt sich der ideale Konsument dermaßen, daß in ihm sogar die Ewigkeit sich wandelt, die scheinbare Ewigkeit der Dinge und des Konsumtionsaktes. Die Gegenstände? Sie sind treffliche Konversationsgegenstände. Den *Subjekten* angemessen – den in der unpersönlichen Personalisierung mehr oder weniger fortgeschrittenen Individuen, ihren Sexualanekdoten, ihrer Bewunderung, ihren Ikonen und Idolen[105].«

Nachdem Lefebvre verschiedene Definitionen für die heutige Gesellschaft diskutiert hat, schlägt er eine Bezeichnung vor, die alle richtigen Merkmale umfassen soll: die »bürokratische Gesellschaft des gelenkten Konsums«. »Das trifft den rationalen Charakter dieser Gesellschaft, die Grenzen ihrer (bürokratischen) Rationalität, den Bereich, den sie organisiert (die Konsumtion anstatt der Produktion), und die Sphäre, auf die sie ihre Bemühungen richtet: den Alltag[106].« Der Kritik der so gekennzeichneten Gesellschaft gilt ein Großteil des Spätwerks von Lefebvre.

Die Kritik auf der ökonomischen Ebene – so können wir zusammenfassen – ist gegen das bloß ökonomische Wachstum gerichtet, sie verweist auf die Dialektik zwischen materiellem Wachstum und gesellschaftlicher Entwicklung. Die industrielle Produktion ist kein revolutionäres Ziel an sich. Ein Ziel aber ist es, eine Produktion zu erreichen, die Güter im Überfluß für alle liefert, ohne daß dabei neue Inseln der Armut entstehen. Die Produktion soll nicht auf die individuellen Bedürfnisse, die rasch zu befriedigen sind, ausgerichtet sein, sondern auf gesellschaftliche Bedürfnisse, welche zuerst sorgfältig ermittelt werden müssen. Die gesellschaftlichen Bedürfnisse richten sich nach den Forderungen der neuen, der großstädtischen Gesellschaft.

## Das Absterben des Staates: die Selbstverwaltung

Man sagt leicht statt Gesellschaft Staat,
ich erwähne das nur.

Johannes Bobrowski,
*De homine publico tractatus*

Auf politischer Ebene ist das revolutionäre Ziel von Marx bis heute das gleiche geblieben. Es handelt sich immer noch darum, die Marxsche Theorie vom Absterben des Staates zu verwirklichen. Lefebvre argumentiert so: Marx hat klar erkannt, daß jeder Staat Macht enthält und es keine Macht gibt ohne Mißbrauch der Macht, ohne Zwang und Gewalt. Die Bürokratie, die positive und unentbehrliche Funktionen zu erfüllen scheint, schafft sich in Wirklichkeit immer neue, um ihr Dasein und ihre Erweiterung zu rechtfertigen. Hinsichtlich des Staates kann gesagt werden, daß es keine konkrete Freiheit geben kann, solange Macht auf den Menschen lastet; das Menschliche hat keinen Sinn, solange der Mensch im Zustand politischer Entfremdung leben muß, die darin besteht, daß der Mensch sieht, wie seine sozialen Kräfte sich in Form politischer Macht gegen ihn kehren.

Die Stalinsche Periode ist gekennzeichnet durch Vergötterung des Staates, was Lefebvre einmal in einer unterkühlten Wendung ausdrückt: »Das Denken von Marx über diesen Kernpunkt wurde während der Stalinschen Periode nicht gebührend beachtet[107].« Der Sachverhalt hört sich in einer direkten Formulierung so an: »Ich wollte nie in die UdSSR gehen, um nicht gereizt oder noch schlimmer zurückzukehren. Ich bin nämlich gegen den Zwang, gegen die äußere Autorität, gegen die Macht, ich mag die Leute nicht, welche die Macht innehaben. Ich habe einen instinktiven Haß gegen die Macht. Wenn man vom Staat spricht, knirsche ich mit den Zähnen. Ich hasse die Staatsräson, die offizielle Lüge[108].«

In der UdSSR ist nicht die Marxsche Theorie verwirklicht worden, sondern der Hegelianismus, das absolute Staatsdenken. Beim Aufbau ihres zentralistischen Staatsapparates berufen sich die Stalinisten gern auf die Theorie der *Diktatur des Proletariats.* Lefebvre gibt dazu folgende Berichtigung:

»Man muß hier daran erinnern, mit welchem Weitblick Marx, Engels und Lenin die historische Bewegung verstanden. Für sie hatten die Anarchisten nicht unrecht, den Zwang, die Autorität, die Politik, den Staat zu hassen. Sie hatten darin unrecht, die Übergangsperiode überspringen zu wollen; es gibt aber gute Gründe, die Disziplin und die schmerzlichen Einschränkungen der Freiheit in dieser Übergangsperiode zu rechtfertigen. Kommunist sein, hieß für Marx und Engels, die Forderungen des Individuums in die Zukunft zu verlegen, sie mit dem Werden und den Möglichkeiten in Zusammenhang zu bringen. Das Ironische besteht darin, daß auch die Kommunisten nach der Art der Anarchisten einen Sprung in eine zukünftige Periode getan haben, wo die Disziplin absolut ist, wo der Staat uneingeschränkt herrscht, wo die Autorität kein Hindernis kennt, wo das Individuum sich voll und ganz der Gesellschaft unterwirft[109].«

Halten wir uns nicht zu lange bei der Theorie des Staates und seines Absterbens auf, sondern schauen wir, was Lefebvre an die Stelle der staatlichen Herrschaft setzen möchte, worin auf politischer Ebene das revolutionäre Ziel besteht. Er glaubt, mit der Einführung und Verbreitung der Idee der Selbstverwaltung die anarchistische Komponente des Revolutionsgedankens beleben zu können. Für ihn macht sich – nachdem die Spontaneität als »theoretischer und historischer Irrtum« bekämpft worden ist – das Fehlen der Spontaneität grausam spürbar.

»Das anarchistische Element ist, wenn auch nicht zureichend, so doch notwendig. Wenn es zur Natur der spontanen Bewegung gehört, daß man sie nicht vollständig voraussehen, nicht in einen fixen Rahmen bringen oder nicht *strukturieren* kann, daß man nicht im voraus zu sagen vermag, wo sie beginnt und wo sie aufhört, so daß sie immer etwas Unvorhergesehenes enthält, so ist es nicht weniger wahr, daß dort, wo die Spontaneität fehlt, nichts geschieht. Lenin, der die Spontaneität so sehr kritisiert hat, sprach dennoch von der Existenz eines *revolutionären Instinkts.* Er sah in der Spontaneität die erste Stufe des Eingreifens der handelnden Massen, eine Energie, die es zu orientieren, den Forderungen der politischen Erkenntnis zu unterwerfen gilt... Besteht nicht die erste Aufgabe der Theorie darin, die Spontaneität zu rehabilitieren[110]?«

Die Idee der Selbstverwaltung, die vom spontanen Element lebt, wird oft auf Proudhon zurückgeführt. Lefebvre schätzt am Vater des Selbstverwaltungsgedankens dessen Reichtum an Vorschlägen und Komplexität des Denkens. Proudhon habe mit seiner Idee den existierenden Staat von den privilegierten, starken Stellen aus verändern wollen; so habe er zum Beispiel an eine Reorganisation des Bankwesens gedacht. »In diesem Punkt hat die Erfahrung ... die Ansichten Proudhons nicht bestätigt. Die von den Arbeitern konstituierten Selbstverwaltungsorganisationen, die versuchten, sich an den „starken Stellen" der bürgerlichen Gesellschaft festzusetzen, haben ein schlechtes Ende genommen. Entweder gingen sie bankrott oder sie wurden – in Ausnahmefällen – vom Kapitalismus absorbiert[111].«

Im Gegensatz zu Proudhon vertritt Lefebvre die Hypothese, die Selbstverwaltung sollte an den *schwachen* Stellen der existierenden Gesellschaft anfangen. In der Umgebung der starken Stellen, in den Institutionen und Strukturen, die den bestehenden Staat schützen, ist nichts zu machen. *Zwischen* den Institutionen und Strukturen, in den schwachen Zonen, die nicht von vornherein zu bestimmen sind, ist Raum für Initiative und neue soziale Kräfte. Von diesen schwachen Stellen aus können die starken Stützen verändert werden, aber auch nur dann, wenn sich das System bereits in Zersetzung befindet[112].

Um seine Hypothese zu erhärten, argumentiert Lefebvre mit einem historischen Beispiel. Im Jahre 1917, beim Zusammenbruch des Zarismus, wurden ehemals starke Stellen des sozio-politischen Gefüges, die Armee und das Dorf, zu schwachen Stellen. Sie trafen sich in dieser Situation mit den kapitalistischen Unternehmen, welche die schlecht etablierte Bourgeoisie nicht hatte konsolidieren können. Die drei schwachen Sektoren wurden zusammengeschlossen, die Sowjets der Soldaten, der Bauern und der Arbeiter vereinigten sich in einer mächtigen Bewegung, in der Revolution. Von eminenter Wichtigkeit ist nun, daß Lenins Losungswort »Alle Macht den Sowjets« nicht auf die Schaffung neuer Repräsentativorgane abzielte, sondern auf die Schaffung von Arbeiterräten, die frei und direkt die Interessen der Arbeiter vertreten sollten. In der Folge geriet die an den schwachen Stellen entstandene Selbstverwaltung mit dem existierenden Staat in Widerspruch, und zwar deswegen, weil sie die über der Gesellschaft stehende Macht in Frage stellte, weil sie den Staat seinem Absterben entgegengeführt hätte. Der Widerspruch wird dadurch verschärft, daß der Staat seinem Wesen nach zentralistisch ist, die Selbstverwaltung aber auf Dezentralisierung ausgerichtet. »Das etatistische Prinzip versucht, das Prinzip der Selbstverwaltung einzuschränken, seine Anwendung zu reduzieren. Ist das nicht einer der wichtigsten Widersprüche, ein kaum erst entstandenes neues dialektisches Moment[113]?«

Wer nun Näheres über die Selbstverwaltung erfahren möchte, der sucht bei Lefebvre vergeblich nach detaillierten Ausführungen. Er erörtert immer nur die »theoretischen Probleme« der Selbstverwaltung, auf die konkrete Durchführung und Organisation geht er nicht ein. Wenn wir uns nach konkreten Beispielen aus der Praxis umsehen, so müssen wir uns bei Lefebvre mit kurzen Hinweisen begnügen. Diese Hinweise allerdings betreffen keine Nebensächlichkeiten.

Dem jugoslawischen Experiment der Selbstverwaltung steht Lefebvre mit Sympathie gegenüber[114]. Er anerkennt, daß die jugoslawischen Marxisten mit der Theorie vom Absterben des Staates Ernst gemacht haben. Die Jugoslawen haben unter Tito ein komplexes Gefüge lokaler, dezentralisierter und demokratisch gewählter Organe geschaffen: die Arbeiterverwaltungsräte und Produzentenräte. Bezeichnend sei, daß die Jugoslawen von den Stalinisten als Anarchisten angesehen würden. Trotz der Sympathie für das jugoslawische Experiment spricht Lefebvre ein einschränkendes Bedenken aus: »Wenn der Sozialismus ohne Staat in Jugoslawien Erfolg hat, wenn dieses *Modell* seine Gültigkeit beweist, dann ist Jugoslawien trotzdem ein zu kleines Land, um ein *Zentrum* darzustellen (wenn auch nicht für die theoretische Reflexion) und einen *politischen Stützpunkt*, eine Rolle, die große ökonomische Macht voraussetzt[115].«

Der Ausdruck *politischer Stützpunkt* weist auf eine besondere Gefahr hin: Wenn ein Selbstverwaltungsexperiment global-strategisch gesehen an der Peripherie der großen Machtzentren durchgeführt wird, kann es von diesen sogleich und nach Belieben wieder in Frage gestellt werden. Lefebvre hat seinen Vorbehalt im Jahre 1958 ausgesprochen. Seither ließe sich mehr als ein Beispiel aus der jüngsten Geschichte anführen, das aus diesem Bedenken eine nur zu bittere Wahrheit gemacht hat. Wenn an der Peripherie der Machtzentren Experimente durchgeführt werden, die auf einen Abbau der staatlichen Zentralgewalt hinzielen und damit dialektisch die große Staatsmacht ebenfalls in Frage stellen, dann scheint der *politische Stützpunkt*, die stärkere ökonomische Macht, unverzüglich zu reagieren und das Experiment an der Peripherie zu unterbinden.

Von einigen wenigen präzisen Hinweisen abgesehen, zeichnet sich bei Lefebvre die Idee der Selbstverwaltung deutlicher ab als deren konkrete Wirklichkeit: Ein System von Selbstverwaltungsorganisationen soll das bürokratisch-zentralistische Prinzip des Staates ablösen. Mit der Idee der Selbstverwaltung will Lefebvre die Marxsche Theorie vom Absterben des Staates in die Tat umsetzen. Da im Bereich des dogmatischen Marxismus das von Marx gestellte Problem der Vergesellschaftung der Produktionsmittel zu einem noch rigoroseren Etatismus und Zentralismus geführt hat als in den westlichen Staaten, hat Lefebvre allen Grund, nach neuen Wegen zu suchen, nach Lösungen, die ihre endgültige Bewährungsprobe noch nicht bestanden haben. »Vielleicht sollte man darauf hinweisen, daß die Selbstverwaltung nichts Magisches hat, daß sie kein Allheilmittel ist, daß sie ebensoviel Probleme gestellt hat und stellt, wie sie löst[116].«

Es gibt einen letzten Grund, der trotz der Problematik der Selbstverwaltung deren uneingeschränkte Befürwortung verlangt: Die Selbstverwaltung garantiert dem einzelnen das größtmögliche Maß an effektiver Teilnahme an den Entscheidungen und Entscheidungsprozessen, an politischer Partizipation. Dazu einige Erläuterungen: Da in den letzten Jahrzehnten die Apathie unter den Wählern in den westlichen Demokratien immer mehr zunimmt, haben die Soziologen nach den Ursachen der politischen Interesselosigkeit geforscht[117]. Die Antworten auf die normative Frage, wie stark und in welchen Formen die Bürger einer Demokratie am politischen Leben partizipieren sollen, gehen sehr weit auseinander. Eine Gruppe von Soziologen führt eine Reihe pragmatischer Gründe an, die im Endeffekt darauf hinauslaufen, das politische Mitwirken der Gesamtheit der Bürger sei gar nicht wünschens- und erstrebenswert. Eine große Anzahl politisch Indifferenter erlaube es einer Regierung, flexibler zu handeln und das System vor Krisen zu bewahren. Würden die politisch Indifferenten, die für das demokratische System wenig Verständnis aufbringen, zur Mitwirkung gezwungen, dann wäre wenig gewonnen, denn diese würden doch nur der Propaganda erliegen. Der Grundsatz »One man, one vote« bewahre nicht davor, daß wieder ein Hitler gewählt werde; deshalb sei Apathie einer unbesonnenen oder sinnlosen politischen Partizipation vorzuziehen. Als Exponent dieser Richtung kann David Riesman gelten, der nicht nur auf dem Recht der politischen Partizipation insistiert, sondern auch auf dem der Nichtpartizipation. Er stellt den »außengeleiteten« Menschen als Typus eines neuen politischen Stils dar. Es gäbe Menschen, »die genug von der Politik erfahren haben, um sie abzulehnen, genügend politische Informationen besitzen, um sie sich vom Leibe zu halten, und genug über ihre Pflichten als Staatsbürger wissen, um sich ihnen zu entziehen[118]«. Diese Menschen können, ohne im geringsten mit der Politik in Berührung zu kommen, ein glückliches Leben führen; sie finden Befriedigung in der Pflege ihres Gartens und dergleichen.

Andere Soziologen machen sich über die Indifferenz vieler potentieller Stimmbürger ernsthaft Sorge. Sie argumentieren etwa folgendermaßen: Jene, die nicht partizipieren, sind in der Regierung nicht repräsentiert, ihre Interessen und Bedürfnisse werden nirgends vertreten; weitverbreitete Apathie erhöht die Gefahr, daß in der Regierung verantwortungslose, ehrgeizige und skrupellose Politiker dominieren; ein Verzicht auf das Ausüben des Partizipationsrechts ist gefährlich für die Demokratie: Wenn lange Zeit eine große Anzahl von Staatsbürgern außerhalb des politischen Lebens steht und der Ausübung der politischen Rechte entfremdet wird, dann wird die politische Atmosphäre potentiell explosiv.

Während unter politischer Partizipation allgemein die Teilnahme der Bürger am politischen Beratungs- und Entscheidungsprozeß verstanden wird, so wird die Politik im besonderen definiert als »das soziale Handeln zur Einflußerweiterung in Richtung auf den Staat und seine Entscheidungen[119]«. Einer so definierten politischen Partizipation sagt Henri Lefebvre entschiedenen Kampf an. Partizipation kann für ihn nie »Einflußerweiterung in Richtung auf den Staat und seine Entscheidungen« bedeuten. Gerade dem Staat hat er den Kampf angesagt. Seine revolutionäre Auffassung der Partizipation besteht darin, daß er die bürokratischen und technokratischen Entscheidungszentren aufheben, das heißt dezentralisieren möchte. Er wäre also weder zur ersten noch zur zweiten Gruppe obiger Soziologen zu zählen. Auf den Status quo, den bestehenden Staat orientierte Partizipation ist für ihn bloß eine Illusion, eine Partizipations*ideologie.*

»In der Praxis erlaubt es die Ideologie der Partizipation, die Einwilligung der interessierten und betroffenen Menschen mit dem geringsten Aufwand zu erreichen. Nach einem Götzendienst mit mehr oder weniger großem Aufwand an Information und gesellschaftlicher Aktivität kehren sie wieder in ihre ruhige Passivität, in ihr Privatleben zurück. Die wirkliche und aktive Partizipation hat bereits einen Namen: Sie heißt Selbstverwaltung[120].«

Wenn heute viele Soziologen über das apolitische Verhalten einer breiten Wählerschaft beunruhigt sind und nach einer Möglichkeit zur Reaktivierung der politischen Teilnahme suchen, dann sind ihre Untersuchungen auf die Gegenwart ausgerichtet. Bei Lefebvre aber hat man oft den Eindruck, daß seine idealen Vorstellungen einer aktiven und bewußten Partizipation im Rahmen einer nicht näher bestimmten Selbstverwaltung so weit in der Zukunft liegen, wie seine Idealbilder in der Vergangenheit. Einmal nämlich referiert er über die *Metexis* bei Platon, eine *Mimesis,* die nicht nur imitiert, nicht nur kopiert in der Art des Töpfers, der eine vor ihm stehende Vase nachbildet. Die Idee der *Metexis* bei Platon ist aktive und kreative Teilnahme. Platon aber hat vor mehr als zweitausend Jahren gelebt[121].

## Die kulturelle Ebene: das Werk

In seinem 1939 erschienenen Buch über Friedrich Nietzsche kommt Lefebvre zu Schlußfolgerungen, die weit über Nietzsche hinausgehen.

und nur noch lose mit dessen Philosophie in Zusammenhang stehen. Die Beschäftigung mit Nietzsche veranlaßt ihn dazu, über die beschränkte Tragweite einer möglichen politischen Revolution nachzudenken; diese könne nicht alle Probleme des individuellen Lebens lösen, sondern höchstens die äußeren sozialen Bedingungen schaffen, in denen das Individuum seine Probleme frei stellen und lösen kann. Der viel weitere Bereich der Kultur wird von der politischen Revolution nicht erfaßt:

»Der Sozialismus löst nicht alle Probleme des Menschen; er eröffnet vielmehr die Epoche, in der der Mensch in wahren Begriffen (ohne Vermengung mit sozialen Vorurteilen) die menschlichen Probleme der Erkenntnis, der Liebe und des Todes stellen kann ... Eine wirkliche Kultur ist gleichzeitig eine Weise des Lebens, Denkens und Handelns. Sie ist ein Lebensgefühl, das in einer menschlichen Gemeinschaft wurzelt. Sie verkörpert eine Beziehung des Menschen zu sich selbst und zur Welt. Die große Kultur der Zukunft muß das Kosmische ins Menschliche, den Instinkt ins Bewußtsein integrieren. Sie wird die Kultur des totalen Menschen sein[122].«

Zwanzig Jahre nach Erscheinen der Nietzsche-Studie räumt Lefebvre ein, daß seine früheren Schlußfolgerungen zu subjektiv und zu sybillinisch gewesen seien; dennoch hätten sie aber nicht an Aktualität verloren: »Diese Konklusionen scheinen mir heute noch mehr gültig, es ist heute noch wichtiger, sie hervorzuheben, als vor zwanzig Jahren[123].«

Die kulturelle Ebene, die nicht von der ökonomischen *Basis* und dem politischen *Überbau* zu trennen ist, hat ihre spezifischen Merkmale. »Die revolutionäre Kritik verlangt also heute viel Takt und Unterscheidungsvermögen, gerade weil wir in einer revolutionären Epoche leben und weil es nicht mehr nur um dieses oder jenes begrenzte Problem geht, sondern um die gesamte Kultur und Zivilisation. Werden wir, ohne zu unterscheiden, gerade das zerstören, was wir retten sollten, unser Gut von morgen[124]?«

Wenn sich Lefebvre 1936 die Frage stellt, was Kultur sei, so geht es ihm vor allem darum, die Kultur zu retten, zu bewahren. Mit Hilfe des dialektischen Prinzips der Aufhebung illustriert er, was er unter »bewahren« versteht: abschaffen, ohne zu zerstören, die Negation nur des Begrenzenden und Negativen. Eine Kulturrevolution kann also nur Aufhebung, das heißt Integration bedeuten. »Die Revolution bemächtigt sich der Fabriken und der Banken nicht, um den Mechanismus und den Zahlungsverkehr der Bank zu zerstören (was eine naive Form der Revolte ist ...), sondern um sie zu vervollkommnen und die sozialistische Wirtschaft aufzubauen. Die Kulturrevolution muß von dem höchsten Stand der bürgerlichen Kultur ausgehen[125].«

Jahrzehnte später mißt Lefebvre seine Hoffnungen und Vorstellungen an der deprimierenden sozialistischen Wirklichkeit. Als Philosoph habe er versucht, die Philosophie aufzuheben und mit ihr deren reichen positiven Inhalt. Die Aufhebung aber hat nicht stattgefunden. Die Geschichte hat Neues hervorgebracht, die Idee der Aufhebung selbst ist in Mitleidenschaft gezogen worden. Deshalb die Folgerung: »Ist es heute nicht der Philosoph, der Mann der Aufhebung und seiner eigenen Aufhebung, der die revolutionäre Idee, das historisch-kulturelle Schema der Aufhebung in seiner ganzen Kraft und Weite wiederherstellen kann[126]?«

Kulturrevolution bedeutet also Verwirklichung der Philosophie im Geiste der Philosophie. Das Wort *Kulturrevolution* erinnert an das chinesische Modell. Läßt sich vielleicht Lefebvre, wenn er von Kulturrevolution spricht, vom chinesischen Sozialismusmodell inspirieren? Davon kann keine Rede sein. Er nimmt der Entwicklung in China gegenüber weder eine zustimmende noch eine ablehnende Haltung ein. Er äußert sich anerkennend nur in dem Sinn, es sei dem chinesischen Regime gelungen, das weltweite Problem der Übervölkerung zu meistern. »Wie immer auch die derzeitige Etikettierung und Ideologie des Regimes, das gegenwärtig an der Macht ist, man wird es bewundern und unterstützen müssen, wenn es das Problem der Übervölkerung löst[127]...« Die Wiederaufwertung des Begriffs *Kulturrevolution* darf aber nicht als Nachahmung des chinesischen Modells gedeutet werden. Es geht nicht um ein Schema, das auf ein Land zugeschnitten ist, welches noch vorwiegend auf Agrarproduktion basiert. Unter Aufhebung oder Verwirklichung der Philosophie ist immer die abendländische Philosophie von Platon bis Hegel gemeint.

»Es ist weder die Rede vom amerikanischen Pragmatismus, noch von Konfuzius oder Buddha. In den Vereinigten Staaten (wer weiß es nicht?) leidet die Kultur schrecklich darunter, daß die Philosophie nicht entwickelt ist. In der UdSSR hat es die offizielle Kultur für gut befunden, aus dem Denken von Karl Marx eine Philosophie zu machen, während dieses Denken doch eine Verwirklichung des philosophischen Projekts anstrebte. Der Orient schließlich hat seine eigenen Philosophien, und wir werden uns hüten, darüber etwas auszusagen[128].«

Die Verwirklichung der abendländischen Philosophie kann mit einer permanenten Kulturrevolution gleichgesetzt werden. Diese Revolution hat ein eminent praktisches Ziel. Sie strebt die Transformation des alltäglichen Lebens an, ist auf die Schaffung eines neuen Lebensstils gerichtet: »Ziel und Sinn unserer Kulturrevolution ist die Schaffung einer Kultur, die nicht Institution, sondern Lebensstil ist... Die Revolution verändert das Leben, nicht nur den Staat oder die

Eigentumsverhältnisse. Verwechseln wir nicht mehr die Mittel mit dem Zweck! Das kann so ausgedrückt werden: „Der Alltag soll zum Werk werden. Die gesamte Technik soll dieser Transformation des Alltags dienen." Im geistigen Sinn bezeichnet der Ausdruck *Werk* nicht mehr einen Kunstgegenstand, sondern eine Aktivität, die sich ihrer selbst bewußt ist, sich selbst hervorbringt, ihre eigenen Bedingungen reproduziert, die sich diese Bedingungen und ihre Natur (Körper, Wunsch, Zeit, Raum) aneignet, die *ihr eigenes Werk* wird. Im gesellschaftlichen Sinn bedeutet dieser Ausdruck die Aktivität einer Gruppe, die ihr gesellschaftliches Schicksal in die Hand und in ihre Obhut nimmt, anders ausgedrückt: *Selbstverwaltung*[129].«

Gehen wir näher auf einen Begriff ein, der bei der oben definierten Zielsetzung der Revolution auf kultureller Ebene eine entscheidende Rolle spielt, auf den Begriff *Werk*. Lefebvre weist zunächst darauf hin, daß Marx ein großes Paradox übersehen habe. Die Bourgeoisie, die das Wachstum der Wirtschaft organisierte, die feudale Repressionsordnung auflöste und sie durch ein Ausbeutungssystem ersetzte, verlor zugleich die schöpferische Fähigkeit, ersetzte das Werk durch das Produkt. »Die Unterdrücker aber, die Beherrscher der Gesellschaften, die der Demokratie vorausgingen – Prinzen, Könige, Fürsten, Kaiser –, hatten Sinn und Geschmack für das Werk, insbesondere im Bereich der Architektur und des Städtebaus[130].« Die Krise, die heute Begriff und Realität des Werks erfaßt hat, verlangt nach einer theoretischen Neubegründung.

»Der Begriff des Werks wurde von den Philosophen, von Kant bis Heidegger, entwickelt, Kant zeigt als erster den Unterschied zwischen Werk und Natur. Hegel nimmt die Analyse des Kunstwerks wieder auf, erweitert sie aber; für ihn ist die griechische Polis ein Prototyp des Werks, das nicht nur durch das Kunstwerk im engeren Sinn oder durch die Erkenntnis definiert wird. Bei Marx wird der zentrale Begriff der Produktion verdoppelt in Produktion des gesellschaftlichen Menschen durch ihn selbst (die Werke) und die eigentliche ökonomische Produktion (die Produkte). Heidegger erweitert den Unterschied zwischen Werk und Produkt bis zum Gegensatz. Sartre und Gurvitch haben einen wichtigen Beitrag zu dieser Entwicklung geleistet, der erste, indem er auf dem *Machen* insistierte, der zweite, indem er in den Werken den Zusammenhalt der Gesellschaften aufzeigte[131].«

Es ist unmöglich, auf engem Raum ausführlicher darzulegen, welche Bedeutung Lefebvre dem Begriff *Werk* beimißt. Er spielt eine dominierende Rolle in dem Teil der Spätschriften, der die Stadt zum Thema hat. In seinen Forschungen über neu entstehende Bedürfnisse steht das *Bedürfnis nach Werk* an erster Stelle[132].

# Modifizierte Klassendialektik

## Die historische Rolle des Proletariats

Die Marxsche Revolutionstheorie baut auf der Idee auf, daß die Geschichte als eine Folge von Klassenkämpfen anzusehen ist. Nun hat Marx aber nie eine eigentliche Theorie der sozialen Klassen erarbeitet; bei ihm scheint der Begriff *Klasse* kein rein wissenschaftlicher Begriff zu sein; viele ernsthafte Kritiker des Marxismus sind der Ansicht, daß den »Klassen eine entscheidende Funktion in der als ökonomische Apokalyptik aufgefaßten Entwicklungsgeschichte der Menschheit[133]« zukomme.

Wir betrachten es nicht als unsere Aufgabe, auf die gesamte Problematik der Marxschen Klassentheorie einzugehen, auf die Frage der Definition und Begründung der Klasse, auf die Frage der klassenlosen Gesellschaft, auf die Probleme, die sich bei der Konfrontation der Marxschen Klassenkampftheorie mit nichtmarxistischen, empirisch-soziologischen Schichtungsanalysen ergeben. Diese Fragen hat Louis Soubise an Hand des Werkes von Henri Lefebvre eingehend untersucht[134]. Wir lassen also viele Aspekte weg und gehen auf viele Texte von Lefebvre zum Thema der sozialen Klassen nicht ein, auch wenn es sich um interessantes empirisches Material handelt. Insbesondere diskutieren wir nicht seine konkreten Analysen der Bourgeoisie und sein umfangreiches agrarsoziologisches Material zur Bauernfrage. Wir konzentrieren unsere Aufmerksamkeit auf die Rolle, die das Proletariat heute spielen soll. Wir glauben, damit den Kern der Lefebvre-Marxschen Klassentheorie würdigen zu können.

1939 hat Lefebvre in seinem Nietzsche-Buch die marxistische Auffassung der historischen Rolle des Proletariats in reiner Form vorgetragen: »Die Erneuerung der modernen Welt wird in der Tat von den ärmsten, am meisten entmenschlichten Wesen kommen, von jenen, die noch alles zu gewinnen und zu erschaffen haben. Aber diese Wesen sind nicht Verzweifelte und existieren nicht nur im Geist und durch den Geist. Sie existieren gesellschaftlich. Sie bilden eine soziale Gruppe, eine bestimmte Klasse: das Proletariat, das in seiner äußersten menschlichen Dekadenz den Keim und die Möglichkeit der Erneuerung darstellt[135].«

Das ungebrochene Vertrauen in die historische Kraft des Proletariats hat Lefebvre nach 1939 allmählich verloren. Er muß sich immer mehr mit der Kritik – in Frankreich von J.-Y. Calvez, Georges Gurvitch und Raymond Aron vorgebracht[136] – auseinandersetzen, er muß sich mit dem Einwand befassen, der marxistische Klassenbegriff habe prophetischen Charakter. Arnold Künzli geht in seiner Kritik der Marxschen Klassendialektik sogar so weit, daß er die Hypothese aufstellt, in Karl Marx habe unbewußt ein apokalyptisches Denken nachgewirkt, das bis ins alte Persien zurückverfolgt werden könne: Schon die Religion des Zarathustra habe den Dualismus von Ormudz und Ahriman, von Licht und Finsternis, von Gut und Böse gekannt[137]. Die Marxsche Klassendialektik entspreche nicht den empirisch feststellbaren Befunden der Wandlungen der Sozialstruktur, sie sei letztlich eine irrationale Theorie. Den vielen Kritikern der Marxschen Klassenkampftheorie antwortet Lefebvre aber noch 1962: »Dieses ursprüngliche Projekt hatte nichts Messianisches und nichts Eschatologisches, wie man so oft behauptet[138].« Gelingt es ihm, zu beweisen, daß der Begriff der Klasse kein apriorisches Denkschema darstellt, sondern auf wissenschaftlicher Erkenntnis beruht?

Über den Begriff der sozialen Klasse hat Lefebvre 1955 – also vor seinem Ausschluß aus der KPF – mit dem Soziologen Georges Gurvitch einen Dialog geführt. Er äußert sich sehr anerkennend darüber, daß Gurvitch darauf beharrte, Marx habe – im Unterschied zu seinen Epigonen – »aus dem Begriff der Klasse eher einen Ausgangspunkt für konkrete Strukturanalysen gemacht als einen Schlüssel, mit dem man alle Türen öffnen kann[139]«. Denn »die Bestimmung der Anzahl der Klassen erfordert konkrete Analysen und kann nicht a priori erfolgen, ohne das Risiko eines Schematismus, dem jeder wissenschaftliche Charakter abgeht[140]«.

Zur Zeit Stalins seien die konkreten gesellschaftlichen Gegensätze nicht studiert worden, insbesondere habe man die gesellschaftlichen Veränderungen nicht untersucht, die durch die enorme Entwicklung der Technik entstanden seien. Auch nicht die neuen Veränderungen in der Organisation der kapitalistischen Unternehmen oder des Proletariats. Man habe weder die Verelendungstheorie einer kritischen Prüfung unterzogen, noch die Verbesserung in der Lage der Arbeiterklasse zugegeben. »Man deduziert, statt die Tatsachen zu studieren[141].«

Bei der Untersuchung der Rolle, die das Proletariat in der zweiten Hälfte des zwanzigsten Jahrhunderts spielen soll, zeigt sich das tiefe Dilemma, in dem Lefebvre sich befindet. Als Soziologe und nüchterner Beobachter stellt er fest, daß »die klassenmäßige Abgrenzung des Proletariats, die nie genau war, heute unbestimmter ist denn je[142]«. Man müsse unbedingt von den Erkenntnissen der modernen Soziologie ausgehen und zugeben, daß die Arbeiterschaft in ihrer Gesamtheit Sicherheit anstrebe: eine feste Anstellung, einen bestimmten sozialen Status, regelmäßigen Urlaub und ähnliches. Die Arbeiter wollten sich nicht mehr in revolutionäre Abenteuer stürzen, sie hätten nicht mehr den Ehrgeiz, eine historische Mission zu erfüllen: »Das Subjekt? Man sucht es. Das kreative (kollektive, produktive) Subjekt löst sich auf ... Die Arbeiterklasse und ihre Rolle scheinen zu verblassen[143]...«

Die scheinbare Auflösung der Arbeiterklasse steht in engem Zusammenhang mit einer andern Erscheinung: Zwar ist der Proletarierstatus im Aussterben begriffen, unter einem andern Aspekt aber erfährt er eine neue Ausweitung. Der Kapitalismus gehört nicht endgültig der Vergangenheit an. Seit etwa 1960 ist es für Lefebvre klar, daß eine neokapitalistische Entwicklung im Gang ist, die folgende Merkmale aufweist: Die alten Kolonien sind – nicht nur von Frankreich – aufgegeben worden, weil sie nicht mehr rentierten, sondern nur noch eine Belastung waren. Dagegen wurden auf den nationalen Territorien die größten Investitionen gemacht, der Binnenmarkt wurde neu aufgebaut. Von halbkolonialer Ausbeutung werden jetzt alle jene betroffen, die von den neuen politischen und ökonomischen Entscheidungszentren abhängig sind: die peripheren Regionen, die Agrargebiete, die Vorstädte, die nicht nur von Arbeitern, sondern auch von Angestellten und Technikern bewohnt werden.

»Der Proletarierstatus scheint allgemein zu werden, was dazu beiträgt, die Konturen der Arbeiterklasse aufzulösen und ihre *Werte*, ihre Ideologie zu verwischen ... Welcher Einkommenskategorie und Schicht er auch angehört (der der Angestellten, der Beamten, der kleinen und mittleren Techniker und Fachleute), der Bewohner der neuen Stadt hat generell Proletarierstatus[144].«

Zweifellos verweisen Lefebvres Analysen der neuen Rolle des Proletariats auf wichtige und vielleicht noch wenig durchdachte Erscheinungen und Entwicklungen. Sie tragen dazu bei, die eschatologische Rolle, die Karl Marx dem Proletariat zuschreibt, abzuschwächen. Nun liegt Lefebvre aber viel daran, nicht nur die Relativität dieses Begriffs herauszuarbeiten, sondern auch dessen Absolutheit. Das Proletariat soll ja gemäß Marxens Theorie die Ziele und Anliegen der Philosophie verwirklichen, die Freiheit, Gerechtigkeit und Wahrheit in der Praxis herstellen. Lefebvre begnügt sich deshalb nicht damit, die Tendenzen zur Auflösung der Arbeiterklasse zu analysieren. Das Proletariat ist für ihn immer noch Träger eines Absolutums, »letzter Zufluchtsort, Stütze aller Hoffnung[145]«.

## Mythos des Proletariats und Funktion der Teilgruppen

Wer zu sehr auf die historische Kraft des Proletariats baut, es zu sehr verherrlicht, gerät leicht in Gefahr, sich über das Proletariat Illusionen zu machen, die früher oder später zu großen Enttäuschungen führen müssen. Auch Lefebvre weiß davon zu berichten, wie vor dem Zweiten Weltkrieg die Arbeiterklasse in doppelter Weise mystifiziert worden ist. Die Intellektuellen setzen ihr Vertrauen und ihre Hoffnung in das Proletariat, weil es ihrer Ansicht nach menschliche Qualitäten besitze, die der Bourgeoisie abgehen: Güte, Großzügigkeit, Sinn für Gerechtigkeit, lebendige Brüderlichkeit und Solidarität in der Arbeit. Man lobte das Leben des einfachen Volkes, des Mannes von der Straße, dessen Fähigkeit, sich zu amüsieren, man entdeckte das reiche Leben des manuell Arbeitenden, kurz: es faszinierte der Lebensstil des Proletariats. Die Proletarier selbst projizierten ihre Hoffnung auf die sowjetische Arbeiterklasse[146].

Manchmal scheint es, als sei Lefebvre selbst dem von ihm analysierten Mythos erlegen. Etwa dann, wenn er die unterschiedliche Psyche der Klassen untersucht und sie am Begriff des *menschlichen Totalphänomens* mit den drei Dimensionen Bedürfnis – Arbeit – Genuß mißt[147]. Er sieht im Leben des Arbeiters eine gelebte Einheit, die den Vertretern der andern Klassen fehlt. »Der Proletarier arbeitet und erkennt die offenkundige individuelle und gesellschaftliche Notwendigkeit der Arbeit. Er empfindet das Bedürfnis lebhafter als jede andere Klasse, und zwar bald als Mangel, bald als Forderung ... Der erreichte Genuß erscheint dem Arbeiter um so wertvoller, als er wirklich erworben ist ... Die Arbeiterklasse stellt mehr denn je die Totalität, die Fülle der menschlichen Dimensionen dar[148].«

Das hier vom Proletariat Gesagte gelte in noch erweitertem Maß für die proletarische Frau. Sie empfinde noch mehr als der Mann die menschlichen Dimensionen, die negativen und positiven Seiten: das Anwachsen der Bedürfnisse, die bedrückende, aufgesplitterte Arbeit, den Wunsch nach Befriedigung im Familienleben und in der Freizeit. »Trotz ihrer vielfältigen Aufgaben oder gerade derentwegen (Arbeit, Haushalt, Kinder, Verwaltung des Wirtschaftsgeldes) entgeht die proletarische Frau teilweise den Übeln der extremen Arbeitsteilung[149].«

Lefebvres Haltung dem Proletariat gegenüber ist ambivalent. Manchmal scheint er den Lebensstil des Proletariats als vorbildlich anzusehen und die Fülle und Einheit des Lebens bei der Arbeiterklasse als am besten aufgehoben zu betrachten. Eine Begründung aber fehlt, warum der Vorzug des *menschlichen Totalphänomens* gerade der Arbeiterklasse gebührt, warum bei den andern Klassen die Dimensionen dieser anthropologischen Totalität verkümmert sein sollen. Ambivalent nun ist Lefebvres Haltung gegenüber der Arbeiterklasse, weil er sie in anderm Zusammenhang nicht mehr als Trägerin eines kreativen Lebensstils ansieht. Das Leitbild des Proletariats, der neue *kommunistische Mensch*, ist für ihn Anlaß zu folgender ironischer Karikatur: »Oh, es fehlte ihm nicht – es fehlt ihm nicht – an Qualitäten, diesem neuen Menschen. Im Gegenteil, er hatte, er hat eher zuviel davon. Er besitzt die Tugenden des guten Soldaten und des guten alten Kämpfers, multipliziert mit denen des guten Arbeiters. Er ist ehrlich, brüderlich, väterlich, fest, aber gut, stark, ernst, energisch, nachsichtig und so weiter... Der neue, sogenannte kommunistische Mensch hat nur einen Fehler: er ist langweilig[150].«

Es zeigt sich deutlich: Bei Lefebvre ist Revolution mit Veränderung des Lebens, mit der Schaffung eines neuen Lebensstils identisch. Das Proletariat, das als ökonomischer und politischer Faktor die negierende Kraft darstellt, hat in der Form der heutigen Arbeiterklasse die Fähigkeit zur Schaffung eines neuen Lebensstils verloren.

»Das Problem des Stils stellt sich heute mit wachsender Dringlichkeit. Nicht das des literarischen Stils. Nicht jenes – oder nicht nur – des Stils im ästhetischen Sinn: dasjenige des Lebensstils[151].«

Mit dem Abnehmen des Vertrauens in die Arbeiterklasse, mit dem aufdämmernden Bewußtsein, daß man jahrzehntelang falsche Hoffnungen auf das Proletariat gesetzt hat, vertraut er hinsichtlich der Schaffung eines neuen Lebensstils nicht mehr auf das Proletariat, auch nicht auf eine andere gesellschaftliche Großgruppe. Er setzt seine neuen Hoffnungen auf gesellschaftliche Teilgruppen. »Waren nicht immer schon die Erfindungen, die Kreationen (im Bereich des Lebensstils) das Werk relativ kleiner Gruppen: das Werk von Avantgarden, Sekten, Mönchsorden, Geheimgesellschaften, Häresien, geheimen oder halbgeheimen politischen Parteien? Die Einzelmenschen und die Gesellschaft als Ganzes hatten weniger schöpferische Kraft, als die Individualisten einerseits und die Kollektivisten anderseits glauben[152].« Nicht zu kleine und nicht zu große Teilgruppen können am besten als Vermittler zwischen dem individuellen Leben und dem Leben der Massen und Völker wirken.

Welches sind nun diese Teilgruppen, die zusammen die erneuernde Negativität verkörpern? Außer dem Proletariat, dessen ambivalente Rolle wir soeben erörtert haben, zählen die Jugend, die Frauen und die Intellektuellen dazu. Nehmen wir gleich vorweg, daß Lefebvre in die erneuernde Kraft dieser Teilgruppen nur sehr gemäßigte Hoffnungen setzt, daß er die Intellektuellen wohl dazuzählt[153],sie aber meist nur negativ würdigt: »Die Intellektuellen ... haben keine Funktion mehr. Sie sind nicht mehr die Erzieher der Gesamtgesellschaft, sie unterrichten das Volk nicht mehr aus nächster Nähe, durch Schule, Buch oder Presse, durch Geschichtslektionen... Man hat sie geduckt, gefügig gemacht, in ein Ghetto gesperrt, den Forderungen der Propaganda und der Reklame angepaßt[154].« Im allgemeinen gehört Lefebvre, wie Friedrich Nietzsche, zu den Verächtern der *theoretischen Menschen.*

Wir brauchen uns also nur mit den beiden andern Teilgruppen, der Jugend und den Frauen, eingehend zu beschäftigen.

In einem *Brief eines Jungen an die Jugend*, den Lefebvre 1933 veröffentlicht hat, steht der Satz: »Wir wollen leben, total leben. Unser Losungswort ist: Kein Opfer! Kein Verzicht[155]!« Welch bedenkenloses Bejahen der absoluten Autonomie der Jugend!

Der späte Lefebvre baut nur noch bedingt auf die schöpferische Kraft der Jugend, er ist vor allem darum bemüht, analog dem Mythos des Proletariats den Mythos der Jugend, des ewig Jugendlichen aufzudecken. Er liefert keine ausführliche Situationsanalyse der Jugend, macht nur andeutungsweise auf einiges aufmerksam. Die Jugend ist nicht als eigene soziale Klasse anzusehen, sie ist eine eher unstabile Gruppe. In diese Jugend nun werden bestimmte Mythen hineininterpretiert, beispielsweise der Mythos der reinen Spontaneität. Die Jugend selbst lehnt alles ab, was nicht mit Spontaneität vereinbar ist, alles, was akkumuliert werden kann oder muß: Erfahrung, Prestige, Erkenntnis, Kapital, wirtschaftliche Macht. Sie glaubt sich in der *reinen Spontaneität* oder in der *reinen Natur* zu finden. Hören wir nun, wie subtil Lefebvre über die Spontaneität spricht, wieviel ihm daran gelegen ist, sie nicht zu verlieren, wie bestimmt er aber die Unmöglichkeit der reinen Spontaneität darlegt:

»Wenn ein Knabe (oder ein Mädchen) zu leben beginnt, ihm (oder ihr) die Idee des Glücks oder der Freude neu scheint und auf der Stufe der individuellen Erfahrung auch wirklich neu ist, bildet er (oder sie) sich ein, der erste und einzige zu sein, der diese Möglichkeiten entdeckt und deren Geheimnis kennt. Nein, es ist nicht falsch, daß jeder, der mit seiner Lebensgeschichte anfängt, die gesamte Entwicklungsgeschichte von Beginn an durchläuft. Er entdeckt nochmals, was schon entdeckt und geschaffen worden ist. Er beginnt mit dem Leben, mit der Freude und dem Schmerz, mit der Liebe und dem Unglück in der Liebe abermals von vorne ... Aber das ist – wie jede Wahrheit – nur bis zu einem gewissen Punkte wahr. Die Mythen der Jugend übersteigen die Selbstmystifikationen des Individualismus und verkehren sie in Demagogie. Auch die Jugend stützt sich auf eine lange Kulturtradition. Sie ist eine Errungenschaft, ein Werk der Zivilisation. Der junge Mensch kann nicht ohne Schutz auskommen und die Spontaneität kann nur unter dem Schirm der Erziehung entstehen – oder wiedererstehen[156].«

Die natürliche und reine Spontaneität ist also ein Mythos, für dessen Entstehen Lefebvre die Erwachsenen verantwortlich macht, die einesteils der hemmungslosen Spontaneität untätig gegenüberstehen, andernteils ein Gefühl der Sehnsucht empfinden und um die Enttäuschungen der Spontaneität wissen. Für die Jugend wiederum besteht das Problem darin, sich die akkumulierten Erfahrungen früherer Generationen ohne Selbstverzicht anzueignen.

Es ist hier nicht der Ort, die anderen von Lefebvre behandelten Jugendmythen zu diskutieren. Wir halten nur fest, daß er mit grundlegenden Vorbehalten über die Jugend spricht, aber dennoch hofft, daß sie an der Entwicklung eines neuen Lebensstils partizipiert.

Am meisten hat Lefebvre sich mit der Teilgruppe der Frauen beschäftigt. Die Situation der Frau in der Neuzeit ist ein konstantes Thema seiner Kritik des Alltagslebens. Er analysiert die unterbeschäftigte und folglich tief unausgefüllte und gelangweilte Frau der bürgerlichen Klasse, die proletarische Frau, die sich in der Berufsarbeit und den alltäglichen Verrichtungen aufreibt, er untersucht das Bild der Frau vergangener Epochen und das von den Illustrierten propagierte falsche Leitbild in der Gegenwart. Gehen wir zunächst auf die negativen Aspekte der weiblichen Existenz in der heutigen Gesellschaft ein, in der die Frau abwechselnd als Subjekt und als Objekt eine dominierende Rolle spielt. Produktion, Angebot und Reklame orientieren sich auf die Konsumentin, die Frau. Gleichzeitig sind die Frauen Symbole dieser Gesellschaft: ihre Nacktheit, ihr Lächeln. Indem sich die Frau für die Reklame auszieht, wird sie Objekt der Ausbeutung. Die ambivalente und dominierende Rolle der heutigen Frau kann so zusammengefaßt werden: »Königin des Marktes, Käuferin, Konsumentin, Allesverzehrerin – zugleich Ware der Waren, Reklame der Reklame, kommerzialisiertes Modell[157]«. Sie ist die verkörperte Tautologie, der personifizierte Pleonasmus.

Lassen wir nicht den Eindruck entstehen, Lefebvre entwerfe nur pessimistische Bilder der Frau in der Gegenwart. In *Introduction à la Modernité* widmet er der *reifen Frau* einige Seiten, die eine außerordentliche Suggestivkraft ausstrahlen. Daß die Frau überhaupt zu Reife gelangen könne, sei eine Errungenschaft unserer Epoche. Bis vor kurzer Zeit – so Lefebvre – mußte die Frau im Alter von fünfundzwanzig Jahren das Prädikat *schön* mit dem Prädikat *gut* vertauschen. In diesem Alter war sie infolge ihrer Mutterschaft, ihrer Arbeit, ihren Verantwortungen schon weitgehend verbraucht. »Zur Zeit von Balzac zog die Frau mit dreißig Jahren ihre Lebensbilanz[158].« Die Frau hatte keine Zeit, zu Reife zu gelangen. Reife bedeutete für sie schon Niedergang. Der Titel *reife Frau* war eine Beleidigung. Erst in unserer Epoche sind einige Phänomene zu beobachten, welche die Situation der Frau grundlegend verändern: die Verlängerung der Lebensdauer, die Hinauszögerung des Alterns, die Akkumulation von Techniken und Wissen. Die Frau kann ihren Körper mit Sport, Entspannung, Schönheitspflege über die eigentliche Jugend hinaus jung erhalten.

»Diese neue Eva – noch schön und begehrenswert, ihren jugendlichen Körper bewahrend und durch Kultivierung der Sinne und Gefühle menschlich geworden – ist nicht mehr auf ihre physiologischen oder gesellschaftlichen *Funktionen* reduziert; sie wird deshalb nicht mehr durch ihre Entfremdung bestimmt. Als individualisiertes menschliches Wesen, das seine *Funktionen* erfüllt, ohne sich darin zu verlieren, das die Zeit meistert und gegen die Zeit kämpft und so eine neue Zeit schafft, ist diese Frau eine außerordentliche, noch ungewisse, begrenzte, sogar von ihr selbst noch wenig begriffene Errungenschaft der *Moderne.* Und sie ist es, die uns Hoffnung auf die *Moderne* gibt[159].«

Von gesellschaftlichen Teil- oder Randgruppen erhofft sich Lefebvre eine Erneuerung der Gesellschaft. Wenn er aber diese Teilgruppen analysiert, dann fallen die Analysen oft so kritisch aus, daß sich unwillkürlich die Frage aufdrängt: Soll die so sehr mit Illusionen behaftete Jugend, sollen die Frauen, die auf eine ihnen unbewußte Art die obersten Subjekte und Objekte der Konsumgesellschaft sind, sollen die in ihrer Theorie isolierten und im System integrierten Intellektuellen, sollen diese Gruppen Träger und Modelle eines neuen Lebensstils werden? Aus Lefebvres Analysen leuchtet nur selten etwas hervor, das Ursprung einer erneuernden Kraft werden könnte. Wenn wir hier einige Passagen aus dem Gesamtwerk herausgegriffen haben, die auf subtile Weise Anlaß zu Hoffnung sein könnten, dann müssen wir doch darauf hinweisen, daß wir diese Analysen aus einer Fülle von negativ-kritischen Texten ausgewählt haben.

Bei der Beurteilung der Rolle des Proletariats stoßen wir auf einen widersprüchlichen Lefebvre. Einmal analysiert er die Auflösungserscheinungen der Arbeiterklasse, ein andermal ist sie ihm letzter Zufluchtsort und letzte Hoffnung: einmal warnt er vor dem Mythos des Proletariats, ein andermal scheint er selbst dem Mythos zu erliegen. Seine erhellenden Detailanalysen werden oft dadurch wieder verdunkelt, daß er sie mit einem Schema – dem der Klassendialektik – in Verbindung bringt. Sind seine verschiedenen Positionen nicht deshalb so widersprüchlich, weil er den Vorwurf, der Marxismus sei messianisch oder prophetisch, nicht zu entkräften vermag?

Seit etwa 1968 verwendet er einen Begriff, mit dem er die Richtigkeit der Klassentheorie zu retten meint: den Begriff der Klassenstrategie. Er ist sich bewußt, daß der *antagonistische Gegensatz* (eine Hegelsche Formel) zwischen Bourgeoisie und Proletariat in den fortgeschrittenen Industrienationen an Bedeutung verliert, daß das gesellschaftliche Unbehagen nicht in einer polarisierten gesellschaftlichen Klassenstruktur zu suchen ist. Die Mittelschichten beherrschen das Feld.

»Wie konnte eine solche gesellschaftliche Verschiebung stattfinden und möglich werden? Durch eine Folge von Operationen, die in den letzten zwanzig Jahren stattgefunden haben und von einer *Klassenstrategie* herrühren. Deren kritische Analyse setzt eine neue Erarbeitung des Begriffs *Klasse* (der nicht mehr mit dem eines bewußten, permanenten Subjekts verwechselt werden darf...) und des Begriffs *Strategie* (der in den Sozialwissenschaften noch neu ist) voraus[169].«

Führt Lefebvre die Marxsche Klassenkampftheorie nicht selbst ad absurdum, wenn er sagt, daß gegenwärtig eine neokapitalistische Tendenz die Initiative der Operationen übernommen habe, daß nachweislich eine Strategie feststellbar sei, aber kein Subjekt gefunden werden könne?

# Die Transformation der Alltäglichkeit

> Eines Tages werden wir Fragen dieser Art behandeln können: »Wie teuer kommt die Gesellschaft ein unter anderswo definierten Bedingungen mittelmäßiges Leben zu stehen? Wie teuer käme für die Gesellschaft ein unter ebenfalls anderswo definierten Bedingungen entfaltetes Leben zu stehen, wobei diese Entfaltung zur Norm würde?«
>
> Lefebvre, *Critique de la vie quotidienne*, II, 103.

Die Alltäglichkeit? Das Alltagsleben? Lefebvre hat diesem Thema nicht nur viele Artikel gewidmet; ein maßgeblicher Teil seines wissenschaftlichen Werkes, der Teil, der wohl seine eigentliche Originalität ausmacht, ist überschrieben mit *Critique de la vie quotidienne.* Wenn wir in einer tour d'horizon zu referieren versuchen, was er unter Alltäglichkeit versteht, dann bleibt fast unweigerlich ein Rest von Unbefriedigung zurück, ein Gefühl, wie man es etwa von einer Besichtigungsrundfahrt durch eine fremde Stadt her kennt. Man fragt sich: Lohnt sich solch eine oberflächliche Besichtigung überhaupt? Nun steht aber den wenigsten Leuten so viel Zeit zur Verfügung wie Jürg Federspiel, der zuerst anderthalb Jahre lang in New York gelebt hatte, bevor er sein *Museum des Hasses* schrieb.

Bevor wir an Hand der Themen, die wir als wesentlich betrachten, erläutern wollen, mit welchen methodischen Mitteln und unter welchen Gesichtspunkten Lefebvre die Kritik des Alltagslebens vornimmt, bevor wir einen Blick auf die mannigfaltigen Detailanalysen werfen, stellen wir die Frage: Was hat Lefebvre dazu bewogen, sich derart intensiv mit etwas zu befassen, das er als eine bestimmte Ebene der gesellschaftlichen Realität bezeichnet, eine Ebene, die tiefer liegt als die politische, die ökonomische, die kulturelle oder die ästhetische? Seine Hinwendung zu den Problemen des Alltagslebens hängt eng mit seiner Enttäuschung über den Verlauf der kommunistischen Revolution im zwanzigsten Jahrhundert zusammen. Nach seinen Erfahrungen mit dem Stalinismus kommt er zu der für ihn grundlegenden Einsicht, daß durch eine Revolution von oben das Leben der Menschen nicht in dem Sinn verändert wird, daß der Entfaltung des einzelnen mehr Möglichkeiten offenstehen. Von hervorragender Bedeutung wird deshalb für ihn immer mehr die Idee, »daß es im wesentlichen allein auf die Veränderungen im Alltagsleben ankommt, daß im Vergleich dazu die Umwälzungen des politischen Überbaus künstlich bleiben... Die politischen Veränderungen, die das Regime und die ökonomische Struktur (die Produktionsverhältnisse) modifizieren, sind nur insofern von menschlichem Interesse, als sie das Alltagsleben verändern. Für die Politiker dagegen sind die Veränderungen der Institutionen um ihrer selbst willen wesentlich[161].«

Je älter Lefebvre wird, desto mißtrauischer wird er gegenüber Veränderungen in der politischen Sphäre; zu diesem Mißtrauen gesellt sich die Einsicht, daß die Veränderungen des menschlichen Lebens nur sehr langsam vor sich gehen. Nicht von ungefähr erinnert er oft daran, daß die Geduld zu den revolutionären Tugenden zählt[162].

Muß man noch darauf hinweisen, daß Lefebvres Kritik des Alltagslebens nur auf technisierte und hochindustrialisierte Länder zutrifft? »Wir können nicht vergessen, daß für Hunderte Millionen, vielleicht sogar für Milliarden Menschen die Frage nicht darin besteht, das Alltagsleben zu verändern, sondern darin, überhaupt zu einem Alltagsleben zu gelangen. Aber vergessen wir auch nicht, daß Marxens revolutionäres Projekt nur für fortgeschrittene Länder einen Sinn hatte[163].«

## Zyklische und lineare Zeit

Der Ort, an dem die revolutionären Veränderungen sich manifestieren müssen, ist das Alltagsleben. Nun bereitet Lefebvre schon die Definition der *vie quotidienne* die allergrößte Mühe. Was ist das eigentlich, das Leben, so wie es ist – *la vie telle qu'elle est?* Ist es bloß das Banale, ein Inventar der Objekte, eine Analyse des Familienlebens? Einerseits ist es trivial und armselig, *humble et sordide*[164], dann nämlich, wenn man das Repetitive der immer gleichen Gesten betrachtet: Aufstehen am Morgen, Kaffee trinken, das Haus verlassen, Plätze überqueren, die Zeitung lesen und so fort. Unter diesem Aspekt lastet das größte Gewicht auf den Frauen. Sie verrichten täglich immer die gleichen Arbeiten im Haushalt, die Kinder verlangen die notwendigen und immer gleichen Handreichungen; den Frauen obliegt im allgemeinen die Verrichtung der niedrigen Arbeit, und fast immer akzeptieren sie widerstandslos die ihnen zugewiesenen Tätigkeiten.

Nun ist aber das Leben, das uns umgibt, nicht nur banal, trivial und armselig. Es ist auch reich und großartig, denn in ihm drückt sich der Lebensstil aus, zeichnen sich die großen Entwürfe ab, gehen die Entwürfe in Worte, Gesten und Tätigkeiten über.

Was hier provisorisch in die Dimension armselig-reich gebracht worden ist, können wir mit Hilfe des Begriffs des Repetitiven vertiefen. Gleichzeitig können wir darlegen, wie bei Lefebvre Themen des Alltags aus Fragestellungen der klassischen Philosophie hervorgehen.

Wenn er die Bedeutung des Repetitiven erforscht, geht er wohl von der Trivialität alltäglicher Wiederholungen aus: von den Gesten der Arbeit, den mechanischen Bewegungen der Hände und des Körpers, dem Hin und Her und so weiter. Die vielfältigen Formen der Wiederholungen aber führen ihn letztlich zum »*Rätsel der Wiederholung.* Der unermeßliche Fluß der heraklitischen Zeit in Natur und Kosmos, in der Geschichte, im individuellen und im sozialen Leben, diese unerschöpfliche Zeitlichkeit, die einigen der größten Philosophen vorschwebte – verschleiert diese Zeitlichkeit nicht die fundamentale Repetition? Das Bild, die Imagination, das Imaginäre scheinen in den Fluß der Zeit einzumünden und ihn weiterzuführen; und dennoch liegt vielleicht das Wesen des Imaginären in der Anrufung, in der Auferstehung der Vergangenheit, das heißt in einer Repetition[165].«

Die Frage nach dem Repetitiven im Alltagsleben läßt zwei verschieden Formen des Zeitbegriffs erkennen, die zyklische und die lineare Zeit. »Die Idee einer nichtlinearen Zeit hat nie aufgehört, mir wichtig zu erscheinen[166].« In der Tat diagnostiziert Lefebvre den Konflikt zwischen den beiden Formen des Zeiterlebens als Ursache eines tiefen Unbehagens. Dem zyklischen Zeitbegriff entsprechen kosmische und physiologische Rhythmen, die Rhythmen der Natur, der Geburt und des Sterbens. Die regelmäßige Wiederkehr der Stunden, Tage, Wochen, Monate, Jahreszeiten bedeuten eine organische Verbundenheit mit der Natur. Die so verstandene zyklische Zeit kennt weder Anfang noch Ende; sie schließt die repetitive Handlung nicht aus, das Repetitive ist jedoch einem größeren organischen Rhythmus untergeordnet. Die zyklische Zeit, die trotz der Wiederholung nie an den gleichen Anfangspunkt zurückkehrt, also nie streng reproduziert wird, ist immer ein Objekt magischer und religiöser Vorstellungen gewesen.

Technik und Industrie haben die zyklische Zeit durchbrochen. Immer mehr bestimmt die lineare Zeit den Lebensrhythmus. Die lineare Zeit beginnt absolut an einem Nullpunkt, steigt unendlich aufwärts und zerfällt in Fragmente, in partielle Zeiten, die einem abstrakten Programm zugeordnet werden. »Die Technik, welche die Zeit zerstückelt, produziert auch die repetitive, keinem Rhythmus integrierte und oft nicht integrierbare Bewegung: die Bewegungen der parzellierten Arbeit, Handlungen, die zu einem Zeitpunkt beginnen und zu einem andern aufhören[167].« Die Kritik des Alltaglebens untersucht die Persistenz der rhythmischen Zeit in der linearen Zeit; denn es ist eine Tatsache, daß das Alltagsleben immer noch wesentlich an zyklische Zeiten gebunden ist[168].

## Feld der Semantik

Um die Veränderungen in der Alltäglichkeit nachzuweisen, braucht es ein begriffliches Instrumentarium. Schon die Unterscheidung von zyklischer und linearer Zeit ist als ein Hilfsmittel anzusehen, das es ermöglicht, gewisse Phänomene zu beobachten. Wenden wir uns nun einem weiteren methodologischen Aspekt zu, der dazu dient, den Alltag deskriptiv zu erfassen: dem Feld der Semantik.

Bevor wir Lefebvres originalen Beitrag zur semantischen Forschung würdigen, müssen wir auf seine Stellung zum französischen Strukturalismus eingehen. Es gibt in Frankreich Marxisten wie Louis Althusser und seine Schüler, die sich vom wissenschaftlichen Rigorismus der Strukturalisten faszinieren lassen und einen marxistisch orientierten Strukturalismus vertreten. Henri Lefebvre gehört – mit Jean-Paul Sartre und Lucien Goldmann – zu den vehementesten Gegnern des Strukturalismus. Er bezeichnet die Theorien von Claude Lévi-Strauss und Michel Foucault als *Panstrukturalismus*, als eine Ideologie, welche die Tendenz aufweise, eine begriffliche Totalität zu errichten, die alle Wirklichkeit in *ein* System integrieren möchte. Der *Philosoph* der Strukturalisten, Foucault, hat in der Tat programmatisch verkündet: »Die große Träumerei von einem Ziel der Geschichte, das ist die Utopie des kausalen Denkens, wie der Traum von den Anfängen die Utopie des klassifizierenden Denkens gewesen ist[169].«

Lefebvre qualifiziert den Strukturalismus als einen neuen Eleatismus, als ein Denken, das in schroffem Gegensatz zur marxistischen Dialektik der Geschichte steht. Die neuen Eleaten, Claude Lévi-Strauss und Foucault, führen die Tradition des Parmenides und Zenon weiter. In der Vorsokratik – so Lefebvre – haben Parmenides und seine Schüler die Unveränderlichkeit des Seins, die Identität des Seins mit sich selbst betont. Für sie ist Bewegung und das Werden der Dinge nur eine Sinnestäuschung.

Die andere Richtung des vorsokratischen Denkens, die am deutlichsten durch Heraklit verkörpert wird, geht von den Illusionen, Täuschungen, Irrtümern, von der Bewegung aus. Sie zeichnet sich nicht durch Strenge des Denkens aus, sondern dadurch, daß sie Fragen stellt. Der Philosoph der Bewegung spricht in Bildern und Figuren; er bemerkt, daß das widereinander Strebende zusammengeht, er spricht von der Harmonie des einander Widersprechenden, der Harmonie von Bogen und Leier. Er verachtet die Welt und entwirft die Welt auf seine Weise: »Wie ein Haufen aufs Geratewohl hingeschütteter Dinge die schönste Weltordnung[170].«

Nach einem jahrtausendelangen Kampf zwischen den Heraklitern und den Eleaten, den Verfechtern eines dialektischen Werdens und denen der Identität aller Dinge, den Zukunftsgläubigen und den Immobilisten, den Vertretern eines dynamischen Weltbildes und denen eines statischen, stellt sich für Lefebvre die Frage, ob heute die Herakliter definitiv die Eleaten besiegt hätten: »Nein. Ein solcher Triumph ist nicht wünschenswert und nicht möglich. Die Idee des Werdens kann nicht definiert werden, das hieße sie erschöpfen[171].« Eine Reihe wissenschaftlicher Erkenntnisse laufe aber darauf hinaus, den Immobilisten, das heißt den Strukturalisten, Argumente in die Hand zu geben:

»Im Herzen der Zeit, mitten in der Zeitlichkeit, entdecken die Wissenschaftler die Diskontinuität, trennbare, also stabile Einheiten: Chromosomen und Gene, Atome und Elementarteilchen, Photonen und andere ... Die Erforschung der Diskontinuität erfaßt im Verlauf einiger Jahrzehnte alle Bereiche, von der Mathematik und der Physik bis zur Biologie, zur Linguistik. Seither versteht man alles, was sich ändert, was zu entstehen scheint, und die Erscheinungen selbst als ein Arrangement von elementaren Einheiten ... Die eleatische Anschauung gewinnt wieder Kraft und Sinn, in einer neuen Größenordnung. Die Analyse, die jede Bewegung auf Elemente reduziert, wird wieder aktuell, mit neuen Mitteln[172].«

Der neue Eleatismus zeichne sich durch einen Hang zu perfekten Modellen aus, diese perfekten Modelle zielten auf Stabilität, Gleichgewicht und Selbstregulierung ab, die Vorstellung des Werdens gerate in Mißkredit. Die neue Ideologie des Immobilismus leugne die Geschichtlichkeit des Seins, sie entdramatisiere. Die Geschichte müsse – gemäß dieser neuen Ideologie – gestoppt werden, weil sie nur in eine Katastrophe, in ein blutiges Chaos führen könne.

Lefebvre lehnt den Begriff der Struktur nie vollständig ab, er zieht es aber vor, von *Strukturierung* zu sprechen, weil mit diesem Terminus die wirkliche Bewegung gekennzeichnet werden könne, die der Strukturbildung und -auflösung. In seinen Studien untersucht er stets die Strukturen und die Veränderungsprozesse zugleich. Urs Jaeggi hat Lefebvres Attacken gegen die panstrukturalistische Ideologie, gegen die einseitige Herausstellung der Strukturen als Ordnungsschemata einfühlend umschrieben:

»Die panstrukturalistischen Tendenzen führen nach Lefebvre zu einer Verödung des Denkens und des Lebens. Die *Welt* der Strukturen und der Systeme ist eine Welt der Kristalle, vollkommen und steril. Es sind schöne, leere Muscheln. Man proklamiert inmitten des Chaos untergehender Ideologien das Prestige der Strenge. Pleonasmus und Tautologie grassieren in Metasprachen zweiten und dritten Grades. Die Wissenschaften und das Denken, die das Leben veränderten – der Marxismus, die Psychoanalyse, der Surrealismus, die Ethnologie – tendieren gegen eine frigide Reinheit. Was Folgen hat[173].«

Nach diesem etwas längeren Exkurs, der nötig war, um Lefebvres Position in der verwirrenden französischen Strukturalismus-Kontroverse grob zu umreißen, gehen wir auf das methodologische Rüstzeug ein, das er entwickelt hat, um wesentliche Aspekte der Alltäglichkeit deskriptiv zu erfassen. Eine wissenschaftliche Bestimmung der Alltäglichkeit ist mit semantischen Kategorien möglich. Seine semantischen Forschungen sind dadurch fruchtbar geworden, daß er zwischen Signalen, Zeichen und Symbolen *(signal, signe, symbole)* als Elementen des semantischen Feldes unterscheidet. Als Prototyp eines Signals nennt er die Verkehrsampel; ihr Rot und Grün spricht eine eindeutige Sprache; entweder wird eine Erlaubnis erteilt oder ein Verbot aufgestellt. Für das Signal gilt: »... die Bedeutung koinzidiert mit der Sache[174].« Ein Signal sagt, was es zu sagen hat, es gibt weder Unklarheit noch Zweideutigkeit. Als Prototyp des Zeichens kann das Wort gelten; seine Definition ist nicht so einfach. Es hat gemeinsame Eigenschaften mit dem Signal, ist aber bestimmten formellen Regeln unterworfen (der Syntax und der Grammatik) und gehört einem System an (der Sprache). »Das System von Zeichen (Sprache, Rede) gleicht also einem System von Signalen, aber es ist unvergleichlich reichhaltiger und geschmeidiger[175].« Das Symbol ist das dritte semantische Element und unterscheidet sich vom Signal und vom Zeichen dadurch, daß es unergründlich scheint und auch ist. Typisch für das Symbol ist, daß es affektive oder emotionale Bezüge herstellt.

»Während langer historischer Perioden beherrschten die Symbole dieses Feld... Schon zu Beginn unserer Kultur, als die Schrift an Bedeutung zunahm, und insbesondere, als der Buchdruck erfunden wurde, verschob sich das gesamte semantische Feld zum Zeichen hin[176].«

Der heutige Alltag wird einesteils durch Symbolismen bestimmt, die Symbole werden aber nicht als solche erkannt; andernteils werden die Signale als das Wesentliche angesehen. Die Signale gehören dem industriellen Zeitalter an, sie erfahren in der gegenwärtigen Epoche eine enorme Vermehrung, überschwemmen das alltägliche Leben, zugleich aber mindern sie die Bedeutung der Symbole. Die Verschiebung des semantischen Felds vom Symbol zum Signal kann als

Gesetz des industriellen Zeitalters angesehen werden[177], die Verschiebung kann auch als Verlust an Tiefe bezeichnet werden.

Mit der Einführung des Begriffs *sozialer Text* wird das semantische Feld von Lefebvre in origineller Weise erweitert. Der soziale Text umfaßt das gesamte semantische Feld, alles, was sich jedermann im alltäglichen Leben darbietet. Es stellt die unendliche Kombination von Signalen, Zeichen und Symbolen dar. »Jedermann steht ständig – Tag für Tag – vor einem sozialen Text. Er überfliegt ihn, liest ihn ... Nicht nur liest er ihn, sondern er wird gelesen, entziffert, erklärt (oder auch nicht). Jeder ist darin zugleich Objekt und Subjekt[178].« Wenn der soziale Text mit Symbolen überladen ist, wird er unleserlich, weil er zu reich ist; wenn er bloß auf Signale reduziert ist, wird er zur Banalität; wenn er zu klar ist, wird er langweilig. »Ein guter sozialer Text ist lesbar und informativ, überrascht, aber überanspruchт nicht die Kapazität des Subjekts[179].«

Fruchtbar wird Lefebvres Beitrag zur semantischen Forschung dort, wo er soziale Texte an konkreten Beispielen entziffert. Im Dorf ist für ihn die Wahrheit der Symbole am unmittelbarsten erhalten, ihrer Tiefe entspricht auch die Einfachheit: das Haus, das Feld, der Baum, der Himmel, der Berg, die Kirche, der Friedhof und so weiter. Der soziale Text einer Landschaft lebt vom Gegensatz zwischen den Symbolen der Natur und den Signalen des Menschen. Am schwierigsten ist die Stadt zu entziffern, »dieses kapitale Werk sozialer Gruppen und der gesamten Gesellschaft, das die Spuren der Kämpfe trägt, die die schöpferische Kraft stimuliert haben, ein Werk, das aber dazu neigt, diese Spuren auszulöschen[180]«. In der Stadt verdichten sich die Symbole in Monumenten, Kirchen, Kathedralen, Palästen und öffentlichen Bauten. Der Verdichtung der Symbole steht in den Arbeitervierteln deren Absenz gegenüber. In der Umgebung der Fabriken fehlen die Monumente, dort dominiert das Signal, die repetitive Bewegung der Arbeit.

Mit Vorliebe hält sich Lefebvre bei der Lektüre des sozialen Textes einer Straße auf. Die mittelalterliche Straße war das »Fundament der Gesellschaftlichkeit[181]«. Dort lauerten Gefahren und Versuchungen; die Straße entriß den Bürger, Handwerker oder Gesellen der Ruhe des Hauses und dem patriarchalischen Leben. Lefebvre verweist auf Restif de la Bretonne, der die Straßen von Paris auf einem Bild festgehalten hat, dessen pittoreske Züge noch heute in Neapel und in orientalischen oder asiatischen Städten zu finden sind[102]. Im Gegensatz zur Dorfstraße, die noch Züge eines natürlichen Lebens aufweist, bietet die Straße einer Stadt eine Fülle von Möglichkeiten: Man spricht von Verführung und Versuchung, von Gelegenheiten und Reizen, und zwar auf Objekte und Menschen, auf Begegnungen und

Abenteuer bezogen. »Sobald die Straße diesen Reiz verliert – weil sie leer oder weil sie im Gegenteil wegen des intensiven Autoverkehrs unerträglich wird –, verwandelt sich die Stadt in eine mondähnliche Wüste[183].«

## Die Technik im Dienst der Alltäglichkeit

Die Technik führt zweifellos zu einschneidenden Veränderungen des Alltagslebens. Das Verhältnis von Technik und Alltagsleben ist jedoch mit Vorsicht zu bedenken. Es ist nicht so, daß der technische Fortschritt primär auf die Transformation des täglichen Lebens ausgerichtet ist. Weltraumforschung und Nuklearforschung gelten, global gesehen, als die höchsten Aufgaben von Wissenschaft und Technik. Um die absolute Waffe herzustellen und um zu konstatieren, »daß der Mond ein Steinhaufen ist[184]«, werden die größten Anstrengungen unternommen. Daß bei diesen gigantischen technischen Unternehmen auch etwas für die Konsumgüterindustrie abfällt, ist nur mit bitterem Humor zu quittieren. Lefebvre fällt auf, daß der technische Fortschritt nicht primär zu einer Entwicklung des sozialen Lebens führt: »Das eigentlich soziale Leben stagniert, geht zurück, versinkt im Sumpf des Alltags, über dem sich die *kulturellen* Wunder entfalten[185].« Ferner vermißt er, daß keine politische Partei in ihrem Programm die Forderung aufstellt, es solle solange keine Weltraumabenteuer geben, als noch ungezählte Menschen Hunger leiden. Statt in bezug auf die größten technischen Projekte Prioritäten aufzustellen, welche die Entwicklung der Gesellschaft im Auge haben, lassen sich die Massen von der Eroberung des Kosmos faszinieren, nimmt die Technik Züge einer seltsamen Religiosität an: »Es ist übrigens klar, daß der alte Ausdruck *Entfremdung* (religiöse, ideologische, politische) zu schwach ist, um diese zugleich monströse und normalisierte, untolerierbare und tolerierte, bedrückende und unbeachtete Situation zu charakterisieren[186].«

Nach dieser Kritik an den technischen Mammutunternehmen, die Lefebvre in der 1967 verfaßten Broschüre *Contre les technocrates* vorträgt, geht er zu einer Analyse der Technokratie über. Er stellt fest, daß die Technokratie vor allem ein Mythos, eine Ideologie ist. »Das Schädliche der sogenannten Technokratie ist weniger ihr wirkliches Handeln als das Bild, das sie von sich selbst und von der Gesellschaft entwirft. Diesem Bild zufolge herrscht bereits die ausgereifte gesellschaftliche Rationalität oder wird in naher Zukunft herrschen[187].« Die alltägliche Praxis wird nicht etwa dadurch unerträglich, daß in ihr die Technik übermäßig angewandt würde. Die sogenannten Technokraten verwalten die Städte und Länder, die Produktion und die Konsumtion nicht im Sinn technischer Rationalität, sondern auf Grund anderswo fixierter Normen, die nichts mit Technik zu tun haben. Die Menschen glauben, rings um sie regiere die reine Technik, sie sehen nicht ein, daß nicht die Technik versagt hat, sondern daß diese von nichttechnischen Faktoren abhängt, von der Finanzierung, vom Profit, von der politischen Strategie und so weiter.

Im Gegensatz zu den technischen Werken, die auf Prestige ausgerichtet sind, zeichnet sich das Alltagsleben durch einen Mangel an Technik aus. Es ist nur halb technisiert und hat deshalb weder Stil noch Rhythmus gefunden. Es gibt eine Menge technischer Objekte, technischen Kleinkrams, *gadgets.* Diese kleinen Dinge bewirken aber keine tiefe Veränderung des Alltags. Und wie steht es mit dem *objet-pilote,* dem Auto? Lefebvres Kritik des Autos ist vernichtend: »Unsere sogenannte industrielle oder technische Gesellschaft besitzt dieses Symbol, ein Ding, das Prestige und Macht verkörpert. Die Diktatur des Autos, das heißt der Lobbies, welche die ökonomischen Entscheidungen und die sogenannte öffentliche Meinung im Sinn ihrer Interessen beeinflussen, diese Diktatur ist absurd[188].«

Die heutige Situation im Verkehrswesen kann nur mit einem Stammeln der Technik verglichen werden. Die Situation in den Städten ist katastrophal, weil die Einbildungskraft gelähmt zu sein scheint und man überall von technischen Zwängen spricht, die mit finanziellen Gründen motiviert und gerechtfertigt werden.

Unerbittlicher Kritiker der technischen Entwicklung, fällt Lefebvre doch nie in die Rolle eines pessimistischen Rückschrittspropheten. Sein Losungswort: »Die gesamte Technik in den Dienst des Alltagslebens stellen[189]!« ist auf die Erforschung neuer Möglichkeiten, die Verwirklichung utopischer Ziele ausgerichtet; utopisch aber nicht im reaktionären Sinn, im Projektieren einer kybernetischen Stadt, die nach den Erfordernissen des Verkehrs geplant wird, sondern utopisch im revolutionären Sinn, »indem der Realismus und Schwung der Utopie wiederhergestellt werden, indem eine Strategie des Möglichen entworfen wird[190]«. Heute könne es nicht mehr darum gehen, die Technik zu meistern, dazu seien die Weltraumforscher bestens in der Lage. Es gehe heute darum, die Technik dem Menschen dienstbar zu machen, und unter diesem Gesichtspunkt sei die Beherrschung der Technik lächerlich.

Es ist interessant, zu verfolgen, wie der ältere Lefebvre sich in der Einschätzung der Technik mit dem Standpunkt Martin Heideggers auseinandersetzt und er eine Position einnimmt, die teils einer Zustimmung, teils einer Ablehnung gleichkommt. Jedenfalls zeigt er eine gewisse Bewunderung für den deutschen Philosophen:

»Heidegger hat mit viel Umsicht das Schicksal der Technik erforscht, das heißt, eine sehr aktuelle Beziehung zwischen dem Menschen und seinen Werken. Er dringt also in die Praxis ein, um ihr Fragen zu stellen. Er hat jedoch in der industriellen Technik besonders einen Aspekt gesehen: die Zerstörung der Erde, das Verschwinden der alten Götter und den Tod Gottes, die Herrschaft der Mittelmäßigkeit (der Techniker und der Massen) ... Er hat nicht ihren verwirrendsten Aspekt hervorgehoben: die Veränderung des Lebens, des Denkens mit den Mitteln der Technik, den Maschinen ... Was ist diese Technik? Dienerin? Entfesseltes Ungeheuer, ein nicht mehr zu bändigender Golem? Was ist die Maschine? Um diese Fragen zu beantworten, muß man sie weiter vorantreiben, zu Ende denken, was der Macht der Technik anheimgefallen ist, und die Technik selbst durch das Denken bis zu ihren letzten Konsequenzen führen. Das hat Heidegger versucht, ohne aber alle Gegebenheiten der Frage in der Hand zu haben. Er hat nur das Wesentliche gesehen: die Technik. Neben ihm verblassen die anderen zeitgenössischen Philosophien, erscheinen veraltet ... Heidegger hat gesehen, daß dieses Wesentliche, die Frage der Technik, alle *Probleme* verschiebt[191] ...“

Eine Antwort auf die Frage, wieweit die Technik das verändern kann, was man gemeinhin als das Wesen oder die Natur des Menschen bezeichnet, soll im nächsten Abschnitt gegeben werden.

## Von der Veränderbarkeit des Menschen

Das meiste Material zu den Fragen, die traditionellerweise in das Gebiet der philosophischen Anthropologie gehören, ist bei Lefebvre in seinen Studien des Alltagslebens zu finden. Er hat jedoch immer davon abgesehen, eine eigentliche Anthropologie zu begründen. Auf ihn trifft der Satz von Paul Tillich zu: »Philosophische Anthropologie wirkt reaktionär[192].« Als treuer Schüler von Marx definiert Lefebvre den Menschen nicht bloß als politisches Wesen, als Mitglied der Polis, als vernünftig oder vernunftbegabt, nicht als ein Wesen, das sprechen, lachen und spielen kann oder das dem anderen Menschen ein Wolf ist, auch nicht als ein Wesen, das sich seiner eigenen Sterblichkeit bewußt ist. Lefebvre geht es nicht darum, all diese menschlichen Charakteristika zu verneinen, er sucht jedoch nach einer umfassenderen Bestimmung des Menschlichen und findet sie in den drei Dimensionen Bedürfnis – Arbeit – Genuß[193].

Frei die Marxschen Frühschriften interpretierend, entwickelt Lefebvre folgende Theorie des *menschlichen Totalphänomens*[194]: Der Mensch ist – wie alle Lebewesen – ein Wesen mit Bedürfnissen. Diese sind zuerst rein natürlich. Der Mensch wird erst menschlich, indem er arbeitet, sich durch die Arbeit aus der Natur heraushebt. Die Arbeit ist nicht bloß Vermittlung zwischen Natur und Mensch, sie hat eine eigene spezifische Realität; sie ist das Charakteristikum der gesellschaftlichen Aktivität, sie umfaßt die Werkzeuge, die Sprache, die Arbeitsteilung, Techniken, Produkte. Die Arbeit, die zuerst nur auf die Befriedigung der elementaren Bedürfnisse gerichtet ist, verändert mit der Zeit die Bedürfnisse selbst, schließlich modifiziert sie sogar die menschlichen Organe und Sinne. Erst so wird das Bedürfnis *menschliches* Bedürfnis. Das Bedürfnis wird Macht oder Wille, es wird Wunsch, wenn es ausdrücklich auf Genuß ausgerichtet ist. Die Arbeit verliert Sinn und Wirklichkeit, wenn sie nicht zu Genuß führt oder auf Genuß abzielt. Mittels Arbeit eigent sich der Mensch die Natur an, aber erst der Genuß macht die Aneignung effektiv.

Diese drei Dimensionen – Bedürfnis, Arbeit, Genuß – stellen »eine aufsteigende Spirale dar, die durch die ganze Geschichte geht und die Geschichtlichkeit des Menschen konstituiert[195]«. Bilden diese drei Dimensionen nun das Wesen oder die Natur des Menschen? Entwickelt Lefebvre also doch eine Anthropologie? Er verneint die Frage und behauptet, das Wesen des Menschen nicht definiert oder erschöpft zu haben. Er entwickelt skizzenhaft eine vierte Dimension:

»Betrachten wir das Spiel. Es kommt aus der Tiefe des spontanen Lebens und der natürlichen Aktivität: Die Tiere spielen, die Menschen ebenfalls. Als Attribut des menschlichen Wesens fällt das Spiel in keine der vorgenannten Dimensionen. Alle menschlichen Aktivitäten haben etwas Spielerisches. Das ganze Leben ist in gewissem Sinn ein Spiel: Risiko, verlorene oder gewonnene Partie. Von Kind an gibt es ein Bedürfnis nach Spiel ... Man kann sich den Menschen nicht ohne spielerische Aktivität denken, auch nicht die Gesellschaft ohne unterschwellige oder manifeste Spiele. Wäre das also eine vierte Dimension, die den drei räumlichen Dimensionen beigefügte menschliche Zeit? ... Es ist erstaunlich genug, daß unsere Epoche, die Epoche des Funktionalismus und der Technizität, den *homo ludens* entdeckt hat[196].«

Wer im Jonglieren mit Begriffen geschickt sei, könne leicht eine Philosophie des Bedürfnisses und des Mangels begründen. So nimmt Lefebvre die philosophische Ansätze bei Hegel und Marx bloß zur Kenntnis, betont aber, daß es darauf ankomme, die Verhältnisse im konkreten, wirklichen Leben zu kennen. »Der Mensch ist alltäglich. Der Mensch wird sich im alltäglichen Leben vollenden: in einer Alltäglichkeit, die anders sein wird als die uns heute umgebende[197].« Im Einleitungsband zur *Critique de la vie quotidienne* umreißt Lefebvre eine Problemstellung, die für ihn richtungsweisend ist:

»Heute weiß man nicht, wie man lebt... Während wir zu leben versuchen, geben uns Religion, Moral, Literatur und Sprache jeden Augenblick ein offizielles Bild von uns selbst... Die Kritik des Alltagslebens wird deshalb vorschlagen, eine Enquête zu veranstalten mit dem Titel: Wie lebt man[198]?«

Lefebvre hat die angekündigte empirische Analyse der Bedürfnisse nie systematisch durchgeführt, wohl aber hat er eine neue theoretische Unterscheidung getroffen, die zwischen Bedürfnis und Wunsch. Die Bedürfnisse umfassen den Bereich, der mit Instinkt, vitaler Energie, Trieb, Spontaneität umschrieben wird. Zu den fundamentalen, biologisch und physiologisch bestimmten Bedürfnissen zählen Hunger, Durst, Sexualität, aber auch das Bedürfnis nach Spiel oder nach Freisetzung akkumulierter Energie. Die weite Landschaft der Bedürfnisse ist nur approximativ bestimmbar: »Das Bedürfnis erscheint als eine dem Ausdruck und den Handlungen zugrunde liegende Energie... Wir erreichen nie die Wurzel des Bedürfnisses, das Bedürfnis im allgemeinen oder das spezifische Bedürfnis[199] ...«

Der Wunsch anderseits kann als das menschlich gewordene Bedürfnis bezeichnet werden; er ist dem Menschen durch Arbeit, Sprache, Kultur oder soziale Kontrolle vermittelt worden. Als individualisiertes Bedürfnis ist der Wunsch etwas vom tiefer liegenden Bedürfnis völlig Verschiedenes, doch ohne Affinität zu einem solchen nicht denkbar. »Der Wunsch bildet sich als Wunsch heraus, oder richtiger: er verwandelt sich in einen wahren Wunsch, indem er die Zone der Zwänge durchquert und sich auf diesem gefährlichen Weg individualisiert. Er ist weder auf die Befriedigung noch auf Mangel an Befriedigung fixiert. Er ist nicht nur dunkler oder strahlender Eros, sondern auch Ironie, Kampf, Erkenntnis ... So nähert sich der Wunsch, der durch die Feuerprobe des Alltags zu Individualität gelangt ist und vom Individuum... Besitz ergriffen hat, vielleicht dem Glück[200].«

Um unsere Behauptung, Lefebvre bleibe nicht bei einer Philosophie der Bedürfnisse, bei einer abstrakten Theorie stehen, zu beweisen, müssen wir – wenigstens andeutungsweise – zeigen, wie er auf die Praxis eingeht. Für ihn ist das Alltagsleben der Ort, an dem die dialektische Bewegung zwischen Bedürfnis und Wunsch stattfindet. Um die Prozesse der industrialisierten Produktion und Konsumtion zu analysieren, geht er von der Unterscheidung zwischen Bedürfnis und Wunsch aus, deckt verkümmerte, degenerierte und neue Bedürfnisse, falsche, künstliche oder entfremdete Wünsche auf. Im konkreten Leben beispielsweise zielt die Reklame immer auf ein ganz bestimmtes Bedürfnis. Dieses Bedürfnis soll durch bestimmte Gegenstände befriedigt werden. Da aber heute die Produzenten nicht nur Produkte erzeugen, sondern auch Bedürfnisse und Wünsche, kann es so weit kommen, daß das Individuum (der Konsument) nicht mehr ein echtes Bedürfnis empfindet und befriedigt, daß der Wunsch etwas Künstliches wird. Der Konsument hat keine Bedürfnisse und Wünsche mehr, er gehorcht nur noch den Suggestionen der Reklame, er glaubt den absurdesten Motivationen.

Die Furcht davor, mit einer einmal beendeten Philosophie der Bedürfnisse oder einer abgeschlossenen Theorie des menschlichen Totalphänomens den menschlichen Möglichkeiten dogmatisch oder willkürlich Grenzen zu setzen, hält Lefebvre meist davon ab, seine Forschungen zum Thema Mensch als *Anthropologie* zu bezeichnen. Daß philosophische Anthropologie aber immer reaktionär sei, trifft nur zur Hälfte zu. Auch Lefebvre hat eine gewisse Vorstellung vom Menschen. Unter der Bezeichnung *dialektische Anthropologie* zeichnet er das Bild eines Menschen, der sich in den Widersprüchen und in der Zerrissenheit immer weiter entwickelt, und zwar nach dem Gesetz der ungleichmäßigen Entwicklung.

»Man weiß, daß die langsame Reifung des menschlichen Wesens, die es abhängig macht, von der Familie, den Wohnverhältnissen, der Nachbarschaft und dem Phänomen der Großstadt, die Erziehbarkeit impliziert und eine erstaunliche Plastizität zur Folge hat. Dieses Wesen, das heranwächst und sich ungleichmäßig entwickelt, hat dringende Bedürfnisse und differenzierte Bedürfnisse. Die einen gleichen es seinen Vorfahren, seiner Umgebung an, die anderen drängen es zur Verschiedenheit. Sein Elend macht seine Größe aus; seine Dysharmonien und seine Dysfunktionen treiben es voran, seiner Bestimmung zu. Es bleibt stets widersprüchlich. Der dramatische, konfliktvolle Charakter der Bedürfnisse und Wünsche hat anthropologische Bedeutung. Diese noch unsichere Wissenschaft kann sich nur dialektisch konstituieren, indem sie den Widersprüchen Rechnung trägt. Das menschliche Wesen hat das *Bedürfnis,* zu akkumulieren und zu vergessen; es hat das gleichzeitige oder sukzessive Bedürfnis nach Sicherheit und Abenteuer, nach Geselligkeit und Einsamkeit, nach Befriedigung und Spannung, nach Ungleichgewicht und Gleichgewicht, nach Entdeckung und Kreation, nach Arbeit und Spiel, nach Sprechen und Schweigen[201].«

## Parzellierung des Alltagslebens

Früher war das Alltagsleben eine Einheit, ein Ganzes, es waren – wie Lefebvre ausführt – darin keine tiefen Risse feststellbar. Der Alltag bestand aus der »Wiederholung der gewohnten Handlungen:

essen, trinken, schlafen, arbeiten. Die meisten Leute mußten sich dieses Leben, das kaum mehr als ein Überleben war, hart verdienen. Aber dieses Leben von Tag zu Tag war in große Zyklen und große Systeme eingebettet: die Monate, die Jahreszeiten, die Jahre, das Leben und der Tod. Die Religion, der Sinn für das Heilige, später die Ehtik, durchdrangen das Leben und verwandelten es. Die Kulturen, wie man in der zeitgenössischen Soziologie und Ethnologie sagt, erstreckten sich bis in den Alltag hinein. Genauer besehen, waren sie keine Systeme oder Kulturen im heutigen Sinn ... Sie waren Stile des Lebens, der Werke und der Zivilisation[202].«

Das auffallendste Merkmal des heutigen Alltagslebens ist dessen Teilung, Aufspaltung oder Aufsplitterung. Was früher ein organisches Ganzes bildete, tritt heute als Zerstückeltes in Erscheinung. Die einzelnen Sektoren des Lebens – Arbeit, Privat- oder Familienleben und Freizeit – sind voneinander so isoliert wie einzeln verpackte Waren. Seit wann ist laut Lefebvre die Aufspaltung des Alltagslebens festzustellen? Auf dem Lande war bis in die jüngste Vergangenheit das gesamte Leben von der produktiven Arbeit her bestimmt, der Arbeitsort ist die Umgebung des Hauses, zwischen Familienleben und Arbeit klafft kein Abgrund, der Bauer kennt keine von Arbeitsort und Familie losgelöste Freizeit. Erst die seit wenigen Jahrzehnten einsetzende Industrialisierung der Landwirtschaft hat auch dort die Einheit des Lebens zerstört. Im städtischen Milieu findet seit Beginn der bürgerlichen Epoche – in Frankreich seit dem siebzehnten Jahrhundert – eine Differenzierung statt, eine Trennung in verschiedene Elemente. Das Familienleben ist von der produktiven Arbeit losgelöst, ebenso die Freizeit. Die Differenzierung geht allerdings nur langsam vor sich. Lefebvre weist darauf hin, daß die Bürger des sechzehnten und siebzehnten Jahrhunderts nur scheinbar außerhalb der Arbeitsteilung gestanden seien und nur scheinbar ein müßiges Leben geführt hätten: »Leonardo da Vinci war Ingenieur und gleichzeitig Künstler. Und Rabelais: Arzt, dann Dichter, ein enzyklopädischer Kopf und Romanschriftsteller. Montaigne war Verwalter. Und Descartes Offizier, später Gelehrter[203].«

Als Ursache der Zerstückelung des Lebens ist die Arbeitsteilung anzusehen. Daß Lefebvre beim Studium der Arbeitsteilung eine interessante Unterscheidung einführt, ist schon Iring Fetscher aufgefallen[203]. Die Arbeitsteilung kann positiv gewertet werden, insofern sie zu einer Trennung der verschiedenen Arbeitsprozesse führt, die einander fremd und unverständlich werden. Fetscher hat ohne Kenntnis von Lefebvres Spätwerk dessen fruchtbaren theoretischen Ansatz erkannt und ihm zugestanden, daß er mit seiner differenzierten Betrachtung der Arbeitsteilung in der Lage sei, einen idealen Endzustand zu schildern, »ohne die utopische Beschreibung zu akzeptieren, die Marx an einer Stelle der *Deutschen Ideologie* gibt und die im Widerspruch zur komplizierten Welt moderner Technik steht[205]«.

Die Arbeitsteilung, die sich auf die gesellschaftliche Entwicklung nicht nur nachteilig auswirkt, sondern diese auch stimuliert, hat einen technischen und einen gesellschaftlichen Aspekt. »Marx zeigt die sukzessive Teilung der Arbeit zwischen den Geschlechtern, zwischen Stadt und Land, in manuelle und geistige Arbeit, entsprechend den *technischen* Erfordernissen der Werkzeuge und den *gesellschaftlichen* Erfordernissen der organisierten Produktion, zwischen den Gruppen und Klassen[206].« Oder auch: »Marx unterscheidet deutlich die technische Arbeitsteilung von der gesellschaftlichen Teilung. Die technische Arbeitsteilung ist bedingt durch die Produktionsweise, die Werkzeuge und Maschinen und deren Verwendung. Die gesellschaftliche Arbeitsteilung wird der technischen aufgepflanzt und fügt ihr etwas hinzu: zum Beispiel eine Ideologie, den Fachidiotismus[207].«

Die Aufhebung der Arbeitsteilung im Zeitalter der industriellen Produktion ist nach Lefebvre nur dann realisierbar, wenn erstens die technischen Geräte, die Maschinen, die zur technischen Arbeitsteilung geführt haben, gesellschaftlicher Kontrolle unterstellt werden und wenn zweitens ein Lebensstil gefunden wird, der die Aufsplitterung in Gruppen und Klassen überwindet, »indem nur noch jene Ungleichheiten übrigbleiben, die von den irreduktiblen Unterschieden zwischen den Individuen und den Gruppen herrühren[208]«.

Wenden wir uns nun den drei großen Sektoren zu, die das heutige Alltagsleben ausmachen. Die Problematik des ersten Sektors, der *Arbeit*, haben wir schon weitgehend dargelegt. Der technische Produktionsprozeß verlangt Spezialisierung, Qualifikation. Die Arbeit ist zeitlich und räumlich fixiert, sie wird im Betrieb oder Büro nach genau festgelegten Regeln verrichtet. In verschiedenen Richtungen zeichnen sich Grenzfälle als Folge der Arbeitsteilung ab: Die manuelle Arbeit ist durch technische Überspezialisierung gekennzeichnet, die geistige Arbeit durch ein Spezialistentum anderer Art, die Tendenz zu Intellektualismus und abstrakter Theorie. Diese Grenzfälle der Arbeitsteilung sind deshalb als entfremdete Tätigkeiten zu werten, weil sie nicht mehr in Beziehung zur gesellschaftlichen Praxis stehen und das Individuum in seiner Arbeit isolieren.

Das *private* oder *Familienleben* ist der zweite Bereich, der sich immer deutlicher als geschlossene Sphäre des Alltags abzeichnet. Das Phänomen der *Reprivatisierung des Lebens* – wie Lefebvre es nennt – steht einer notwendigen und effektiven Sozialisierung der Gesellschaft im Wege. Wer aus der Tradition des Individualismus heraus denkt und empfindet, dem scheint das Privatleben höchste Bedeutung zu haben. Doch wie rasch wird das Wichtige unwichtig, von wie kurzer Dauer ist die Heiligkeit des Privaten:

»Nehmen wir ein Photoalbum. Jedes Gesicht, jede Szene enthält eine Episode oder eine Periode des Lebens, jedes Bild ist mit Bedeutung beladen. Diese Gesichter und Szenen verblassen sehr rasch; sie geraten in Vergessenheit, die Toten sterben ihren gesellschaftlichen, endgültigen Tod; die Dramen verlieren ihre Schärfe und die Dinge sind nicht mehr von Bedeutung verklärt[209] ..."

Es ist erstaunlich, ja paradox, daß die moderne Technik, vor allem Radio und Fernsehen, das Privatleben nicht zum Politischen hin geöffnet, sondern im Gegenteil zu einer Abkapselung des einzelnen geführt hat. »Der Privatmensch, der sich nicht einmal mehr als Staatsbürger fühlt, beobachtet von seinem Lehnstuhl aus das Universum, ohne darauf Einfluß zu nehmen, ohne sich mit Verantwortung dafür zu belasten. Er betrachtet die Welt. Er wird weltoffen, aber bloß als Zuschauer. Er gewinnt *Wissen.* Aber worin besteht eigentlich dieses Wissen? Nicht in wirklicher Erkenntnis, nicht in Macht über die gesehenen Dinge, nicht in wirklicher Teilnahme an den Ereignissen. Es ist nur eine neue Art und Weise des Zuschauens: ein gesellschaftliches Zuschauen, auf das Abbild der Dinge gestellt, aber auf Ohnmacht, falsches Bewußtsein und Quasi-Erkenntnis, auf Nichtteilnahme beschränkt... Es ist *privé* im Sinn von *beraubt,* das Zuschauen eines der Wirklichkeit beraubten Menschen[210].«

Die seit 1950 zunehmende Reprivatisierung des Lebens hat dem Wort *privat* seinen ursprünglichen Sinn wiedergegeben. Das Privatleben ist *Privation,* Entzug der aktiven Teilnahme am öffentlichen Leben. Als erste Ursache der Reprivatisierung ist die Angst vor der Atomgefahr anzusehen, aber auch die Angst vor der immer komplexer werdenden Gesellschaft. Obgleich der Familie in den letzten Jahrzehnten schon oft der völlige Zerfall vorausgesagt wurde, ist sie als Kleinfamilie zu einer Zuflucht vor Gefahren und Bedrängnissen geworden. Es ist interessant, daß gerade der anarchisch gestimmte Lefebvre auf die Verfestigungstendenzen der Kleinfamilie, der *Kernfamilie,* aufmerksam macht.

Der dritte Sektor des Alltags ist die *Freizeit.* Sie hat sich, historisch gesehen, nur sehr langsam aus der generellen Aktivität herausgelöst, ist heute aber zu einem allgemeinen Bedürfnis geworden. Auffallend an der Freizeit ist der Kontrast, in dem sie zur Arbeit steht. Der moderne Mensch sucht in der Freizeit Befreiung und Vergnügen, Entlastung von Sorge und Beunruhigung, alles, was ihm Arbeit und Familien- oder Privatleben nicht bieten. Lefebvre anerkennt, daß in der Freizeit ein Teil der Entfremdung, zu der die spezialisierte Arbeit führt, aufgehoben werden kann, aber eben nur ein Teil. Er legt deshalb in seiner Analyse den Schwerpunkt auf die entfremdenden Freizeitbeschäftigungen: Sportveranstaltungen, denen man als passiver Zuschauer beiwohnt; die Freizeitindustrie, deren ausgebeutetes Opfer man wird; die vergebliche Jagd nach dem einfachen Leben in der unberührten Natur, und so weiter.

Wir haben bis jetzt die drei Sektoren charakterisiert, in die der Alltag zerfällt, die drei Aspekte, die früher einmal ein Ganzes bildeten. Heute ist jeder dieser Sektoren strukturell und funktionell gegliedert. Trotz des unerbittlich Trennenden zeichnet sich auch immer deutlicher das Gemeinsame dieser Bereiche ab: Überall ist der Mensch zu Passivität und Nichtteilnahme verurteilt. In der Arbeit muß er die Entscheidungen hinnehmen, die an anderer Stelle, weit oben, gefaßt worden sind; im Privatleben wird er immer mehr von den vorfabrizierten Gebrauchsgütern und der dazugehörigen Reklame abhängig; auch in der Freizeit bleibt er auf weite Strecken passiv. Lefebvre fragt sich deshalb, ob der Alltag in seiner gegenwärtigen Form, mit seiner Entfremdung und Monotonie, so hingenommen werden soll, wie er ist, ein Alltag, der zu einer *Soziologie der modernen Langeweile* Anlaß gibt[211].

## Die urbanistische Revolution

Lacq-Mourenx, ein Zentrum der Petrochemie, der Erdgas- und Schwefelverarbeitung, ist der Stolz des modernen Frankreich, eine große Industrie-Agglomeration am Rand der Pyrenäen, im alten Aquitanien. Lacq-Mourenx ist eine *ville nouvelle,* Stadt ohne Vergangenheit, ohne Zukunft (niemand weiß, was geschehen wird, wenn um etwa 1980 die Ergasvorkommen erschöpft sein werden). Wenn Lefebvre über das Schicksal der modernen Industriestadt nachdenkt, geht er oft vom Beispiel Lacq-Mourenx aus[212]. So meditiert er einmal auf einem Hügel in der Umgebung dieses Industriekomplexes über folgenden Satz des jungen Marx: »Die große Industrie nahm der Teilung der Arbeit den letzten Schein der Naturwüchsigkeit. Sie vernichtete überhaupt die Naturwüchsigkeit, soweit dies innerhalb der Arbeit möglich ist, und löste alle naturwüchsigen Verhältnisse in Geldverhältnisse auf. Sie schuf an der Stelle der naturwüchsigen Städte die modernen, großen Industriestädte, die über Nacht entstanden sind[213].«

Die Stadt des Altertums und des Mittelalters war ein organisches Ganzes, die Leute lebten in und mit den Bauten, den Häusern, Palästen, Kirchen und Monumenten. Die Stadt war Werk, Kunstwerk, mehr als eine Anhäufung von Objekten. Die Menschen, die darin lebten, hatten ihre Lebensweise, ihre Praxis, ihre Arbeit, ihre Orte der Begegnung. In *Introduction à la Modernité* vergleicht Lefebvre die historisch gewachsene Stadt mit einer Muschel, einem Weichtier, das in einer langsam abgelagerten und fein strukturierten Schale wohnt. Hat man nur das schleimige, unförmige, lebendige Tier vor sich, losgelöst von der Schale, so ist es schwierig, die Beziehung zur Struktur der Schale mit ihren Rippen und Rillen, symmetrischen und verborgenen Details herzustellen. Aber gerade auf die Beziehungen kommt es an, auf die Beziehungen zwischen dem unermeßlichen Leben und dem Gehäuse, zwischen der pulsierenden Gegenwart und der jahrhundertealten Zivilisation und Kultur, die an den vielfältigen Formen der Bauten, dem Gesamtwerk der Stadt, abzulesen sind[214]. Die in den vorherigen Abschnitten dargelegten Probleme der Alltäglichkeit hängen eng mit der Krise der heutigen Stadt, mit dem globalen Urbanisierungsprozeß zusammen. Seit 1960 rückt dieses Phänomen bei Lefebvre immer mehr in den Mittelpunkt. Er veröffentlicht Aufsätze in Architekturzeitschriften, behandelt Fragen der Großstadtsoziologie, wird Direktor des *Institut de sociologie urbaine de Paris*, gibt im Verlag *Anthropos* die Reihe *Société et urbanisme* heraus. Die Verschiebung seines Forschungsschwerpunktes kommt nirgends deutlicher zum Ausdruck als in der 1970 erschienenen Aufsatzsammlung *Du rural à l'urbain*. Eindrucksvoll ist das weite Spektrum der soziologischen Analysen, das von Arbeiten über die sozialen Klassen in Italien, über die Lage der Taglöhner und Saisonarbeiter in der Toscana, die *braccianti*[214], bis zu vielfältigen urban-soziologischen Studien reicht. Und Lefebvre gelangt zu dem Schluß: Die erste Welle der Weltrevolution, die durch die Agrarreform geprägt war, ist verebbt; die zweite Revolutionswelle wird durch die Urbanreform geprägt sein.

Nachdem man mehr als ein Jahrhundert lang die Industrialisierung als Ausgangspunkt für Analysen der großen gesellschaftlichen Prozesse genommen hat, gilt es jetzt, den Prozeß der Urbanisierung ins Zentrum zu stellen. Die Industrialisierung hat am Rande der Stadt begonnen, sie hat sich über die Vorstädte und Stadtrandsiedlungen ausgebreitet und von außen her die alte Stadt zerstört.

»Wir haben einen doppelten Prozeß vor uns, oder – wenn man will – einen Prozeß mit zwei Aspekten: Industrialisierung und Urbanisierung, Wachstum und Entwicklung, ökonomische Produktion und soziales Leben. Die beiden untrennbaren Aspekte dieses Prozesses bilden eine Einheit; zugleich ist der Prozeß konfliktgeladen[216].«

Gegenüber Marx ist das Neue so zu bestimmen: »Marx hat nicht gezeigt (in seiner Zeit konnte er es auch nicht), daß die Urbanisierung und das Städtische den Sinn der Industrialisierung enthalten. Er hat nicht gesehen, daß die industrielle Produktion die Urbanisierung der Gesellschaft implizierte ... Zur Zeit von Marx stellte sich nur das Problem des Wohnens; es wurde von Engels studiert. Das Problem der Stadt aber übersteigt gewaltig das des Wohnens. Man hat die Grenzen des marxistischen Denkens nicht erkannt[217].«

Die städtische Revolution bedeutet »die Gesamtheit der Transformationen, die sich in der gegenwärtigen Gesellschaft abspielen, um von der Periode, in der die Fragen des Wachstums und der Industrialisierung dominierten (Modell, Plan, Programm), in die Periode einzutreten, in der die Problematik der Städte die Oberhand gewinnt, in der die Suche nach den spezifischen Lösungen und Modalitäten der städtischen Gesellschaft an erster Stelle stehen wird[218]«.

Das Phänomen der modernen Stadt ist für Lefebvre etwas so Neues, daß er in seinen einschlägigen Studien die Marxsche Revolutionsidee nochmals aufgreift. Er überdenkt im Hinblick auf die Stadt neuerlich das Problem der Aufhebung und Verwirklichung der Philosophie. Er stellt die politische Frage nach der Macht und den Entscheidungszentren in der Großstadtgesellschaft, er polemisiert heftig gegen die urbanistischen Ideologien, Illusionen und Mythen, gegen die zentralistischen, staatlichen, technokratischen Pläne und Programme, er kritisiert die negativen Aspekte der Urbanisierung, die Unifunktionalität des Bauens, die Reduktion des semantischen Feldes auf das Signal, die unerträglich gewordene Teilung, Zerstückelung und Parzellierung der Arbeit und des Lebens. Er fragt sich, warum die Betroffenen, die Bewohner der Städte, bis heute passiv geblieben sind, und sucht nach den Ursachen dieser Passivität. Und wieder stoßen wir auf starke poetische Bilder. Wie Heidegger zitiert er Hölderlin: »Dichterisch wohnet der Mensch[219] ...« Und dagegen stellt er die klägliche Realität des Wohnens in *Wohnmaschinen.*

Ein grundsätzliches Werk erscheint 1972: *La pensée marxiste et la ville.* Einmal mehr erweist sich Lefebvre als ein fruchtbarer und origineller marxistischer Denker. Er aktualisiert diesmal die Schriften von Marx und Engels in der Art, daß er untersucht, was die beiden zum Thema *Stadt* gesagt haben.

Zuerst wird Engels' Studie über die Lage der Arbeiterklasse in England analysiert. In London und Manchester hat Friedrich Engels die Realität der Großstadt in ihrem ganzen Schrecken entdeckt. »Für ihn ist diese Realität jedoch nie einfach mit Unordnung identisch, noch weniger mit dem Bösen, mit einer Krankheit „der Gesellschaft", wie in vielen literarischen und wissenschaftlichen Texten bis in unsere Epoche. Engels begreift London, Manchester und andere englische Agglomerationen als Wirkungen von Ursachen und Gründen, die man erkennen und folglich meistern kann[219].«

In den *Manuskripten von 1844*, in der *Deutschen Ideologie*, in den *Grundrissen der Kritik der politischen Ökonomie* und im *Kapital* findet Lefebvre die wesentlichen Texte, welche die Arbeitsteilung, die Rolle der politischen Ökonomie und die Kapitalbildung im Verhältnis zur Stadt darstellen. Die neue Lektüre der Marxschen Texte fördert nicht nur unerwartete Entdeckungen zutage, sie führt auch – was sehr wesentlich ist – zu einer neuen Interpretation der Marxschen Theorie. »Die Texte von Marx und Engels über die Stadt haben erst ihren Sinn freigegeben, nachdem sie in die Bewegung des ganzen Denkens jener beiden eingefügt worden waren . . . Die Forschung, die das Denken von Marx fortsetzt, versucht nicht, eine Kohärenz zu entdecken oder zu konstruieren: ein *urbanes System*, urbane Strukturen und Funktionen im Innern der kapitalistischen Produktionsweise. Ein Denken, das sich mit gutem Recht *marxistisch* nennen kann, wird die Kohärenzen den Widersprüchen unterordnen[220].«

*La pensée marxiste et la ville* kann als Schlüssel für eine Reihe von neuen – oft recht schwierigen – theoretischen Aufsätzen gelten, die in den letzten Jahren von Lefebvre publiziert worden sind. Den entscheidenden Widersprüchen der Gegenwart auf die Spur zu kommen, ist eines seiner wesentlichen Anliegen. Die Beschäftigung mit den Arbeiten von Marx und Engels über die Probleme der Stadt in der zweiten Hälfte des neunzehnten Jahrhunderts kann unter diesem Aspekt sehr nützlich sein: Man erkennt, was es ein Jahrhundert später in diesem Bereich an Neuem gibt.

# Schluß

# Die revolutionäre Romantik

Nachdem wir die wesentlichen Elemente von Lefebvres Marx-Interpretation erläutert und insbesondere versucht haben, die markanten Akzente herauszuarbeiten, die in ihrer Gesamtheit seine undogmatische, schöpferische Weiterentwicklung der Marxschen Revolutionskonzeption ausmachen, bleibt noch die Frage: Ist es möglich, seine mannigfaltigen Impulse, Anregungen, Analysen und Kritiken als Gesamtheit zu würdigen, ist es möglich, seine Stellung innerhalb der uneinheitlichen marxistischen Bewegung zu bestimmen, läßt sich Lefebvre überhaupt einordnen? Das einzige Kriterium, das eine allgemeine Charakterisierung ermöglicht, ist die in allen Werken nachweisbare neoromantische Grundtendenz.

Marx, der Ästhet, Marx, der Romantiker. Von diesen beiden Aspekten aus ist eine Kritik am Marxschen Denken schon oft versucht worden[1]. Aus Marxens Jugendschriften kann eine Philosophie der Kunst herausgelesen werden; von seiner Anthropologie hat man gesagt, sie sei im wesentlichen ästhetisch ausgerichtet, stammt von ihm doch der Satz: »Der Mensch formiert nach den Gesetzen der Schönheit[2].« Der Nationalökonomie seiner Zeit warf Marx vor, sie predige den Menschen Sparen, Entsagen und Darben; er aber träumte von einem unbeschwerten Leben, vom Genießen des Schönen und Angenehmen. Deshalb wird Kritik an seinem Ästhetizismus geübt: »Marx ließ sich allzu sehr nur vom Drang nach Genuß des Schönen und erstaunlich wenig von der Verpflichtung zum Tun des Guten leiten. Sein kommunistischer Mensch war Ästhetiker, nicht Ethiker[3].«

Zusammen mit Schelling und Nietzsche ist Karl Marx oft auch als Romantiker bezeichnet worden. Mit Hilfe einer radikal-negativen Kritik der Romantik hat man dann versucht, die Marxsche Lehre als eine reine Destruktion abzutun. Die Romantik sei gekennzeichnet durch prometheischen und titanischen Geist, durch pure Negation, durch Gefallen an Unordnung und Chaos, durch Ablehnung der Traditionen, insbesondere der griechisch-römisch-christlichen Tradition. Das romantische Individuum lasse sich nur von Leidenschaft, Stolz und lyrischen Gefühlen leiten, es lehne sich radikal gegen die vorhandenen, aus einer Tradition hervorgegangenen gesellschaftlichen Normen auf. Der Selbstvergottung des Menschen seien keine Grenzen gesetzt, die Betonung der autonomen Rechte seien daher letztlich antisozial. Für den Marx-Kritiker Kux ist die Romantik identisch mit »Frontstellung gegen die bürgerliche Welt[4]«. Die Romantik sei die geistige und politische Gegenbewegung zur protestantischen Ethik, zur rationalen Wissenschaft der Aufklärung und zum kapitalistischen Geist gewesen. Der romantische Veränderungswille sei rein destruktiv. Kux ist wie Ernst Troeltsch der Auffassung, daß die Wiederholung des Aufstandes gegen die *Philisterwelt* im zwanzigsten Jahrhundert »in den totalitären Massenbewegungen der Gegenwart welthistorisches Ausmaß[5]« erhalten habe.

Henri Lefebvre versteht sich selbst als Romantiker, er glaubt jedoch eine geistige und politische Tradition fortzuführen, die der Begründung einer totalitären Massenbewegung entgegengesetzt ist. Er unterscheidet innerhalb des Marxismus zwei *Schulen*, die neoklassizistische und die neoromantische.

»Der marxistische Philosoph Georg Lukacs, der uneingeschränkte Achtung verdient, verbindet seinen Namen mit der ersten Tendenz. Der Verfasser des vorliegenden Buches hofft den seinen mit der zweiten Tendenz zu verbinden[6].«

Revolutionäre Romantik oder romantische Revolution sind Ausdrücke, auf die man bei Lefebvre oft stößt. So macht er aus Marx selbst einen revolutionären Romantiker:

»Ich will für die Romantik plädieren ... Heute entdecke und erkenne ich in den Jugendwerken von Marx die unwiderlegbaren Zeichen der Romantik und zugleich das Bemühen, sie zu überwinden. Die glühende, spontane, manchmal ein wenig naive Romantik, immer optimistisch, mit unbegrenztem Vertrauen in die nahe Zukunft ... Die Frage, die sich heute stellt, ist, ob dieser Elan und dieses unbegrenzte Vertrauen in das Denken und Handeln allen Enttäuschungen zum Trotz wieder aufleben und die Zukunft ankündigen werden[7].«

Dem umfangreichen Schlußkapitel von *Introduction à la modernité,* das mit *Vers un nouveau romantisme?* überschrieben ist, kommt testamentarische Bedeutung zu. Die Romantik wird darin der Klassik gegenübergestellt. Die Unterscheidung von Klassik und Romantik kann allerdings nicht eindeutig durchgeführt werden, sie läuft auf die Bestimmung eines Konfliktes zwischen zwei verschiedenen Tendenzen hinaus. So ist an zeitgenössischen Beispielen ablesbar, daß junge revoltierende Künstler mit Anti-Literatur, Anti-Poesie, Anti-Theater oder Anti-Roman beginnen, aber auf Grund eines gewissen Erfolges schon nach wenigen Jahren zu Neoklassikern werden. »Wenn man alt wird, wird man klassisch. Toute fille de joie en séchant devient prude, sagte Victor Hugo[8].« Oft wird auch vergessen, daß viele heute als unsterblich angesehene Kunstwerke ursprünglich konfliktgeladen und provozierend waren. Das Attribut *zeitlos* ist nur dadurch möglich geworden, daß man die Kunstschöpfung aus dem historischen Zusammenhang gelöst hat. Erst nach diesen Vorbehalten können wir nun einige von Lefebvre herausgearbeitete Hypothesen zur klassischen und zur romantischen Tendenz vortragen. Wir sind uns sehr wohl bewußt, daß eine schematisierende Charakterisierung von Klassik und Romantik den Entwicklungen, Bewegungen und Veränderungen nicht Rechnung trägt.

Zu den Grundbedingungen der Klassik gehört die wirkliche oder scheinbare Einheit von Individuum und Gesellschaft, von Ideologie und Praxis. Die Hierarchien und Strukturen und ihre Funktionen sind von den Individuen verinnerlicht worden. Die Vernunft, die oft mit Staatsräson identifiziert werden kann, hat sich die Leidenschaft untergeordnet. Im gesellschaftlichen Handeln ist die Nachahmung das wichtigste Prinzip; ein hohes Ethos begründet gemeinsame Werte. Als hervorragende Tugende gelten Ausgeglichenheit, Männlichkeit und das Hinnehmen der menschlichen und kosmischen Ordnung. In der Kunst ist die Architektur die dominierende Ausdrucksform; sie gliedert den Raum und stellt die Staatsmacht in monumentalen Bauwerken zur Schau. Lefebvre ist der Auffassung, daß besonders der französische Geist von der Klassik deformiert worden ist. »Die Franzosen haben zu viel Geist und nicht genug Phantasie, sie sind zu vernünftig. Sie haben zu viel die Autoren des achtzehnten Jahrhunderts gelesen[9].«

Zu den Merkmalen der Romantik gehört die Ablehnung äußerer Hierarchien und Autoritäten. Die sozialen Klassen werden nicht einfach akzeptiert, man will die Barrieren der gesellschaftlichen Hierarchie durchbrechen, die Klassen- und Gruppenprivilegien abschaffen. Phantasie und Leidenschaft siegen über die Vernunft und die Gegebenheiten der Wirklichkeit. Die Existenzweise gründet sich vornehmlich auf Originalität. Als wichtigste Tugenden gelten Enthusiasmus und Auflehnung. Der adäquate künstlerische Ausdruck ist die Musik, die Hervorbringung des noch Ungehörten oder Unerhörten.

Losgelöst von statischen Schemata, das heißt im geschichtlichen Prozeß, führen romantisch-revolutionäre Epochen zu paradoxen Resultaten. »Jede etablierte Ordnung, die aus einer Revolution oder Restauration hervorgeht, wünscht eine Klassik, die sie rechtfertigt. Jede Staatsmacht sondert einen Dogmatismus ab, der die Funktion und den Auftrag hat, die allgemeine Ordnung zu legitimieren[10].« Auch Rußland kannte eine Epoche revolutionärer Romantik, doch war diese 1930 endgültig zu Ende gegangen. »Die Kugel, mit der sich Majakowski erschoß, hat hinter diese Periode den Schlußpunkt gesetzt[11].«

Unter den romantischen Vorläufern, mit denen sich Lefebvre auseinandersetzt, sind insbesondere die Franzosen Rousseau, Musset und Stendhal zu nennen, dann die deutschen Romantiker Novalis und

E. T. A. Hoffmann und die neoromantischen Russen Scholochow und Pasternak – eine Liste von Namen, bei denen das Gemeinsame nicht leicht zu erkennen ist. Verweilen wir kurz bei Stendhal, von dem der richtungsweisende Satz stammt: »Um Romantiker zu sein, braucht es Mut, denn man muß etwas wagen[12].« Stendhal ist, wie Rabelais, für Lefebvre ein faszinierender Autor, weil er weitgehend dessen eigener Grundhaltung entspricht, die Iring Fetscher treffend als »renaissancehafte Diesseitsfreudigkeit[13]« bezeichnet hat. Für Stendhal (und für Lefebvre) ist der utopische Satz von Karl Marx »Jeder nach seinen Fähigkeiten, jedem nach seinen Bedürfnissen[14]« etwa so zu interpretieren: Das Leben ist als Selbstzweck zu deklarieren, als Kunstwerk zu gestalten und möglichst intensiv in seiner ganzen Spannung zu genießen; die natürliche Naivität, die etwas anderes ist als kindliche Dummheit, und die natürliche Spontaneität sollen wiederhergestellt, der Gegensatz zwischen Natur und Kultur soll im Lebensstil aufgehoben werden.

In der Arbeit *Racine et Shakespeare,* auf die Lefebvre sich beruft, bekennt sich Stendhal zum Lustprinzip, zum Prinzip des maximalen egoistischen Genusses, zu einem Lustprinzip, das allerdings nicht auf die körperliche Liebe reduziert werden kann, etwa auf den plötzlichen Wunsch nach einer frischen, jungen Bäuerin, der man auf dem Land begegnet. »Die Lust ist nicht nutzlos und steril; nach der Auffassung der Alten begleitet die Wollust den Akt der Befruchtung; sie belohnt und krönt ihn und bringt ihn hervor, obgleich sie in keinem ursächlichen Zusammenhang mit der Fruchtbarkeit steht[15]«, kommentiert Lefebvre. Henri Beyle, genannt Stendhal, ist für ihn aber nicht nur deshalb von Interesse, weil er als der Begründer des *Beylismus,* der Theorie des Genusses und der Lust, gilt; er wird für ihn zum Vorbild eines Romantikers schlechthin.

»Stendhal stellte sich nicht das „formidable Problem" des Seins und des Seinsgrundes. Er lebte, um das Leben zu genießen, die Tat und die Leidenschaft und auch die Melancholie. Das Sein und die Ontologie beschäftigen ihn kaum. Gewiß kannte er den Preis und die Schwierigkeiten der Redlichkeit ... Obwohl seine Hellsichtigkeit das Attribut philosophisch verdiente, war er der Ansicht, daß die Philosophie im achtzehnten Jahrhundert ihr letztes Wort gesprochen habe; er betrieb seine Erforschung des Stils und des Glücks, ohne sich viel um Theorien zu kümmern. Kannte er die Unruhe, die Furcht? Gewiß. Er kannte aber nicht die allgemeine, vage Angst, die grundlose Existenzangst. Das Leben hatte für ihn keinen außerhalb des Lebens liegenden Sinn. Für ihn war der Sinn des Lebens, dieses in vollen Zügen zu genießen. Das Lustprinzip enthielt diesen *Sinn,* diese Orientierung[16].«

Trotz seiner großen Zuneigung fordert Lefebvre kein Zurück zu Stendhal. »Was verschwunden ist, ist tot[17].« Stendhal war einer der letzten Dichter, die noch an die Schönheit glaubten, wenn auch in anderem Sinn als die Klassiker. Das Leben offen und im Verborgenen, im Gegenwärtigen und im Vergangenen, im Banalen und im Unerschöpflichen genießen und den Genuß auf Glück und Lust, auf Schönheit, auf die *illusion parfaite* ausrichten, das hatte zur Zeit von Stendhal Stil, das war in eine Lebensweise eingebettet.

Gestützt auf Hegels Analyse, gelingt es Lefebvre, die Romantik allgemeiner zu erfassen; mit Hegel kann er seine These vom Ende der Kunst begründen. Hegel hat in seiner *Ästhetik* das »Romantische überhaupt« analysiert. Die Klassik war zu Ende und in Auflösung begriffen, als Schönes nicht mehr sein noch werden konnte. Das war der Zeitpunkt, da sich der subjektive Geist wieder befreite und in sich selbst das Wirkliche und Wahre suchte.

»Diese Erhebung des Geistes zu sich, durch welche er seine Objektivität, welche er sonst im Äußerlichen und Sinnlichen des Daseins suchen mußte, in sich selber gewinnt und sich in dieser Einheit mit sich selbst empfindet und weiß, macht das Grundprinzip der romantischen Kunst aus[18].«

Die »wahre Innerlichkeit« oder die »Flamme der Subjektivität« hatten die Formen der idealen klassischen Schönheit zerstört. Die neue romantische Kunst fürchtete sich nicht, die wirkliche Welt mit all ihren Fehlern und Unzulänglichkeiten bis ins kleinste Detail darzustellen und sich anzueignen. Es zeigten sich neue, erschreckende Dimensionen: das Dunkle und die Nacht, die das Licht negieren; die Verzweiflung, welche die Freude negiert; der Haß, der die Liebe negiert; die Zerstörung und der Tod.

»Wenn sich aber die Subjektivität ... von unendlicher Wichtigkeit wird, dann ist die Negation, die der Tod in sich trägt, eine Negation dieses Hohen und Wichtigen selber und deswegen furchtbar[19].«

Lefebvre erweitert Hegels Romantik-Interpretation und stellt nicht nur das Ende der klassischen Kunst fest, sondern das Ende der Kunst schlechthin. »Das letzte Ziel der romantischen Kunst ist der Tod, den Tod der Kunst miteingeschlossen[20].« Die neue, revolutionäre Romantik geht vom Tod der Kunst, genauer: von der Aufhebung der Kunst aus. Analog zur These von der Aufhebung und Verwirklichung der Philosophie wird auch die Kunst verwirklicht und damit aufgehoben. Der Tod der Kunst bedeutet das Absterben einer bestimmten Form der Kunst: das Ende der spezialisierten künstlerischen Aktivität, des isoliert arbeitenden Künstlers. Wie die Philosophie oder die Politik kann auch die Kunst keine dem Alltagsleben äußerliche Aktivität mehr sein; dafür ist eine kollektive schöpferische Tätigkeit im Entstehen begriffen, eine Form der Kunst, welche die wirkliche Appropriation möglich macht, die Appropriation der äußeren und der eigenen Natur durch den gesellschaftlichen Menschen. Ansätze kollektiver schöpferischer Tätigkeit sind im Rahmen des urbanistischen Schaffens erkennbar. Beim Entwerfen neuer Städte geht es nicht nur darum, technische Probleme zu lösen, sondern neue Situationen, neue Lebensstile oder Lebensweisen zu schaffen.

»Einige kühne Köpfe sehen voraus, daß die Kunst des neuen Städtebaus und besonders die Kunst, die Städte zu bewohnen, Stile hervorbringen wird, aktive Situationen und Partizipationen, Spiele und Freuden, die mit dem, was wir heute noch Kunst nennen, nichts mehr gemein haben werden, außer vielleicht das Vokabular[21].«

Die These von der Aufhebung der Kunst entspricht einer Synthese von Klassik und Romantik. »Ich würde zu einer Aufhebung der Romantik und der Klassik neigen, zu einer Aufhebung der Kunst, die sich aber auf eine Wiederherstellung des romantischen Elans stützen würde[22].« Von der alten Romantik sind der übertriebene Individualismus, die extreme Betonung der Subjektivität und ein gewisser Anarchismus abzulehnen; der Elan aber darf nicht verloren gehen. Die Romantik ist also kein Zustand und keine Haltung. Die revolutionäre Romantik ist beständige Bewegung, unaufhörliches Neubeginnen, beständige Herausforderung.

Der neu begründeten revolutionären Romantik entspricht die Dialektik des Möglichen und Unmöglichen. Es ist nötig, Neues zu denken und zu wollen; die Welt in der gegenwärtigen Gestalt ist nicht die einzig mögliche. Das Unmögliche als solches aber einfach zu wollen, ist reine, also sterile Utopie. Die mögliche Zukunft muß von einer Analyse des Gegenwärtigen ausgehen; die Analyse des Gegenwärtigen kann aber nie so ausfallen, daß die Zukunft als vollständig voraussehbar hingestellt wird. Um das Mögliche zu erreichen, muß zuerst einmal das Unmögliche gewollt werden[23].

Das Denken und Handeln, das nach der Aufhebung von Philosophie, Politik und Kunst anhebt, nimmt verschiedene und stets wechselnde Formen und Gestalten an. Manchmal läßt es Lefebvre zu, daß man ihn einen Neoanarchisten nennt[24]. Manchmal denkt er daran, einen modernen Sokratismus zu begründen, ein mäeutisches Denken, das provoziert, das Bewußtsein des Widersprüchlichen fördert, ironisiert und auf ein Anderswo gerichtet ist[25]. Manchmal – besonders in seinen urbanistischen Schriften – zeigt er an praktischen Beispielen, wie eine *konkrete* oder *experimentelle* Utopie zu begründen wäre[26]. Und manchmal überrascht er seine Gegner mit Humor und spitzbübischen Einfällen, mit dem, was die Franzosen *canularesque* nennen, was Flaubert *cocasse* geheißen hat[27]. Er kämpft mit geistigen Waffen, gegen die nur schwer eine Verteidigung aufzubauen ist, er ist entwaffnend, weil er seine eigene Machtlosigkeit so offen zugibt und eigentlich von ihr ausgeht. So schildert er einmal den Kampf des menschlichen Menschen gegen den kybernetischen Menschen, des *Anthropos* gegen den *Kybernanthropos*.

»Der Anthropos sollte wissen, daß er nichts darstellt und eher eine Lebensweise braucht als eine philosophisch-wissenschaftliche Theorie. Er sollte ununterbrochen erfinden, sich erfinden, sich wiedererfinden, erschaffen, ohne viel von Schöpfertum zu reden, die Absichten und Pläne des Kybernanthropos durchkreuzen, ihn entmutigen und überrumpeln. Um zu siegen und schon um die Auseinandersetzung in Gang zu bringen, kann er zuerst nur auf seine Unvollkommenheiten verweisen: Ungleichgewicht, Unklarheiten, Vergeßlichkeit, Lücken, Exzesse und Defekte des Bewußtseins, Verwirrungen, Wünsche, Leidenschaft, Ironie. Er weiß es schon. Auf dem Gebiet der Logik, der technischen Perfektion, der formalen Strenge, der Funktionen und Strukturen wird er immer besiegt werden. Er wird die Welle, der Wind, das Element sein, das die Felsen des Gleichgewichts umspült und umweht.

Er wird den Kampf des Retiarius gegen den Murmillo austragen, den Kampf des Netzes gegen die Rüstung. Er wird durch den Stil siegen[28].«

Henri Lefebvre ist – wie Karl Marx – unter anderem ein Ästhet. Während jedoch Marx das Ethische ausklammerte und in den Überbau verwies, versucht Lefebvre, das Ästhetische und das Ethische in ein dialektisches Verhältnis zu bringen. Sein konsequentes Engagement gegen den Dogmatismus ist auch ein Aspekt seiner revolutionären Romantik.

# Anhang

# Zeittafel

| | |
|---|---|
| 1901 | 16. Juni: Geburt von Henri Lefebvre in Hagetmau, Landes, Südwestfrankreich, als Sohn von René Lefebvre, einem Beamten im Finanzministerium, und von Jeanne, geborene Darracq.<br>Verbringt die Jugendzeit meist in den Pyrenäen. Schulen im Lycée Louis-le-Grand, Paris.<br>Studium der Philosophie in Aix-en-Provence beim katholischen Philosophen Maurice Blondel. Arbeit über Jansenius und Pascal. Studium an der Sorbonne bei Léon Brunschwicg. Diplom für den höheren Schuldienst. |
| 1924–1926 | Erste Veröffentlichungen in den Zeitschriften *Philosophies* und *Esprit.* Kontakte mit den Surrealisten André Breton, Paul Eluard und Tristan Tzara. |
| 1928–1930 | Hinwendung zum Marxismus und Eintritt in die Kommunistische Partei Frankreichs. |
| 1929–1940 | Im Schuldienst tätig als Lehrer für Philosophie. |
| 1933 | Herausgabe der Zeitschrift *Avant-Poste,* in der die erste französische Übertragung der *Ökonomisch-Philosophischen Manuskripte* von Karl Marx erfolgt (auszugsweise). |
| 1941 | Aus dem Schuldienst entlassen; in der Untergrundbewegung untergetaucht. |
| 1944–1949 | Künstlerischer Leiter des Senders Toulouse. |
| 1949–1961 | *Maître de Recherches* am *Centre National de la Recherche Scientifique* (CNRS). Schwerpunkt auf agrarsoziologischen Forschungen. |
| 1958 | Ausschluß aus der Kommunistischen Partei wegen sogenannten *Revisionismus.* |
| 1961–1966 | Professor für Soziologie an der Faculté des Lettres in Straßburg. |
| Seit 1966 | Enge Mitarbeit im Verlag Anthropos, Paris; Betreuung von Publikationen zur Kritik der urbanistischen Planung und Architektur. Herausgabe der Zeitschrift *espaces et sociétés.* Lehrtätigkeit an der École des beaux-arts und am Institut d'urbanisme. |
| Seit 1967 | Vorsteher der Abteilung Soziologie an der Fakultät Nanterre-Sorbonne, Paris. |

# Bibliographie Henri Lefebvre

## Selbständige Buchpublikationen

*Le nationalisme contre les nations*, Paris 1937.
*Hitler au pouvoir, Bilan de cinq années de fascisme en Allemagne*, Paris 1938.
*Nietzsche*, Paris 1939.
*Le matérialisme dialectique*, Paris 1939.
*L'existentialisme*, Paris 1946.
*Critique de la vie quotidienne, Introduction*, Paris 1946.
*Logique formelle, Logique dialectique*, Paris 1947.
*Descartes*, Paris 1947.
*Marx (Marx et la liberté)*, Genf und Paris 1947.
*Pour connaître la pensée de Karl Marx*, Paris 1948.
*Le marxisme*, Paris 1948.
*Pascal* (Band 1), Paris 1949.
*Diderot*, Paris 1949.
*Contribution à l'esthétique*, Paris 1953.
*Pascal* (Band 2), Paris 1954.
*Musset*, Paris 1955.
*Rabelais*, Paris 1955.
*Pignon*, Paris 1956.
*Pour connaître la pensée de Lénine*, Paris 1957.
*Critique de la vie quotidienne, Introduction* (erweiterte Ausgabe), Paris 1958.
*Allemagne* (Text zum Photobuch von Martin Hürlimann), Paris und Zürich 1958.
*Les problèmes actuels du marxisme*, Paris 1958.
*La somme et le reste* (zwei Bände), Paris 1959.
*Critique de la vie quotidienne, Fondements d'une sociologie de la quotidienneté*, Paris 1962.
*Introduction à la Modernité*, Paris 1962.
*La vallée de Campan*, Paris 1963.
*Marx, sa vie, son œuvre (Marx philosophe)*, Paris 1964.
*La proclamation de la Commune*, Paris 1965.
*Métaphilosophie*, Paris 1965.
*Les Pyrénées*, Lausanne 1965.
*Sociologie de Marx*, Paris 1966.
*Le langage et la société*, Paris 1966.
*Position: Contre les technocrates*, Paris 1967.
*Le droit à la ville*, Paris 1968.
*La vie quotidienne dans le monde moderne*, Paris 1968.
*L'irruption de Nanterre au sommet*, Paris 1968.
*Logique formelle, Logique dialectique* (erweiterte Ausgabe), Paris 1969.
*Du rural à l'urbain*, Paris 1970.
*La révolution urbaine*, Paris 1970.
*Le manifeste différentialiste*, Paris 1970.
*La fin de l'histoire*, Paris 1970.

*Au-delà du structuralisme*, Paris 1971.
*La pensée marxiste et la ville*, Paris 1972.
*Trois textes pour le théâtre*, Paris 1972.

IN ZUSAMMENARBEIT MIT NORBERT GUTERMAN

*Introduction aux morceaux choisis de K. Marx*, Paris 1934.
*La conscience mystifiée*, Paris 1936.
*Introduction aux morceaux choisis de Hegel*, Paris 1938.
*Cahiers de Lénine sur la dialectique de Hegel*, Paris 1938, Neuauflage: Paris 1967.

## Veröffentlichungen in Sammelbänden, Anthologien, Zeitschriften und Zeitungen

ABKÜRZUNGEN VON ZEITSCHRIFTEN

| | |
|---|---|
| AP | *Avant-Poste*, herausgegeben von Henri Lefebvre. |
| CIS | *Cahiers internationaux de sociologie.* |
| HS | *L'homme et la société, revue internationale de recherches et de synthèses sociologiques.* |

1. *Odor di femina*, in: *Philosophies*, Nr. 2, 1924, 24.
2. *Sur une note de M. Ramon Fernandez »Les intermittences du coeur«*, in: *Philosophies*, Nr. 2, 1924, 225.
3. *Une tentative métaphysique. La thèse de M. Lavelle*, in: *Philosophies*, Nr. 3, 1924, 241 ff.
4. *Incidences (André Gide)*, in: *Philosophies*, Nr. 3, 1924, 334.
5. *Fragment d'une philosophie de la conscience*, in: *Philosophies*, Nr. 4, 1924, 241 ff.
6. *Sept manifestes dada (Tristan Tzara)*, in: *Philosophies*, Nr. 4, 1924, 443 ff.
7. *Positions d'attaque et de défense du nouveau mysticisme*, in: *Philosophies*, Nr. 5/6, 1925, 471 ff.
8. *Schelling, Introduction*, in: *Schelling, Recherches philosophiques sur l'essence de la liberté humaine et sur les problèmes qui s'y rattachent*. Übersetzung von Georges Politzer, Paris 1926.
9. *La pensée et l'esprit*, in: *L'Esprit*, Nr. 1, 1926, 5 ff. und 21 ff.
10. *Description de ce temps (1), Misère de M. Jacques Maritain*, in: *L'Esprit*, Nr. 1, 1926, 258 ff.
11. *Reconnaissance de l'unique*, in: *L'Esprit*, Nr. 2, 1927, 5 ff.
12. *Notes pour le procès de la chrétienté*, in: *L'Esprit*, Nr. 2, 1927, 121 ff.
13. *Verdun, par le maréchal Pétain*, in: *La revue marxiste*, Nr. 6, 1929, 719 f.
14. *Individu et classe*, in: AP, Nr. 1, 1933, 1 ff.
15. *Le fascisme en France: aperçus généraux*, in: AP, Nr. 1, 1933, 68 ff.

16. *La mystification. Notes pour une critique de la vie quotidienne* (zusammen mit Norbert Guterman verfaßt), in: AP, Nr. 2, 1933, 91ff.
17. *Autocritique,* in: AP, Nr. 2, 1933, 142f.
18. *Echange de lettres, L.-F. Céline, Henri Lefebvre,* in: AP, Nr. 2, 143f.
19. *Journal d'un Aryen* (zusammen mit Norbert Guterman verfaßt), in: AP, Nr. 3, 1933, 165ff.
20. *Lettre d'un jeune à la jeunesse,* in: AP, Nr. 3, 1933, 183ff.
21. *Le Karl Marx de Otto Rühle,* in: AP, Nr. 3, 1933, 199ff.
22. *Le problème de la conscience,* in: *Europe,* Nr. 175, 1937, 384ff.
23. *Essai sur les rapports de la critique et du roman,* in: *Commune,* Nr. 48, 1937, 1472ff.
24. *V. Jankélévitch: L'ironie,* in: *Europe,* Nr. 177, 1937, 134f.
25. *Nietzsche et le fascisme hitlérien,* in: *Commune,* Nr. 66, 1939, 229ff.
26. *Stendhal et le problème moderne de l'individu,* in: *Commune,* Nr. 69, 1939, 567ff.
27. *La pensée militaire et la vie nationale,* in: *La Pensée,* 1945.
28. *Le Don Juan Du Nord, pièce en 3 actes (inspiration à la Kierkegaard),* in: *Europe,* Nr. 28, 1948, 73ff.
29. *La crise du capitalisme français,* in: *La Pensée,* Nr. 17, 1948, 39ff.
30. *Introduction à l'esthétique,* in: *Arts de France,* 1948, 1. Teil, Nr. 19/20, 42ff., 2. Teil, Nr. 21/22, 54ff.
31. *Marxisme et sociologie,* in: CIS, Nr. 4, 1948, 48ff.
32. *L'homme des révolutions politiques et sociales,* in: *Pour un nouvel humanisme, Rencontres internationales de Genève,* Neuchâtel 1949, 115ff.
33. *Problèmes de sociologie rurale,* in: CIS, Nr. 6, 1949, 78ff.
34. *Autocritique,* in: *La Nouvelle Critique (Revue du marxisme militant),* Nr. 4, 1949, 41ff.
35. *Staline et la nation,* in: *La Nouvelle Critique,* 1949, 1. Teil, Nr. 11, 18ff., 2. Teil, Nr. 12, 44ff.
36. *Connaissance et critique sociale,* in: *L'activité philosophique contemporaine en France et aux Etats-Unis,* Paris 1950, 289 ff.
37. *Lettre sur Hegel,* in: *La Nouvelle Critique,* Nr. 22, 1951, 99ff.
38. *Les classes sociales,* in: CIS, Nr. 10, 1951, 70ff.
39. *Perspectives de la sociologie rurale,* in: CIS, Nr. 14, 1953, 122ff.
40. *Lénine philosophe,* in: *La Pensée,* Sonderheft Lenin, Nr. 57, 1954, 18ff.
41. *Secteur commercial et secteur non-commercial dans l'évolution du loisir,* in: *Journées d'études de Marly-Le-Roi,* Centre national d'éducation populaire, 1955.
42. *La notion de totalité dans les sciences sociales,* in: CIS, Nr. 18, 1955, 55ff.
43. *Le concept de classe: Un dialogue entre G. Gurvitch et H. Lefebvre,* in: *Critique,* 1955, 559ff.
44. *Une discussion philosophique en URSS, Logique formelle et logique dialectique,* in: *La Pensée,* Nr. 59, 1955, 80ff.
45. *Divertissement pascalien et aliénation humaine,* in: *Blaise Pascal, L'homme et l'œuvre, Cahiers de Royaumont,* Nr. 1, Paris 1956, 196ff.
46. *Une philosophie de l'ambiguité,* in: *Mésanvanture de l'anti-marxisme, Les Malheurs de M. Merleau-Ponty,* Paris 1956, 99ff.

47. *La communauté villageoise*, in: *La Pensée*, Nr. 66, 1956, 29ff.
48. *Lois objectives et forces sociales*, in: *La Nouvelle Critique*, Nr. 75, 1956, 59ff.
49. *M. Merleau-Ponty et la philosophie de l'ambiguité*, in: *La Pensée*, 1. Teil, Nr. 68, 1956, 44ff., 2. Teil, Nr. 73, 1957, 37ff.
50. *De l'explication en économie politique et en sociologie*, in: CIS, Nr. 21, 1956, 20ff.
51. *Théorie de la rente foncière et sociologie rurale*, in: *Actes du IIIe Congrès international de sociologie*, Amsterdam 1956, Band II.
52. *Le marxisme et la pensée française*, in: *Les Temps Modernes*, Nr. 137/38, 1957, 104ff.
53. *Georges Politzer et la psychanalyse*, in: *La Raison*, Nr. 18, 1957, 3ff.
54. *Vers un romantisme révolutionnaire*, in: *La nouvelle Revue française*, 1957, 644ff.
55. *De la morale provisoire à la générosité*, in: *Descartes, Cahiers de Royaumont*, Nr. 2, Paris 1957.
56. *Les rapports de la philosophie et de la politique dans les premières œuvres de Marx*, in: *Revue de Métaphysique et de Morale*, Nr. 1, 1958, 299ff.
57. *Marxisme et théorie de l'information*, in: *Voies Nouvelles*, 1. Teil, Nr. 1, 1958, 15ff., 2. Teil, Nr. 2, 1958, 17ff.
58. *L'exclu s'inclut*, in: *Les Temps Modernes*, Nr. 149, 1958, 226ff.
59. *Réponse au camarade Besse*, in: *Les Temps Modernes*, Nr. 149, 1958, 238ff.
60. *Retour à Marx*, in: CIS, Nr. 25, 1958, 20ff.
61. *Besoin et langage*, in: *Cahiers de l'Institut de science économique appliquée*, Nr. 75, 1958, 33ff.
62. *Gallia*, in: *Voies Nouvelles*, Nr. 5, 1958, 5ff.
63. *Le romantisme révolutionnaire*, in: *Le romantisme revolutionnaire* von Lucien Goldmann, Henri Lefebvre, Claude Roy, Tristan Tzara, Paris 1958.
64. *La question du programme;* in: *Voies Nouvelles*, Nr. 7, 1959, 8ff.
65. *Les cadres sociaux de la sociologie marxiste*, in: CIS, Nr. 26, 1959, 81ff.
66. *Dialogue entre François Châtelet et Henri Lefebvre à propos de »La somme et le reste«*, in: *Voies Nouvelles*, Nr. 9, 1959, 21ff.
67. *Qu'est-ce que le passé historique?*, in: *Temps Modernes*, Nr. 161, 1959.
68. *De Clausewitz à De Glaulle*, in: *France observateur*, 18. Februar 1960.
69. *Les nouveaux ensembles urbains*, in: *Revue française de sociologie*, Nr. 1, 1960, 186ff.
70. *Psychologie des classes sociales*, in: *Traité de sociologie*, Leitung Georges Gurvitch, 2. Bd., 1960, 364ff.
71. *Le marxisme est l'évènement spirituel du XXe siècle*, in: *Arts*, Nr. 817, 1961.
72. *Critique de la critique non-critique* (Lefebvre antwortet Sartre auf *Critique de la raison dialectique)*, in: *La nouvelle revue marxiste*, Nr. 1, 1961, 57ff.
73. *Les dilemmes de la dialectique*, in: *Médiations*, Nr. 2, 1961, 79ff.
74. *Changements dans les attitudes morales de la bourgeoisie*, in: CIS, Nr. 31, 1961, 15ff.

75. *Accumulation et progrès,* in: *Cahiers de l'Institut de science économique appliquée,* Nr. 110, 1961, 39 ff.
76. *Utopie experimentale,* in: *Revue française de sociologie,* Nr. 3, 1961, 191 ff.
77. *Encyclopédie de la psycho-sociologie; Introduction à la psycho-sociologie de la vie quotidienne,* in: *Encyclopédie de la psycho-sociologie,* Herausgeber Denis Huisman, Paris 1961, 102 ff.
78. *Marxisme et politique,* in: *Revue Française de Science Politique,* vol. XI, 1961.
79. *La planification démocratique,* in: *La Nouvelle Revue marxiste,* Nr. 2, 1961.
80. *La signification de la Commune,* in: *Arguments,* Nr. 27, 1962, 11 ff.
81. *Les mythes de la vie quotidienne,* in: CIS, Nr. 33, 1962, 67 ff.
82. *Marxisme et technique,* in: *Esprit,* 1962, 7 ff.
83. *Le concept de structure chez Marx,* in: *Sens et usages du terme structure,* Herausgeber Roger Bastide, 's Gravenhage 1962, 100 ff.
84. *Le Bistrot-Club,* in: *Information bimestrielle du Syndicat des architectes de la Seine,* Februar 1962.
85. *Idéologie et vérité,* in: *Les cahiers du Centre d'Etudes Socialistes,* Nr. 20, 1962, 7 ff.
86. *Réflexions sur le structuralisme et l'histoire,* in: CIS, Nr. 35, 1963, 3 ff.
87. *Henri Lefebvre par lui-même,* in: *Les philosophes français d'aujourd'hui par eux-mêmes,* Herausgeber Gérard Deledalle und Denis Huisman, Paris 1963, 282 ff.
88. *S'agit-il de penser? La semaine de la pensée marxiste,* in: *Le Monde,* 29. Januar 1964.
89. *L'état et la société,* in: *Les cahiers du Centre d'Etudes Socialistes,* Nr. 42/43, 1964, 17 ff.
90. *Les sources de la théorie marxiste-léniniste de l'état,* in: *Les cahiers du Centre d'Etudes Socialistes,* Nr. 42/43, 31 ff.
91. *Sur quelques critères du développement social et du socialisme,* in: *Praxis,* philosophische Zeitschrift der Kroatischen philosophischen Gesellschaft, Nr. 2/3, 1965, 156 ff.
92. *Les mutations intervenues dans les structures des deux grandes Sociétés industrielles du monde,* in: *Le monde diplomatique,* Nr. 129, 1965.
93. *Kostas Axelos: Vers la pensée planétaire,* in: *Esprit,* 1965, 1114 ff.
94. *Méthodes et situations des sciences sociales,* in: *Le Monde,* 17. Februar 1965.
95. *Classe et nation depuis le »Manifeste«,* in: CIS, Nr. 38, 1965, 31 ff.
96. *De l'habitat pavillonnaire, Intruduction,* in: *L'habitat pavillonnaire, Centre de Recherche d'Urbanisme.* Gemeinschaftsarbeit von Henri Raymond, Marie-Geneviève Raymond, Nicole Haumont, Monique Coornaert, angeregt durch Henri Lefebvre, Paris 1966, 3 ff.
97. *Capitalisme d'état ou secteur publique démocratisé?,* in: *Le Monde,* 5. Februar 1966.
98. *Claude Lévi-Strauss et le nouvel éléatisme,* in: HS, Nr. 1, 1966, 1. Teil, 21 ff., 2. Teil, Nr. 2, 81 ff.
99. *Problèmes théoriques de l'autogestion,* in: *Autogestion,* Nr. 1, 1966, 59 ff.
100. *Proposition pour un nouvel urbanisme,* in: *Architecture d'aujourd'hui,* Juni/Juli 1967.

101. *Besoins profonds, besoins nouveaux de la civilisation urbaine,* in: *Revue 2000,* Vortrag in Luss, 1967.
102. *L'urbanisme d'aujourd'hui, mythes et réalités,* öffentliche Debatte zwischen Henri Lefebvre, Jean Balladour und Michel Ecochard, in: *Les cahiers du Centre d'Etudes Socialistes,* Nr. 72/73, 1967, 5 ff.
103. *Quartier et vie de quartier,* in: *Cahiers de l'Institut d'aménagement et d'urbanisme de la région parisienne,* Bd. 7, 1967.
104. *1925,* in: *La nouvelle Revue française,* Spezialnummer André Breton, 1967, 707 ff.
105. *Sur une interprétation du marxisme (L. Althusser),* in: HS, Nr. 4, 1967, 3 ff.
106. *Le droit à la ville,* in: HS, Nr. 6, 1967.
107. *Ville, urbanisme et urbanisation* (zusammen mit Monique Coornaert verfaßt), in: *Perspectives de la sociologie contemporaine, Hommage à Georges Gurvitch,* Paris 1968, 85 ff.
108. *Forme, fonction, structure dans le capital,* in: HS, Nr. 7, 1968, 69 ff.
109. *Die Erfahrung der Spontaneität,* Interview über die Pariser Mai-Unruhen, in: *neutralität,* Juni 1968.
110. *»L'Homme unidimensionnel« d'Herbert Marcuse; société close ou société ouverte,* in: *Le Monde,* 16./17. Juni 1968.
111. *Lefebvre parle de Marcuse,* in: *La quinzaine littéraire,* Nr. 52, 1968, 3 ff.
112. *Bilan d'un siècle (1867–1917–1967) et deux demi-siècles,* in: *En partant du »Capital»,* Sammelband, Herausgeber Victor Fay, Paris 1968, 115 ff.
113. *Humanisme et urbanisme, quelques propositions,* in: *Architecture, Formes, Fonctions,* Nr. 14, 1968.
114. *Pessac, Le quartier Le Corbusier, Préface,* in: Ph. Boudon, *Pessac . . .,* Paris 1969.
115. *De la science à la stratégie urbaine,* in: *Utopie* Nr. 2/3, 1969, 57 ff.
116. *Les paradoxes d'Althusser,* in: HS, Nr. 13, 1969, 3 ff.
117. *Réflexions sur la politique de l'espace,* in: *Espaces et sociétés,* Nr. 1, 1970, 3 ff.
118. *Musique et sémiologie,* in: *Musique en jeu,* Nr. 4, 1971, 52 ff.
119. *La ville et l'urbain,* in: *Espaces et sociétés,* Nr. 2, 1971, 3 ff.

# Anmerkungen

## Abkürzungen

| | |
|---|---|
| A | Artikel, mit Nummer versehen, verweist auf Veröffentlichungen in Sammelbänden, Anthologien, Zeitschriften, Zeitungen und ähnlichem. Die Nummer bezieht sich auf die Bibliographie. |
| CT | *Position: Contre les technocrates.* |
| CVQ I | *Critique de la vie quotidienne, Introduction* (erweiterte Ausgabe 1958). |
| CVQ II | *Critique de la vie quotidienne, II, Fondements d'une sociologie de la quotidienneté.* |
| IM | *Introduction à la Modernité* |
| LS | *Le langage et la société.* |
| Mét | *Métaphilosophie.* |
| MD | *Le matérialisme dialectique.* |
| Mx | *Marx, sa vie, son œuvre (Marx philosophe).* |
| N | *Nietzsche.* |
| PAM | *Problèmes actuels du marxisme.* |
| Pyr | *Les Pyrénées.* |
| RU | *Du rural à l'urbain.* |
| SR | *La somme et le reste.* |
| VQMM | *La vie quotidienne dans le monde moderne.* |
| MEW | Marx/Engels: *Werke.* Deutsche (Ostberliner) Ausgabe der vom Institut für Marxismus-Leninismus beim ZK der KPdSU in Moskau besorgten Ausgabe in russischer Sprache, Berlin 1961 ff. |

## Einleitung

1 Iring Fetscher, *Der Marxismus im Spiegel der französischen Philosophie,* in: *Marxismusstudien,* Schriften der Studiengemeinschaft der Evangelischen Akademie, Heft 3, Tübingen 1954, 173 ff.

2 Übersetzungen der Schriften Lefebvres ins Deutsche: *Probleme des Marxismus heute (Problèmes actuels du Marxisme),* Frankfurt am Main 1965; Nachwort von Alfred Schmidt, 135 ff.; *Der dialektische Materialismus (Le matérialisme dialectique),* Frankfurt am Main 1965; Nachwort von Alfred Schmidt: *Henri Lefebvre und die gegenwärtige Marx-Interpretation,* 141 ff.; *Soziologie der Erkenntnis und Ideologie* (ein Kapitel des Buches *Sociologie de Marx,* in: *Folgen einer Theorie,* Essays über *Das Kapital* von Karl Marx, Frankfurt am Main 1967, 130 ff.; *Aufstand in Frankreich; Zur Theorie der Revolution in den hochindustrialisierten Ländern (Irruption de Nanterre au sommet),* Frankfurt am Main und Berlin 1969; *Zum Begriff der »Erklärung« in der politischen Ökonomie und in der Soziologie (A 50),* in: *Beiträge zur marxistischen Erkenntnistheorie,* herausgegeben von Alfred Schmidt, Frankfurt am Main, 1969,

153 ff.; *Perspektiven der Agrarsoziologie* (A 39), in: *Beiträge zur marxistischen Erkenntnistheorie*, a. a. O., 176 ff. Einen Überblick über das Werk von Lefebvre bieten die *Bibliographischen Notizen zum Werk von Henri Lefebvre* von Gianni Barba, in: *neue kritik*, Zeitschrift sozialistischer Studenten, Nr. 31, 1965, 24 ff.

3 Louis Soubise, der etwa die kritische Position von J.-Y. Calvez einnimmt, setzt sich in seinem Buch *Le marxisme après Marx*, Paris 1967, mit den vier dissidenten Marxisten Kostas Axelos, François Châtelet, Pierre Fougeyrollas und Henri Lefebvre auseinander.

4 Die autobiographischen Hinweise in wissenschaftlichen Werken scheinen ein Charakteristikum französischer Autoren zu sein. Vergleiche Urs Jaeggi, *Ordnung und Chaos; Strukturalismus als Methode und Mode*, Frankfurt am Main 1968, 19 f.: »In Deutschland ist es kaum üblich, sich in einer wissenschaftlichen Arbeit damit abzugeben, welche Rolle bei unserem Denken, unseren Entdeckungen, unseren Erinnerungen der Einfluß dessen hat, was wir gelesen, gehört, erlebt und betrachtet haben.« Als Autoren, welche Autobiographisches in ihre wissenschaftliche Arbeiten aufnehmen, führt Jaeggi Claude Lévi-Strauss und Sartre an. Wir können auch Lefebvre zu dieser Gruppe zählen.

## Le Soleil Crucifié

1 MEW 1, 379.

2 Ludwig Feuerbach, *Vom Wesen des Christentums*, in: Ludwig Feuerbach, *Sämtliche Werke*, 2. unveränderte Auflage, Stuttgart 1960, Band 6, 17.

3 Vergleiche J.-Y. Calvez, *La pensée de Karl Marx*, Paris 1956, 83 ff. (Wir zitieren Calvez immer nach der französischen Ausgabe, weil in der deutschen Ausgabe einige Abschnitte über Lefebvre fehlen.) Ferner: Hans Barth, *Wahrheit und Ideologie*, 2. erweiterte Auflage, Zürich und Stuttgart 1961, 83 ff.

4 MEW 3, 5 (Erste These über Feuerbach).

5 MEW 1, 379.

6 Iring Fetscher, *Karl Marx und der Marxismus*, München 1967, 212.

7 Vergleiche Calvez, a. a. O., 58: »Marx n'avait pas vécu de crise religieuse personnelle.« Arnold Künzli, *Karl Marx, eine Psychographie*, Wien/Frankfurt/Zürich 1966, sieht das religiöse Problem bei Marx anders. Er hebt besonders die Rolle hervor, welche der jüdische Selbsthaß in der Entwicklung von Karl Marx gespielt habe. Vergleiche 65 ff., 195 ff.

8 MEW 1, 379.

9 SR, 257.

10 SR, 242.

11 A. a. O.

12 SR, 251.

13 A 10, 266.

14 A 10, 263.

15 A 10, 259, 265.

16 A 10, 263.

17 A 12, 121.

18 SR, 438.
19 SR, 439.
20 SR, 361.
21 SR, 365.
22 SR, 253. Vergleiche SR, 262.
23 SR, 252f.
24 SR, 263. Von den beiden agrarsoziologischen Arbeiten ist nur eine im Druck erschienen: *La Vallée de Campan*, Bibliothèque de sociologie contemporaine, Paris 1963.
25 1949 bis 1961 arbeitet Lefebvre im Rahmen des *Centre nationale de la recherche scientifique* (CNRS) als *Maître de Recherches*. 1953 will ihn der Direktor des CNRS entlassen. Lefebvre wehrt sich mit einer *Protestation de M. Henri Lefebvre contre une mesure disciplinaire* (Paris 1953). Ein Exemplar dieses Protestschreibens befindet sich in der Bibliothèque Nationale (Fol. Ln 27 72054). Im Schreiben sind die spontanen Stellungnahmen der Professoren Gabriel Le Bras, Henri Lévy-Bruhl, Georges Gurvitch, Etienne Souriau und Henri Wallon zugunsten von Lefebvre abgedruckt.
26 Pyr, 9.
27 Pyr, 60.
28 Pyr, 53.
29 Vergleiche Pyr, 102.
30 Vergleiche Pyr, 101f. Lefebvre betont, daß seine Symboldeutungen ein subjektives Moment enthalten und seine Interpretationen erst Hypothesen sein können.
31 Künzli, a. a. O., 601.
32 Künzli, a. a. O., 602.
33 CVQ I, 215.
34 In *La Vallée de Campan*, 6, steht die Anmerkung: »Le premier grand voyageur qui devait lancer au XVIIIe le mythe de la primitivité du *bon sauvage* était originaire de la région pyrénéenne: le baron de Lahontan.«
35 *La Vallée de Campan*, 14.
36 *La Vallée de Campan*, 83.
37 *La Vallée de Campan*, 85.
38 SR, 263.
39 Pyr, 84.
40 *La Vallée de Campan*, 217 und 220.
41 CVQ I, 221.
42 CVQ I, 228.
43 CVQ II, 286.
44 Pyr, 103.
45 IM, 102.
46 IM, 104.
47 IM, 105.
48 IM, 106.
49 Pyr, 133.
50 Augustinus, *Selbstgespräche über Gott und die unsterbliche Seele*. Lateinisch-deutsche Ausgabe von H. P. Müller, Zürich 1954, Einleitung, 12. Vergleiche auch die *Confessiones*, deutsche Übertragung von Wilhelm Thimme, Zürich und Stuttgart 1950, 215. Das Pauluswort steht im Römerbrief 13, 13f.
51 Mét, 286.

52 Haec sunt capita iniquitatis, quae pullulant principandi et spectandi et sentiendi libidine. Dieser Satz wird zitiert in Mét, 286, deutsch bei Thimme, a. a. O., 82.
53 Erster Johannesbrief, 2, 15 f.
54 Vergleiche SR, 378 f.; A 45, 197 f. und 205.
55 A 45, 198.
56 Vergleiche A 45, 196 f.; *Pascal* (Band 1), 43.
57 Vergleiche die Fragmente in der Pascal-Ausgabe von Ed. Brunschwicg, Paris 1904, Bd. 12, 23 f., Bd. 13, 52 ff. und 67 ff., 83 ff., 242 f. Jean Pommier gibt ein modernes Beispiel für *divertissement:* »Pascal aurait dit de nos jours que l'homme pour ne pas se voir lui-même prend la radio, la télévision ou fait 80 à l'heure sur une Vespa«, in: *Cahiers de Royaumont*, Nr. 1, a. a. O., 215.
58 A 45, 198.
59 *Cornelii Iansenii episcopi iprensis Augustinus*, Lovani 1641, Tomus II; unter dem Stichwort *mundus* finden wir folgende Hinweise im Register: »Mundo utendum non fruendum. Mundi dilectio non ex Deo est, sed ex diabolo et ex nobis; adeoque vitiosa est. Mundi dilectores nihil habent nisi concupiscentiam oculorem, et superbiam vitae.« Zu diesen Stichworten gibt Jansenius im Text eine Fülle von Beispielen und weiteren Ausführungen.
60 SR, 378.
61 Lefebvre, *Pascal* I, 37.
62 Lefebvre, *Pascal* I, 64.
63 Pascal, Ausgabe Brunschwicg, a. a. O., Band 13, 70.
64 A 45, 199.
65 A 45, 197.
66 SR, 467. Vergleiche das ganze Nietzsche-Kapitel, SR, 463 ff.
67 Friedrich Nietzsche, *Gesamtausgabe*, Leipzig 1905 bis 1913, Bd. 8, 173.
68 A. a. O., Bd. I, 102.
69 A. a. O., Bd. 8, 163. Vergleiche N, 41.
70 Friedrich Nietzsche, *Werke* (Ausgabe Karl Schlechta), München 1966, Bd. 3, 1350.
71 Nietzsche, Leipziger Ausgabe, a. a. O., Band 15, 127.
72 SR, 472 f.
73 Nietzsche, Leipziger Ausgabe, a. a. O., 367 ff.
74 SR, 466.
75 Auszüge aus dem Gedicht *Au Monde*, SR, 482 ff.
76 Die beiden Werke *Introduction à la Modernité* und *Le droit à la ville*.
77 Mét, 132.
78 SR, 412.
79 SR, 412. Vergleiche auch A 7, 490 ff.
80 SR, 413.
81 SR, 418.
82 IM, 355 f.
83 CVQ I, 215 ff.
84 SR, 418.
85 CVQ I, 217.
86 MEW 17, 362.
87 MEW 17, 346.
88 *La proclamation de la Commune*, 20 f.
89 *La proclamation de la Commune*, 21 f.

90 Nietzsche, Schlechta-Ausgabe, a. a. O., Band 3, 429.
91 A. a. O.
92 Jean Plumyène und Raymond Lasierra, *Le complexe de gauche*, Paris 1966, 143ff.
93 SR, 275.
94 Vergleiche SR, 287.
95 SR, 255.
96 MEW 3, 540.
97 Vergleiche Anmerkung 17.
98 SR, 258 und 264.
99 SR, 257.
100 Vergleiche A 32, Diskussion anläßlich der *Rencontres internationales de Genève* 1949, 313.
101 SR, 476.
102 Vergleiche A 45, 204.
103 MD, 150 (deutsch 135).
104 Karl Löwith in einem *Spiegel*-Gespräch, *Der Spiegel*, 20. Oktober 1969, 211.
105 SR, 474.
106 PAM, 35 (deutsch 41).

## Stalin

1 A 65, 83.
2 Stalin, *Der Marxismus und die Frage der Sprachwissenschaft*, zitiert in PAM, 25 (deutsch 31).
3 PAM, 29 (deutsch 34f.).
4 Stalin, *Werke*, Ostberlin 1950ff., Bd. 1, 260; zitiert in: PAM, 112 (deutsch 116).
5 PAM, 113 (118).
6 Stalin, *Über dialektischen und historischen Materialismus*, Zürich 1945.
7 SR. 55.
8 SR, 38f.
9 SR, 33.
10 PAM, 13 (deutsch 18f.).
11 Es handelt sich um den Aufsatz A 52.
12 *Ost-Probleme* Nr. 22, 1958, 736.
13 PAM, Vorwort zur deutschen Ausgabe, 9.
14 A. a. O., deutsche Ausgabe, 7.
15 A. a. O., deutsche Ausgabe, 14.
16 Vergleiche SR, 43f.; ferner A 36, 298 Anmerkung: »Jeunesse tourmentée, révoltée, anarchisante. A trouvé l'équilibre vers la trentième année dans et par le marxisme.«
17 SR, 45.
18 *La conscience mystifiée*, 259.
19 *La conscience mystifiée*, 23 f., 258 f.
20 David Caute, *Le communisme et les intellectuels français 1914–1966*, Paris 1967, 331.
21 Vergleiche SR, 538.
22 SR, 538.
23 PAM, 5f. (deutsch 11f.).

24 A 52, 118 f.
25 A 52, 137.
26 SR, 40.
27 SR, 71 f.
28 PAM, 118 (deutsch 123).
29 A. a. O.
30 A 66, 21.
31 MEW, 21, 80.
32 Pyr, 8.
33 A 24, 134 f.
34 IM, 15.
35 IM, 48. Lefebvre bezieht sich bei der Beurteilung von Perikles auf Fr. Châtelet, *Périclès*, Paris 1960.
36 IM, 17.
37 IM, 20.
38 Platon, *Sämtliche Werke*, Band 4, Hamburg 1958 (Rowohlts Klassiker), *Theaitetos*, 149 a.
39 Lenin, *Sämtliche Werke*, Band 38, Ostberlin 1968, 263.
40 Mét, 282.
41 MEW, 8, 115, in: IM, 27.
42 IM, 32 f.
43 IM, 34.
44 IM, 43.
45 IM, 44.
46 IM, 194.
47 PAM, 10 (deutsch 16).
48 IM, 52.
49 IM, 53.
50 SR, 683.
51 Goethe, *Faust*, 1. Teil, Vers 376, in: SR, 239.
52 Goethe, a. a. O., Vers 370.
53 SR, 239. Auch Roger Garaudy zitiert nach seiner Wandlung vom moskautreuen Stalinisten zum Dialog-Philosophen diesen irrationalen Satz; vergleiche Garaudy, *Marxisme du vingtième siècle*, Paris 1966, 17.

## Verändern wollen

1 A 87, 289.
2 Arthur Rimbaud, *Œuvres*, Ausgabe *Classiques Garnier*, zweite verbesserte Auflage, Paris 1960, 346.
3 Bei der Auswahl der drei Rimbaud-Texte folgen wir der Interpretation von A. Adam, *L'énigme des Illuminations*, in: *Revue des sciences humaines*, Nouvelle Serie Nr. 60, Lille 1950, 241 ff.
4 Rimbaud, *Œuvres*, a. a. O., 308. Deutsche Ausgabe: Rimbaud, *Sämtliche Dichtungen*, Französisch und Deutsch, übersetzt von Walter Küchler, Hamburg 1963, 197 ff.
5 Adam, a. a. O., 241.
6 Rimbaud, a. a. O., 268 (deutsch 167).
7 Rimbaud, a. a. O., 259 (deutsch 159 ff.).
8 Adam, a. a. O., 243.
9 Rimbaud, a. a. O., 240 (deutsch 243).

10 A. a. O.
11 Rimbaud, a. a. O., 225 (deutsch 223).
12 Rimbaud, a. a. O., 224 (deutsch 221).
13 Mét. 115.
14 CVQ II, 46.
15 Mét, 132.
16 Maurice Nadeau, *Histoire du surréalisme*, Paris 1945. Deutsche Ausgabe: *Geschichte des Surrealismus*, Hamburg 1965. Die deutsche Ausgabe enthält zwei in der französischen nicht enthaltene Nachworte. Die Manifeste der Surrealisten sind nur in der französischen Ausgabe enthalten. Zitat: deutsche Ausgabe, 218.
17 Nadeau, a. a. O., 65 (deutsch 45).
18 A 100, 707.
19 A 104, 710f.
20 A 6, 445.
21 Louis Aragon in: Nadeau, a. a. O., 101 (deutsch 77).
22 Nadeau, a. a. O., 104 (deutsch 77).
23 Nadeau, a. a. O., französische Ausgabe 297ff.
24 Vergleiche SR, 396ff.; ferner A 104, 713ff.
25 Nadeau, a. a. O., französische Ausgabe 298.
26 *La Révolution d'abord et toujours*, a. a. O., 300.
27 CVQ I, 130.
28 Vergleiche Mét, 129; A 104, 712.
29 SR, 398; Mét, 129.
30 *Allemagne*, 8.
31 *Allemagne*, 13.
32 A 87, 292.
33 *La Pensée de Karl Marx*, 252.
34 Künzli, a. a. O., 16.
35 A. a. O.
36 PAM, 126 (deutsch 131).
37 Ernst Bloch: *Thomas Münzer*, Frankfurt am Main 1969, Vorbemerkung.
38 *Hegel, Morceaux choisis, Introduction* von Henri Lefebvre und Norbert Guterman, 12.
39 A. a. O., 15.
40 MD, 28 (deutsch 35).
41 MD, 7 (deutsch 17f.).
42 Hegel, Glockner-Ausgabe, Band 1, 231.
43 MD, 7 (deutsch 18).
44 MD, 20 (deutsch 28).
45 Hegel, Glockner-Ausgabe, Band 12, 291f.
46 Vergleiche SR, 15; A 56, 299; A 60, 20f. Der Gestalt des Ödipus hat Lefebvre in IM ein Kapitel gewidmet, IM, 56ff.
47 SR, 36.
48 MEW, 29, 260 in: MD, 64 (deutsch 65).
49 MEW 23, 27.
50 PAM, 46 (deutsch 52).
51 SR, 37f.
52 CVQ II, 262 Anmerkung.
53 MD, 27 (deutsch 34).
54 Zum Problem der Entstalinisierung im theoretischen Bereich in der Sowjetunion vergleiche Guy Planty-Bonjour: *Les catégories du*

*matérialisme dialectique*, Dortrecht – Holland 1965. Planty-Bonjour verweist insbesondere auch auf die Bedeutung Lefebvres in der Sowjetunion.

55 MD, 30 (deutsch 38).

56 MD, 95 (deutsch 90).

57 Vergleiche PAM, 41 ff. (deutsch 47 ff.).

58 SR, 107.

59 Nachdem Lefebvre sich lange Zeit um die Darstellung des dialektischen Materialismus bemüht hat, rückt er in den späten Werken von eben dieser Bezeichnung ab. Der Begriff *Materie* ist kompromittiert, somit auch der Begriff *Materialismus*. »Nous parlerons donc de *dialectique matérialiste* plutôt que de matérialisme dialectique, présenté comme une nouvelle philosophie systématisée.« Mx, 61.

60 MEW 1, 98.

61 A 91, 159.

62 Mx, 33.

63 Mx, 35.

64 Vergleiche Mx, 53; A 88, 160.

65 MEW 1, 391, in: Mx, 53 f.

66 Mx, 71 ff.

67 Mét, 107.

68 Gajo Petrović, *Kritik im Sozialismus*, in: *Praxis* 1/2 1966, 177.

69 Vergleiche Mét, 108 f.; Mx, 30 f.

70 Mét, 109.

71 MEW, Ergänzungsband 1. Teil, 534; in: Mét, 109.

72 Mét, 112, Anm.

73 IM, 250.

74 A 112, 115 f.

75 Heinrich Popitz, *Der entfremdete Mensch. Zeitkritik und Geschichtsphilosophie des jungen Marx*, Basel 1953, 170.

76 Künzli, a. a. O., 713 ff.

77 Künzli, a. a. O., 718 ff.

78 A 113, 35.

79 Vergleiche SR, 62; 612.

80 A 58, 227.

81 IM, 146 f.

82 Mx, 45.

83 A 96, 5.

84 *La révolution urbaine*, 243 f.

85 *La pensée de Lénine*, 232.

86 Vergleiche IM, 204 ff.; CVQ II, 315 ff.; Mét, 127 f.

87 *La pensée de Lénine*, 232.

88 Günther Eich, *Maulwürfe*, Frankfurt am Main 1969, Präambel.

89 Hegel, *Werke*, Band 19, 691.

90 Hegel, *Werke*, Band 17, 19 f.

91 Hegel, *Werke*, Band 19, 685.

92 Hegel, *Werke*, Band 19, 691.

93 MEW 12, 3.

94 MEW 12, 3 f.

95 IM, 233.

96 IM, 234.

97 PAM, 24 (deutsch 25).

98 MD, 142 (deutsch 128).

99 VQMM, 155.
100 VQMM, 133.
101 VQMM, 93.
102 VQMM, 99.
103 Pyr, 145.
104 Vergleiche das Kapitel *Von der Veränderbarkeit des Menschen.*
105 LS, 172.
106 VQMM, 117.
107 PAM, 77 (deutsch 83).
108 A 87, 289. Vergleiche SR, 676.
109 SR, 688.
110 A 99, 61f.
111 A 99, 63.
112 Eine Gegenthese vertritt Rolf Hochhuth in seiner Tragödie *Guerillas,* Hamburg 1970. Hochhuth glaubt, daß eine effektive Veränderung nur von den Zentren der Macht aus durchführbar ist. Zu fragen wäre: Warum ist Hochhuths Stück eine Tragödie?
113 A 99, 67.
114 Lefebvre ist Mitglied der Redaktion der jugoslawischen philosophischen Zeitschrift *Praxis.*
115 PAM, 33 (deutsch 38f.).
116 *Irruption de Nanterre au sommet,* 94 (deutsch 77).
117 Vergleiche den Artikel *Political Participation* in: *International Encyclopedia of the Social Sciences,* USA 1968; ferner: *Zum Problem der Wahlsoziologie,* in: *Handbuch der empirischen Sozialforschung,* 1969 (2. Band).
118 David Riesman, *Die einsame Masse,* Hamburg 1958, 180.
119 Jürg Steiner, *Bürger und Politik,* Meisenheim am Glan, 1969, 1.
120 *Le droit à la ville,* 113.
121 Vergleiche Mét, 214f.
122 N, 148; 164.
123 SR, 473.
124 *La conscience mystifiée,* 20.
125 *La conscience mystifiée,* 22.
126 SR, 674f.
127 SR, 748. Vgl. SR, 662.
128 VQMM, 372.
129 VQMM, 371f.
130 *Le droit à la ville,* 16.
131 CT, 156, Anmerkung.
132 RU, 204.
133 Künzli, a. a. O., 697.
134 Vergleiche die Gliederung bei Soubise, a. a. O.:
I Le fondement objectif des classes sociales
II Nombre de classes sociales
III Conscience de classe et pensée
IV La lutte des classes et révolution
V La société sans classes.
135 N, 119f.
136 Soubise, a. a. O., 21ff.; 30ff.; 97; 106ff.
137 Künzli, a. a. O., 691f.
138 IM, 198.
139 A 43, 560.

140 A. a. O.
141 SR, 58.
142 IM, 197.
143 VQMM, 136f.
144 VQMM, 114f.
145 A 108, 126.
146 Vergleiche IM, 88; VQMM, 75.
147 Über den Begriff *menschliches Totalphänomen* vergleiche das Kapitel *Von der Veränderbarkeit des Menschen.*
148 A 70, 380f.
149 A 70, 382.
150 IM, 92.
151 IM, 99.
152 IM, 99f.
153 Mét, 308.
154 IM, 54.
155 A 20, 183.
156 IM, 162.
157 Mét, 239.
158 IM, 153.
159 IM, 154.
160 A 112, 128.
161 SR, 613.
162 Vergleiche *La conscience mystifiée,* 20; SR, 613; CT, 21, CVQ II, 18, 46.
163 Mét, 115f.
164 CVQ II, 25, 47.
165 VQMM, 40f.
166 SR, 236.
167 CVQ II, 54.
168 Vergleiche IM, 158. Lefebvre zitiert Karl Jaspers.
169 Michel Foucault, *Les mots et les choses,* Paris 1966, in: Günther Schiwy, *Der französische Strukturalismus,* Hamburg 1969, 88.
170 Heraklit, in: Hermann Diels, *Die Fragmente der Vorsokratiker,* Fragment 124.
171 CT, 68.
172 CT, 69.
173 Urs Jaeggi, *Ordnung und Chaos, Strukturalismus als Methode und Mode,* Frankfurt am Main, 1968, 158. Lefebvre selbst gibt eine viel umfassendere Deutung seiner Texte zur Strukturalismus-Debatte. Vergleiche dazu die 1971 geschriebene Einleitung zum Sammelband *Au-delà du structuralisme.*
174 CVQ II, 281.
175 CVQ II, 285.
176 VQMM, 121.
177 CVQ II, 301.
178 CVQ II, 307.
179 CVQ II, 307f.
180 CVQ II, 308.
181 RU, 191.
182 RU, 101.
183 CVQ II, 309.
184 CT, 9.

185 CT, 10.
186 CT, 11.
187 CT, 18.
188 CT, 13.
189 Vergleiche CT, 46; A 102, 8.
190 CT, 54.
191 Mét, 140f.
192 Paul Tillich, *Werke*, Stuttgart 1965, Band 3, 197.
193 Mét. 136ff.
194 CVQ II, 191ff.; Mét, 136ff.; A 70, 372.
195 CVQ II, 195.
196 CVQ II, 195f.
197 Mét, 248.
198 CVQ I, 209. Vergleiche CVQ I, 109, 111, 208f.
199 A 61, 45.
200 CT, 34.
201 *La revolution urbaine*, 98.
202 Mét, 113.
203 CVQ I, 39.
204 Fetscher, a. a. O., 178ff.
205 Fetscher, a. a. O., 180.
206 Mét, 109f.
207 Mét, 189.
208 Mét, 110.
209 CVQ II, 96.
210 CVQ II, 94.
211 IM, 228.
212 IM, 124ff.; Pyr, 116ff.; A 69; vergleiche auch den Artikel *1980 est un peu l'épouvanteil des Basques et des Béarnais*, in: *Le Monde*, 6. Oktober 1970.
213 MEW 3, 60. Zitiert in IM, 126.
214 IM, 121ff.; 128.
215 RU, 50.
216 *Le droit à la ville*, 8.
217 *Le droit à la ville*, 92.
218 *La révolution urbaine*, 13.
219 RU, 160; *La révolution urbaine*, 240.
220 *La pensée marxiste et la ville*, 13. Eine Anzahl wichtiger Texte von Friedrich Engels über die Stadt ist in der (von Günther Hillmann) aus-*die Umwelt der arbeitenden Klassen*, Gütersloh 1970.
221 A. a. O., 150f.

## Die revolutionäre Romantik

1 Vergleiche H. Barth, a. a. O., 147ff.; Künzli, a. a. O., 766ff.
2 Zitiert bei Barth, 148; bei Künzli, 768.
3 Künzli, a. a. O., 769.
4 E. E. W. Kux, *Karl Marx, Die revolutionäre Konfession*, Zürich 1966, 7.
5 Kux, a. a. O., 7.
6 PAM, deutsche Ausgabe, 9 Anm.
7 SR, 399ff.

8 IM, 340.
9 IM, 260.
10 IM, 239.
11 A. a. O.
12 Dieses Stendhal-Zitat hat Lefebvre als Motto über das Kapitel *Vers un nouveau romantisme?* gesetzt.
13 Fetscher, a. a. O., 181.
14 MEW, 19, 21.
15 IM, 252.
16 IM, 268f.
17 IM, 269.
18 Hegel, *Ästhetik,* Frankfurt am Main, o. J. (Lizenzausgabe der Ost-Berliner Ausgabe von Hothos und Bassenge, Nachwort von G. Lukács), 2. Auflage, 499.
19 Hegel, Ästhetik, a. a. O., 503.
20 IM, 286.
21 IM, 270.
22 IM, 351.
23 Über die Dialektik des Möglichen und Unmöglichen, vergleiche A 54, 669ff.; IM, passim, insbesondere 366ff.
24 IM, 364.
25 IM, 364f.
26 Experimentelle Utopie: vergleiche A 76; *Le droit à la ville,* 121; CT, 54. Neue aktive oder konkrete Utopie: vergleiche IM, 270; 346; 349. Alle Beispiele der neuen Utopie stammen aus dem Bereich des urbanistischen Forschens und Schaffens, der Erforschung des Möglichen und Unmöglichen.
27 Das Schlußkapitel von SR, 771ff., ist in *Dialogues canularesques* abgefaßt. Zur Bedeutung des Argot-Ausdruckes *canular* vergleiche die Definition vom Paul Robert, *Dictionnaire alphabétique et analogique de la langue française,* Paris, 1951: *»Action, propos qui a pour but d'abuser de la crédulité de quelqu'un; farce.«* Vergleiche auch die Definition von *cocasse: »Qui est d'une étrangeté bouffonne ou ridicule.«* Lefebvre studiert die Bedeutung von *cocasse* an Hand von Flaubert. VQMM 255ff.; CT 228f.
28 CT, 230.

# Namenverzeichnis


Althusser Louis 128
Aragon Louis 79
Arendt Hannah 49
Aron Raymond 116
Augustinus 28, 30

Barbès Armand 102
Baudelaire Charles 81
Blanqui Louis-Auguste 102
Bloch Ernst 85
Blondel Maurice 16
Bobrowski Johannes 107
Breton André 81
Brunschwicg Léon 29

Calvez J.-Y. 116
Caute David 56
Chruschtschow Nikita S. 53

Descartes René 57, 138
Diderot Dénis 57

Eich Günther 101
Engels Friedrich 53, 59, 62, 108, 143, 144

Federspiel Jürg 125
Fetscher Iring 7, 138, 150
Feuerbach Ludwig 11, 12
Flaubert Gustave 152
Foucault Michel 128
Fourier Charles 95
Freud Sigmund 42
Friedmann Georges 78

Goethe Johann Wolfgang 70
Goldmann Lucien 128
Gurvitch Georges 115–117
Guterman Norbert 55, 78

Hegel Georg Friedrich Wilhelm 31, 52, 65, 84–89, 91, 102, 114, 115, 135, 151
Heidegger Martin 84, 95, 115, 133, 134, 143
Heraklit 128
Hitler Adolf 111
Hölderlin Friedrich 143
Hoffmann E. T. A. 150
Hugo Victor 148

Jaeggi Urs 129
Jansenius Cornelius 27, 30, 31
Jaspers Karl 42, 84, 95

Kant Immanuel 115
Kierkegaard Sören 42
Künzli Arnold 84, 97, 117
Kux E. E. W. 147, 148

Lenin Wladimir Iljitsch 54, 55, 60, 64, 100, 101, 108
Leonardo da Vinci 138
Lévi-Strauss Claude 128
Löwith Carl 44
Lorca Federico Garcia 42
Lukács Georg 148

Majakowski Wladimir 149
Maritain Jacques 14, 15
Marx Karl 11, 12, 20, 21, 28, 31, 41, 43–45, 49–57, 59–61, 65, 66, 69, 70, 75, 77, 84, 85, 87–98, 100, 102–104, 107, 108, 110, 114–118, 126, 134, 135, 139, 141–144, 147, 148, 150, 153
Morhange Pierre 78
Morin Edgar 65
Musset Alfred de 57, 149

Nadeau Maurice 78, 79
Nietzsche Friedrich 32–36, 40, 42, 43, 70, 112, 113, 120, 147
Novalis (Friedrich Hardenberg) 149

Parmenides 128
Pascal Blaise 27, 29–31, 36, 42, 43, 57
Pasternak Boris 150
Perikles 63
Petrović Gajo 94
Platon 91, 112, 114

Politzer Georges 78
Proudhon Pierre Josephe 109

Rabelais François 37, 39, 57, 138, 150
Rajk László 58
Raspail François Vincent 102
Riesman David 111
Rimbaud Arthur 75–78, 81
Rousseau Jean-Jacques 149

Saint-Simon Claude Henry 105
Sartre Jean-Paul 115, 128
Sassulitsch Wera 97
Schdanow A. A. 49, 51, 56, 57
Schelling Friedrich Wilhelm Joseph 147
Schmidt Alfred 7
Scholochow Michail 150
Sokrates 63, 64
Soubise Louis 7
Stalin Josef Wissarionowitsch 49–52, 56, 57, 62, 79, 89, 117
Stendhal (Henri Beyle) 149–151

Thiers Adolphe 39
Tito Josip Broz 110
Troeltsch Ernst 148

Wagner Cosima 34